唐朝往事系列

耿元骊 主编

武周霸业

唯一的女皇

李永 著

辽宁人民出版社

© 李永　2025

图书在版编目（CIP）数据

武周霸业：唯一的女皇 / 李永著. —沈阳：辽宁人民出版社，2025.1. —（唐朝往事系列 / 耿元骊主编）. —ISBN 978-7-205-11216-5

Ⅰ. K827=421

中国国家版本馆 CIP 数据核字第 2024DM7464 号

出版发行：辽宁人民出版社
　　　　地址：沈阳市和平区十一纬路 25 号　邮编：110003
　　　　电话：024-23284191（发行部）　024-23284304（办公室）
　　　　http：//www.lnpph.com.cn
印　　刷：天津光之彩印刷有限公司
幅面尺寸：145mm×210mm
印　　张：10
字　　数：170 千字
出版时间：2025 年 1 月第 1 版
印刷时间：2025 年 1 月第 1 次印刷
责任编辑：赵维宁　段　琼
封面设计：乐　翁
版式设计：一诺设计
责任校对：冯　莹
书　　号：ISBN 978-7-205-11216-5
定　　价：78.00 元

总 序

盛唐：中华文明的辉煌时代

唐朝有自己独特的气质。当我们提起唐朝，经过长达千年集体记忆形塑，大概每一个华人都会立刻呈现一幅宏大画卷萦绕脑海，泱泱大国典范形象勃现眼前，甚至还会莫名有一种自豪感油然而生。三百年波澜壮阔（实289年），四千位杰出人物（两《唐书》有姓名者约数），五千万烝民百姓（开元载簿约数，累计过亿），共同在欧亚大陆东端上演了一出雄浑壮丽、辉煌灿烂的人间大剧。

唐朝在中国历史上有着巍然的地位。它海纳百川，汲取万方长处；自信宏达，几无狭隘自闭之风。日本学者外山军治以域外之眼，推崇隋唐时代是"世界性的帝国"，自有其独到眼光。唐代在数百年乱世基础上，在经历多次民族大融合之后，引入周边各族之精英及其文化，融合再造生机勃勃的新一代文化，从而使

武周霸业：唯一的女皇

以华夏文明为中心的中原文明再次焕发出生机与活力。唐朝，也成为中华文明辉煌的时代。如果在朝代之间进行比赛，唐代在大多数项目上都能取得前几名，"唐"也与"汉"共同成为中华代称。

唐朝有着空前辽阔的疆域。其开疆拓土之勇猛气概与精细作业之高超能力，一时无双。皇帝的"天可汗"称号，使唐成为周边各区域政权名义共主。这是一个大有为的豪迈时代，自张骞通西域以来，再次大规模稳定沟通西域，所谓"是时中国盛强，自安远门西尽唐境凡万二千里，闾阎相望，桑麻翳野"。在南方则形成了稳定通畅的广州通海夷道，大概是同时代世界上最远的航路。杜环、杨良瑶在中亚游历，促进了东西方海路沟通，大批波斯、大食商人来到广州，唐代和中亚、西方直接往来越来越密切，唐帝国是世界舞台上的优胜者。

大唐独有气质、巍然历史地位、空前辽阔疆域，共同形成了"盛唐气象"。"盛唐气象"也从最初描绘诗文格调的形容词，逐渐转变为唐代整个社会风范的代名词。"盛唐"逐步成为描绘唐朝基本面貌最常用词语，一个典范概括。唐朝各个方面，都呈现出进取有为和气质昂扬的面貌，无论是精神、文化还是生活上，都展现了独特时代风貌，其格局气势恢宏，境界深远，深深体现

总　序　盛唐：中华文明的辉煌时代

在盛唐精神、文化、生活等各个方面。

盛唐的精神

大唐精神体现在何处？首先是开放的心态，其次是大规模的制度建设。没有开放心态，就不会建成这些制度。唐朝有传统时代最开放的万丈雄心，不自卑，也不保守，更没有"文化本位主义"的抱残守缺。上层统治群体胡人血统很深，胡汉通婚情况很普遍，社会氛围基本不强调排外。唐高祖母独孤氏，太宗母窦氏、皇后长孙氏，这些都是鲜卑人。"胡客留长安久者，或四十余年"，来华的日本人很多在唐娶妻生子，大食国李彦、朝鲜半岛崔致远等，都考中进士，日本人阿倍仲麻吕进士及第后还当过官员。华夷观念上，没有鲜明对抗。唐朝人不自限天地，也不坐井观天。

在制度建设方面，唐朝延续了隋朝之初创，多方面建立了模板标杆，后代仿而行之，千年而未改，是盛唐精神最佳外在表现。在中央行政体制上，建立了完善的三省六部制，其体制健全，运行相对其他制度较为顺畅。结束了家国一体、门阀政治局面，以皇帝为核心，建立官僚政治制度，以严密官僚体系，分门别类推动行政运作，这个基本框架和运行模式历经改良在后世得到了长期沿用。在法律上，唐代创建了律令格式体系，形成了中华法系。特别是唐律，不仅仅在中国，在东亚历史上都有着重要地位，得到了长期沿用。在科举体制上，进一步完善科举模式，也得到了长期沿用。科举公平考试最受益者无疑是寒素出身者，推动并加快了社会阶层流动速度。在礼制这个社会等级秩序最鲜明标志物的建设上，唐代也有着最大贡献，形成了最早的国家礼典，在东亚文化体系当中影响巨大。

盛唐时期昂扬向上，走在各方面都开创事功的道路上，能出现贞观之治、开元盛世新局面，也就不足为奇。虽然安史之乱打破了原有局势，但是它并没有颠覆已经形成的大格局，所以唐朝仍能继续维系百年以上。

盛唐的文化

唐朝是文化的时代，各种艺术形式都让人有如臻化境之感。大唐是诗之国度，唐诗是诗之顶峰，唐诗至今仍是我们中国人日常最爱古典文化，谁不能脱口而出一两句唐诗呢！唐诗厚重与灵巧并重，对现实、人生总是充满着昂扬奋发的精气神，所体现出的时代精神是那么刚健、自豪！读李白诗，不由得让人有意气风发之感。读杜甫诗，不由得起家国之深思。才气纵横如李白，勤思苦练如杜甫，是唐诗当中最亮的双子星。读边塞诗，似亲行塞上，悲壮深沉。读田园诗，则宁静致远，平和悠适。即使安史之

总　序　盛唐：中华文明的辉煌时代

乱以后，大唐仍然有元稹、白居易、韩愈、柳宗元等诸多诗文大家。韩、柳更是开启古文运动，兴起一代文体新风。无论是诗还是文，大唐诗人都已长领风骚千年之久。即使到了白话文广泛通行的今日，唐诗、古文又有哪个华夏子孙不读之一二呢？

而绘画、书法、舞蹈与音乐、史学等都在中国历史上具有重要意义，是前此千年的总结，又是后此千年的开创。吴道子是唐代最有名的天才画家，"吴带当风"，被称颂为"气韵生动"，自成一派；而山水画也开始兴起，出现了文人画，两派画风都深深影响了宋朝人审美趣味，流风余韵至今日。书法在本质上已经脱离了记录符号，其实也是一种绘画，是绘画和文字本身含义的结合体。唐代书法大盛，书法理论自成一格。前期尊崇王羲之书法，盛唐之后形成了张旭草书新体，书风飘逸；又形成了颜真卿楷书，端庄正大，成为至今通行常用字体，其影响可谓远矣。舞蹈与音乐更是传统时代的顶峰，太宗时形成"十部乐"，广泛引入了域外曲调。盛唐时代，更是从玄宗到乐工，都精于音律，《秦王破阵乐》《霓裳羽衣曲》大名流传至今。唐代史学承前启后，《隋书·经籍志》确定了史部领先子、集的地位，一直沿用到《四库全书》。纪传体成为正史唯一体裁，也是在唐代得以确立，"二十四史"由唐朝修成有8部之多。设史馆，修实录，撰

武周霸业：唯一的女皇

国史，成为持续千年的国家规定动作，影响之大，自不必言。

文化是盛唐精神的最佳展示，是大唐时代风貌的具象化展示，表达了全社会的心理和情绪。

盛唐的生活

盛唐时代经济富庶，生活安定，杜甫有一首脍炙人口之史诗可为证："忆昔开元全盛日，小邑犹藏万家室。稻米流脂粟米白，公私仓廪俱丰实。"这就是唐代经济社会繁盛的形象化表述。盛唐时代，"天下大稔，流散者咸归乡里，……东至于海，南及五岭，皆外户不闭，行旅不赍粮，取给于道路"，几乎是到当时为止农业经济条件下，所能取得的最高峰。南方特别是江南得到了广泛开发，开元、天宝之时，长江三角洲开发已经取得了显著成绩，工商业更加发达，经济水平在全国取得了领先性地位。

盛唐时代，也是宗教繁荣时代。高宗建大慈恩寺，请玄奘译经。武则天更是深度利用佛教，在全国广建大云寺，推动了佛教大发展。玄宗尊崇密宗，行灌顶仪式，成为佛弟子。除唐武宗灭佛之外，唐代其他皇帝基本是扶持利用佛教。在中国历史上，唐代是佛教全盛时代，整个社会笼罩在佛教影子之下。唐朝也崇信道教，高祖自称老子后裔，高度推崇道教，借道教提高李氏地位，建设了一大批道教宫观。太宗规定道士地位在僧人之前，高

总　序　盛唐：中华文明的辉煌时代

宗追封老子，睿宗两个女儿出家入道。玄宗对老子思想高度赞赏，尊《老子》为《道德真经》，并亲自为其注释，颁行全国。

在唐代社会生活中，婚姻、丧葬、教育、养老是最重要的内容。盛唐时代，婚姻仍然非常看重门第，观察对方家族的社会名望和地位，对等才能让子女结合，基本实行一夫一妻多妾制。丧礼是社会关系确认重要标志，唐代有厚葬之风。在丧葬仪式方面，朝廷出台了官方规定，形成了系统化、程序化仪式。教育在盛唐时代也被高度关注，中央设立六学二馆，地方上设置了郡学和县学，开元时期全国各州县普遍设学。唐朝强调以"孝"治国，唐玄宗亲自为《孝经》作注，提高了老人地位，对老人提供各种礼节性待遇。

盛唐时代，虽然围绕最高权力争夺不断，但是百姓生活尚称安乐。然而，"渔阳鼙鼓动地来，惊破霓裳羽衣曲"，大唐转折来得也很猛烈，安史之乱对盛唐造成了重大伤害。另外，在我们对大唐赞叹有加的同时，不得不说，唐代短板也很多，特别是原创思想开拓性不足，微有遗憾。在传统时代唐朝所具有的开放性足以为傲，但是对其相对的封闭性也要有明确认识，值得思考。唐朝社会精英可以对外开放，但是普通百姓必须遵守牢笼规则，遍布长安的高墙和里坊就是佐证。大唐女性，看起来可以袒胸露

武周霸业：唯一的女皇

乳，气质昂扬，独立自主，但只是少部分贵族妇女。大部分普通女性，还是生活在枷锁之中，虽然还没有裹脚这种身体残害，但是被禁锢的附属品命运还是传统时代所常见。

总之，唐朝个性鲜明，"大一统"最终成为定局。在唐朝之前，只有汉朝在一个较长时期内落实了大一统。隋朝虽然恢复了大一统体制，但是流星般的命运让它没有时间稳固大一统。唐朝立国稳定，最终把大一统定局为中华政体的深层底蕴结构，从此，大一统有了稳定轨道和天然正义性，延续千年，成为中华民族社会心理的共同基本。

如此唐朝，谁又不爱，谁又不想了解呢？然而时代变迁，让每个人都从史籍读起，显然不可能。虽然坊间关于唐代的读物已有不少，其中品质高超者也为数甚多，但是在文史百花园当中，自当要百花齐放，因此即使关于唐朝的普及性读物已经汗牛充栋，我们还是要在这著述之海当中，继续增加一些新鲜气息，与读者共赏唐朝之美！我们曾表达过，孟浩然"人事有代谢，往来成古今"最能代表我们的心声。没有人，没有事，也就没有历史。见人，见事，方见历史。所以，我们愿意努力在更多维度上为读者提供思考和探寻唐代历史的基础，与已经完成的"宋朝往事"略有不同，在人和事两方面基础上，增加了典制内容。大唐

总　序　盛唐：中华文明的辉煌时代

三百年历程，人事繁杂，典制丰富。我们采中国传统史学模式当中的纪事本末、列传、典制体裁之意，并略有调整，选十事、五人、五专题进行定向描绘，各书文字流畅，线索清晰，分析准确精当，且可快速读完。希望读者能和我们一起从更多维度观察唐、了解唐、思考唐，回首"唐朝往事"。

公元617年，留守晋阳（今山西太原）的唐国公李渊起兵，拉开了大唐王朝序幕，攻势如破竹，一年不到就改换了天地。虽然正史当中塑造了一个平庸的李渊形象，但是实情是没有李渊的方略和能力，就不会建成大唐。玄武门之变，兄弟刀兵相见，血流成河；父子反目，无奈老皇退位。从玄武门之变到出现贞观之治，二十多年时光，选贤任能、开疆拓土、建章立制，李世民留给世界一段值得长期探讨、反复思考的"贞观"长歌。太宗才人武媚，与高宗李治一场姐弟恋，却开创了大唐一段新故事。武周霸业，建神都洛阳，成就武则天唯一女皇。神龙元年（705），李武势力默认，朝臣积极推动，"五王"主导政变成功，女皇被迫退位，重新成为李家儿媳。此后十年间，四次政变，四次皇位更迭，大唐核心圈就没有停止过刀光剑影，但是尚未伤到帝国根本。玄宗稳定了政局，"贞观之风，一朝复振"，再开新局，开放又自由，包容又豁达，恢宏壮丽的极盛大唐就体现在开元时代。

武周霸业：唯一的女皇

"开元盛世"四字，至今脍炙人口。

盛极而衰，自然之理。盛世接着就是天宝危机，酿成安史之乱。这场大变乱，改变了中国历史走向，时间长，范围广，破坏大，影响深。战乱过后，元气大伤。河朔藩镇只是名义上屈服，导致朝廷也只能屯兵防备。彼此呼应，武人势力极度膨胀，群雄争霸，朝廷无力。唐宪宗元和时代，重新形成了短暂振兴局面，这也是唯一一位能控制藩镇的皇帝，再次构建了由中央统领的政治秩序。元和中兴也成为继开元盛世后，大唐王朝最后一次短暂辉煌。宪宗身后，朝廷局势一天不如一天，穆宗、敬宗毫无能力，醉生梦死。文宗时代，具体操办政务运行的朝臣，以李德裕、牛僧孺各自为首的政治集团党争不断，势同水火，"去河北贼易，去朝中朋党难"。宦官权重，杀二帝，立七君，势力凌驾皇权之上。导致皇帝也难以忍受，文宗试图利用"甘露之变"诛杀宦官，但是皇帝亲自发动政变向身边人夺权功败垂成，朝臣一扫而光，大唐也就踏上了不归路。

大唐功勋卓著的名人辈出，自不能逐一详细介绍，只好有所选择。狄仁杰，我们心目中的"神探"，实是辅周复唐大功臣，两次为相，为君分忧，为民解难。特别是劝说武则天迎回李显，又提拔张柬之等复唐主力人物。生前得到同时代人赞誉，死后获得了后世敬仰。郭子仪在战乱中显露英雄本色,平安史,击仆固,退回纥,是力挽狂澜的武将代表。长期位极人臣,生活在权力核心地带,谨慎经营,屹立不倒,"完名高节,福禄永终",可谓文武双全,政治智慧超群。上官婉儿是唐朝著名女性代表,有着出色的文字能力,是可以撰拟诏敕的"巾帼宰相",还可以参与军国权谋,但命运多舛,未有善终。近年来墓志出土,形成了一波婉儿话题。韩愈,千古文宗第一人。谏迎佛骨,显示了韩愈风骨。一代文化巨人,"匹夫而为百世师,一言而为天下法",努力振兴儒学,文起八代之衰,推动"古文"运动,千年之后,仍然能够感受到他的影响。陆羽,唐代文人的代表,撰写了世界上第一部茶叶专著——《茶经》,号为"茶圣",影响千年,成为古今中外吟咏不已、怀念不止的人物。

大唐创业垂统,建章立制。三省六部,成为中国古代官僚行政的典范。三省六部是决策机构,九寺五监是执行机构。虽然三省屡经变迁,但是所确立的中枢体制模式,却是千年如一。六部分科管理行政,其行政原理至今还在运行。九寺五监,今日"参公""事业"单位名目仍可见其遗意。唐代法律完善,律令格式体系齐备,是中华古典法系的杰出代表,对东亚影响可谓广泛。大唐生活,千姿百态。衣食住行,是维系每个大唐人生存的基

武周霸业：唯一的女皇

本、婚丧学老，是每个大唐人成长所必有的经历。八件大事，又都和等级制度挂钩，是观察唐朝日常的最佳窗口。古都长安，是东亚中心，也是当时"世界"之都，是经济中心，是文化交流中心，是思想和学术的高地。巍巍长安，是盛唐气象直接承载体，长安风华引领着世界风潮，展示着盛唐文明所达到的高度。吐鲁番地处丝绸之路要地，是中外文明交汇融通之处。多元人口组成，多元文化集结地，是大唐开拓西域的关键节点，具有重要的军政和战略地位。凡此种种，理当书之。

以上，就是"唐朝往事"的总体设计。我们希望以明晰的框架，建设具有整体感的书系。既有主线，又可分立；有清晰流畅语言，有足够的事实信息，也有核心脉络可以掌握。提供给读者既不烧脑又不低俗的"讲史"，以学术为基础，但是又不是满满脚注的学究文。专业学者用相对轻松的笔调来记录和阐释，提供一点不一样的阅读感受。这个目标能否实现还很难说，但是我们正在向此努力。我们21人以一年时光，共同打造的20部小书，请读者诸君阅后评判！

感谢鲍丹琼（陕西师范大学）、侯晓晨（新疆大学）、靳小龙（厦门大学）、李航（洛阳师范学院）、李瑞华（西北大学）、李效杰（鲁东大学）、李永（福建师范大学）、刘喆（北京师范大学）、

总　序　盛唐：中华文明的辉煌时代

罗亮（中山大学）、雒晓辉（中国社会科学院古代史研究所）、孟献志（首都经济贸易大学）、孙宁（山西师范大学）、王培峰（山东师范大学）、许超雄（上海师范大学）、原康（淮北师范大学）、张春兰（河北大学）、张明（陕西师范大学）、赵龙（上海师范大学）、赵耀文（重庆大学）、朱成实（上海电机学院）等学界友朋（按姓名拼音为序）接受邀请，给予大力支持，参加"唐朝往事"的撰写工作，更要感谢他们能在一年多的时间内不停忍受我的絮叨和催促，谢谢大家！感谢辽宁人民出版社蔡伟先生及其所带领的编辑团队，是他们的耐心细致，才使得本书以这样优美的状态呈现出来。

现在，亲爱的读者，请您展卷领略"唐朝往事"，与我们一起走进大唐，思考大唐！

耿元骊

2024年3月26日于唐之汴州

目录

总　序　盛唐：中华文明的辉煌时代　　　　　　　　　001

引　子　无字碑的秘密　　　　　　　　　　　　　　001

第一章　才人的逆袭：武则天的早年沉浮　　　　　　005
　一、不想悲泣的少女　　　　　　　　　　　　　　006
　二、驯师子骢的才人　　　　　　　　　　　　　　009
　三、入感业寺的尼姑　　　　　　　　　　　　　　014
　四、高宗专宠的昭仪　　　　　　　　　　　　　　017

第二章　猫的诅咒：武则天的皇后之路　　　　　　　022
　一、贞观遗臣的反对　　　　　　　　　　　　　　023
　二、立武诏书的发布　　　　　　　　　　　　　　027
　三、母仪天下的自信　　　　　　　　　　　　　　030
　四、宫中对猫的恐惧　　　　　　　　　　　　　　033

第三章　垂帘遮不住：唐高宗时期武则天权势的增长　037

一、反对集团的肃清　038

二、士族谱系的重排　046

三、皇后到天后的进阶　051

四、《黄台瓜辞》的无奈　064

五、仓促之间的东幸　071

第四章　俞哉天授：女皇的登基　079

一、临朝称制初尝试　080

二、戡平叛乱定人心　087

三、拜洛受图应符命　096

四、应天顺人建武周　105

目　录

第五章　金轮皇帝与四方祥瑞：女皇的统治术　　110

　一、《大云经》与《宝雨经》的护持　　111

　二、来自敦煌的祥瑞　　118

　三、"例竟门"的恐怖　　125

第六章　跳出关中：武周的霸业　　138

　一、神都建明堂　　139

　二、嵩山封神岳　　153

　三、人才稳江山　　158

　四、国本在于农　　175

第七章 "神功"定边疆：武周的国防与边疆　　182
　　一、安西四镇定西域　　183
　　二、突厥契丹乱于北　　205
　　三、外交国防得与失　　234

第八章 鹦鹉的翅膀：武周晚年返政李唐　　251
　　一、鹦鹉折翼梦　　252
　　二、房陵召李显　　264
　　三、融合武李情　　272
　　四、西返长安城　　282

尾　声　女皇的谢幕　　292

后　记　　298

引 子
无字碑的秘密

陕西省乾县县城之北6公里处,坐落着一座梁山。梁山共有3座山峰,北峰最高,是为主峰。主峰之上,有一座特殊的唐代帝陵——乾陵。乾陵的独特之处在于,玄宫之内埋葬了一男一女两位皇帝:唐高宗李治与女皇帝武则天。武则天是中国历史上唯一的女皇帝,她驾崩后改称"则天大圣皇后",以皇后的身份归葬乾陵,陪眠于高宗身边。乾陵是高宗与武后的帝、后合葬陵,同时也是双帝合葬陵,这在中国古代帝王陵墓中是独一无二的。

乾陵朱雀门外司马道的两侧,有两块相对而立、气势高耸的

武周霸业：唯一的女皇

巨大石碑：西曰"述圣纪"，东曰"无字碑"。"述圣纪"碑造型颇具特色，上下共分7节，俗称"七节碑"。这块碑的碑文也很特别：内容由武则天撰写，文字由唐中宗李显书写，记录了唐高宗的生平经历，歌颂了他的文治武功。从撰文到书写，再到歌颂对象，都与帝王有关。"述圣纪"的来头大，但是不如东侧的"无字碑"名气大。

"无字碑"名气大有两个原因：第一，它纪念的是中国历史上唯一的女皇帝武则天；第二，它形制高大，但上面却空无一字，充满了神秘之感。乾陵是高宗与武则天的合葬陵，既然有一块关于高宗的"述圣纪"，就要有一块关于武则天的"无字碑"。这一点没什么争议。但是，关于"无字碑"上为什么没有字，却是一个自古至今都在讨论的话题。

有人说，"无字碑"是武则天在夸耀自己，认为自己的不世之功，远非文字能够表达。

有人说，武则天临终前，后悔自己的所作所为，觉得自己犯下的罪孽太过深重，所以不写碑文。

有人说，武则天去世后，关于她的争议太大了，中宗等人不知道应该如何评价她，索性立一块无字石碑。

有人说武则天希望自己的功过是非，交给后来之人评价，所

引　子　无字碑的秘密

以不刻一字。

还有人说"无字碑"不是武则天下葬时所立。唐中宗景龙元年（707），武三思、武攸暨等人到乾陵祈雨成功，有一个名为郑愔的人为此写了一首《圣感颂》，歌颂武后的灵佑与美德。中宗下令将颂文刻石，立于陵前。既然有《圣感颂》，为什么石碑上没有文字呢？一种可能是碑立起来了，但未来得及刻字。"无字碑"由一块完整的巨石雕刻而成，高达六七米，重达百吨。碑首刻有8条螭龙。碑身两侧各刻一条长412厘米、宽66厘米的升龙。碑座南侧刻有一匹骏马与一匹雄狮：骏马屈蹄俯首，正在进食；雄狮昂首挺立，气势威猛。碑石的寻找以及图案的雕刻，需要一定的工期。有记载表明，"无字碑"由于阗工匠负责雕刻，这可能会让石碑雕立的速度较慢。景龙元年七月，太子李重俊突然发动宫廷政变，虽然兵败被杀，但当初祈雨成功的主要角色武三思却在这场政变中被杀。如此一来，《圣感颂》的刊刻工程失去推手，意义也大为降低，最终石碑虽立，但文字未刻，成了一个烂尾工程。还有一种可能是碑上已经刻了字，后来又被磨掉了。郑愔这个人貌丑多须，心术不正，竟然勾结谯王李重福、洛阳人张灵均，企图谋据洛阳，发动叛乱。这种人写的文章，怎么能勒之于石，传之不朽呢？

关于"无字碑"之所以无字的各种解释，看起来都有一定道理，但都是一些合理的推测，并没有坚实的史料依据。所以，"无字碑"还是一个谜，它的背后还有很多秘密等着我们揭晓。

"无字碑"虽然是个谜，但有一点又是清晰的：它应该是要记载武则天的生平，要对武则天的功过是非做出评价，就像它对面的"述圣纪"之于唐高宗一样。遗憾的是，"无字碑"不可能完成这个使命了。幸运的是，"无字碑"的空白，留给我们每个人一个书写"空白"的机会。本书的这个"空白"，就从武则天的少女时代开始写起。

第一章
才人的逆袭：武则天的早年沉浮

大唐贞观九年（635），太上皇李渊在京师长安驾崩。消息传到1730里之外的荆州后，时任都督武士彟放声痛哭。他回想起当年跟随太上皇起兵打天下的日子，戎马倥偬的岁月仍历历在目，不料如今物是人非。悲痛难忍的武士彟一病不起，吐血而亡，享年59岁。

武士彟先后娶过两任妻子。第一任妻子相里氏为他生下四个儿子，夭折两个。存活下来的两个，一名武元庆、一名武元爽。相里氏去世后，李渊亲自做媒，让武士彟续娶杨氏。杨氏与武士蘐结婚时，已经40多岁，属于标准的"大龄剩女"，但在武家看来，这是一桩求之不得、光耀门楣的婚事。因为杨氏是隋朝宰相杨达的女儿、隋观德王杨雄的侄女，出身弘农杨氏，是中古时期的豪门大姓。武士蘐虽然是唐朝的"太原元谋功臣"，但他籍贯山西文水，出身低寒，若不是因为追随李渊父子起兵反隋，因缘际会，得升朝列，他可能会是一个在老家与木材打交道的生意人，也可能仅仅是一名鹰扬府的低级军官，怎敢奢望娶到关中名门弘农杨氏的女儿？杨氏嫁给武士蘐之后，先后生下三个女儿。大女儿名武顺，二女儿与三女儿的名字，并没有流传下来。二女儿虽然至今名讳不详，但后来却有了一个大名鼎鼎的名字——武则天。

一、不想悲泣的少女

　　武士蘐去世之后，杨氏带着三个女儿，与两个继子一起回到长安生活。值得庆幸的是，武家在京城长安有一座自己的宅第。这座宅第是当年攻下隋都大兴城之后，李渊赏赐给武士蘐的。这是武士蘐留给孤儿寡母最重要的家产。根据《长安志》的记载，这座宅第位于休祥坊。休祥坊在长安城偏西北的区域，与帝王居

第一章 才人的逆袭：武则天的早年沉浮

住的太极宫仅隔一坊，与长安城西城墙仅隔一坊，与长安城北城墙也仅隔一坊。总之，休祥坊位于长安城西北隅的"核心"位置。不仅如此，休祥坊南门外，有一条横贯长安城的东西向大街：通化门—开远门大街。沿这条大街西出开远门，就意味着离开长安城，踏上了前往西域的道路，所以开远门又被称为"丝绸之路"的起点。据记载，开远门外立有路标"万里堠"，上书"西去安西九千九百里"几个大字。来自西域的朝贡使臣、胡商驼队，也是从这里进入长安城。伴随着声声驼铃，高鼻深目的胡族使节、商人团队经常行走在开远门大街之上。武则天此时已经10多岁了，她经常跑出开远门，念着路标上的大字，遥望那条不见尽头的驿路，想象着出征将士一路向西的豪迈。她也经常跑出坊门，盯着那些远道而来的胡人，想象他们进入宫城朝见天子的情景。

休祥坊的生活对正值豆蔻年华的武则天而言，应该是美好且值得怀念的，但对她的母亲杨氏而言，却是清冷孤寂的。她会因思念丈夫而潸然泪下，也会因家庭琐事而愁叹哀怨。最要命的是，武元庆与武元爽对她这个继母毫无礼数。武元庆与武元爽原本就对父亲武士彟心怀不满。武士彟曾因军务繁忙，在相里氏的两个儿子夭折时，都没回家探望。后来相里氏病重，武士彟又在宫中宿卫，也不回家探视发妻。这两次"一心奉公"的表现，让武士彟获得了朝中君臣的一致好评，但也让元庆、元爽兄弟二人对父亲彻底失望。在他们眼中，武士彟简直就是一个毫无感情的、冷血的"工作狂"。相里氏去世后不久，李渊就将杨氏介绍给武士彟，并说"朕自为卿更择佳偶"，话里话外，透露出对相里氏出身寒贱的轻视。士族出身的杨氏受过良好的教育，有着高门贵姓的气质谈吐，还能在政务处理与仕途发展上，给武士彟提供意见帮助。所以，再婚后的武士彟对待杨氏的态度，与相里氏比起来，发生了一百八十度的大转弯。目睹这一切的元庆与元爽，内心更生怨气。在武士彟生前，两人尚不敢造次，但武士彟去世后，兄弟二人彻底爆发，把满腔怨恨一股脑儿发泄到杨氏以及三个同父异母的妹妹身上。这让杨氏母女在家中受尽白眼，却也无可奈何。尤其是杨氏，丧夫之痛加上眼前艰难的境况，让她逐渐心灰意冷，开始拜佛念经，寻求内心安宁，祈求母女平顺。杨氏对佛教的礼拜，也在武则天年幼的心灵里种下了一颗佛教的种子。

杨氏本以为母女四人平静苦闷的生活不会再起波澜，没想到文皇帝李世民的一纸诏令，再度让这个家庭悲喜交加。原来李世民听说武家二女儿容貌美丽，举止得体，要把她召入宫中。与女儿相依为命的杨氏，想到今后的日子里，乖巧可爱的二女儿会在那高深冰冷的宫墙内生活，母女想见一面都难，不禁悲从心头起，抽抽搭搭地哭了起来。让她没料到的是，二女儿却毫不畏惧，反而说道："见天子庸知非福，何儿女悲乎！"这句听起来没心没肺的话，反倒让杨氏内心宽慰不少。她第一次觉得二女儿长大了，已经有了自己的主见。

武家二女儿真的对入宫如此憧憬吗？她真的觉得伴君左右是一件幸福美妙的事情吗？恐不尽然。父亲去世后家境的衰落，两位兄长平日里的冷漠，母亲对未来生活的忐忑，以及礼拜佛像时的虔诚与无奈，无时无刻不在提醒着这位李唐功勋之家的女儿，要想重新赢得他人的尊重，改变生活上的窘境，让母亲重拾昔日大族之女的光鲜，入宫无疑是最便捷，也可能是最有效的途径。就这样，武家二女儿在自己 14 岁的时候，离开休祥坊，进入太极宫，开启了自己的宫廷生涯。

二、驯师子骢的才人

李世民见到武家二女儿之后，封她为才人，又见她生得妩媚多姿，便赐给她一个名号：武媚。武媚担任的才人，是唐代后宫中的"内官"之一。唐代的内官包括正一品的妃4人，正二品的嫔9人，正三品的婕妤9人，正四品的美人9人，正五品的才人9人，正六品的宝林27人，正七品的御女27人，正八品的采女27人，一共8品120人。她们的职责是替皇后分担后宫繁杂琐细的日常事务。具体到武媚担任的才人，主要负责宫内的饮宴休寝以及桑蚕纺织之事，并在年终向上汇报。才人的品级虽然中间偏下，但处在妃嫔由低级向高级上升的转折点上。对初入后宫的武媚而言，已经是非常不错的起点了，这不仅得益于她的美貌，也得益于先考武士彟李唐功勋的朝廷地位。

武媚入宫时，李世民的皇后长孙氏去世不久，这对年轻的武媚而言，是博取皇帝宠爱，填补皇帝内心空虚的好机会。武媚抓住一切机会，表现自己，希望得到李世民的赏识。有一次，李世民得到一匹叫"师子骢"的宝马，此马体格肥硕，性格刚烈，难以调驭。武媚得知后，主动请缨，表示自己可以驯服师子骢。在古代社会，骑马打仗，驰骋沙场都是男人的事，女人一般不跟马打交道，何况是一个十几岁的少女。这种反差果然引起李世民的兴趣，便把武媚召到身边，让她说出有何办法。武媚哪懂什么驯马之术，想当然地以为用暴力便能制服烈马，便说她需要三种工具，就能驯服"师子骢"：铁鞭、铁楇和匕首。先用铁鞭抽打马，若马不服，再用铁楇打马头，若马还不服，就用匕首割断它的喉咙。这一充满了"暴力美学"的驯马"良方"，不仅让围观的朝臣和妃嫔觉得血腥恶心，就连身经百战的李世民也惊呆了。

武媚本想通过夸张出格的表演，唤起李世民的注意，但她的如意算盘落空了。首先，李世民是个爱马之人，这是领兵征伐之人的共同爱好。李世民曾经有一匹特别喜爱的骏马，不明原因暴毙而亡，盛怒之下的李世民甚至要杀掉养马的宫人为爱驹陪葬。长孙皇后好不容易把他劝住，救了宫人一命。其次，武媚可能不知道，就在她入宫的前一年，李世民刚刚在昭陵刻立了"昭陵六骏"的浮雕。"六骏"是李世民在平定天下、南征北战的戎马生涯中骑过的六匹骏马，分别是"飒露紫""拳毛䯄""白蹄乌""特勒骠""青骓""什伐赤"。这六匹战马跟随李世民出生入死，其中拳毛䯄身中九箭，"青骓""什伐赤"身中五箭。李世民为了纪念这些心爱的坐骑，在安葬长孙皇后之时，将它们的形象刻成浮雕，置放昭陵。可以想见的是，武媚对"师子骢"的铁腕治术，绝对让李世民对她喜欢不起来，反而会让李世民觉得她性格刚强，充满暴力倾向，从而进一步疏远她。

事实证明，武媚确实没有得到李世民的宠爱。因为与武媚差不多同时入宫的另一位才人徐惠，已经由才人升到婕妤，又由婕妤升到九嫔之一的充容了，但武媚却原地踏步地一直担任才人。徐惠跟武媚的性格完全不同。有一次，李世民召见徐惠，徐惠许久未至，李世民等得心焦，龙颜大怒。徐惠也不马上反驳，而是先写了一首"撒娇诗"送过去："朝来临镜台，妆罢暂徘徊。千金始一笑，一召讵能来？"原来徐惠早早梳妆完毕，但一直在镜台前徘徊，所以耽误了时间。古人千金才买美人一笑，我若一召便至，岂不是太掉身价？此诗以柔克刚，娇嗔之间化李世民之怒气于无形。这与武媚的"三铁驯马"比起来，既矜持含蓄，又暗含微讽，实在高明。武媚与这样的对手同台竞技，败下阵来也是情理之中。

不仅如此，武媚还差点儿卷入贞观年间的政治谣谶之中。李世民统治期间，民间流行一本叫《秘记》的书，书中预言："唐三世之后，女主武王代有天下。"与此同时，"太白昼见"这一天象屡屡出现，太史令李淳风占卜后，认为这种星象意味着"女主昌"。李淳风甚至预言，此武姓之女已经在太极宫中。由于时人无法想象女性为帝，所以李世民百思不得其解。有一次，李世民宴请宫中武官，席间行酒令，要求各自报出乳名。左武卫将军李君羡与宴，自报乳名为"五娘"。众武官哈哈大笑，但李世民却

第一章　才人的逆袭：武则天的早年沉浮

吓得酒醒一半。因为李君羡是武安人，被封武连郡公，担任左武卫将军，又在玄武门驻守，乳名又是偏女性化的"五娘"，岂不正应《秘记》预言？李世民强作镇定地开玩笑说"何物女子，如此勇猛"，但内心已将李君羡列为假想敌，并在之后找准机会贬杀李君羡。李世民还想杀尽宫中所有嫌疑之人，但被李淳风阻止。武媚借助李君羡的"保护"，躲过一劫。

贞观末年，李世民健康状况恶化，甚至开始服食丹药。太子李治仁孝，躬亲侍奉。为了便于照料父皇，李治甚至不回东宫，住在父皇寝殿之侧。武媚作为才人也有侍奉之责，一来二去便与李治结识，并迅速与李治产生了感情。武媚比李治大4岁，但这并不妨碍两人"姐弟恋"的升温。年龄之外，最大的阻碍还是武媚才人的身份，她与李治名义上还是母子关系。即便李唐皇室沾染胡风，"闺门失礼之事，不以为意"，但也不代表两人可以抛弃伦理道德，不顾世俗非议。这也成为后来武媚皇后之路上的重要阻碍之一。

贞观二十三年（649），李世民驾崩，太子李治即位，是为高宗。太子妃王氏升为皇后，由东宫入主后宫，成为太极宫内新的女主人。武媚刚刚燃起的感情火苗，随着心上之人登临大宝，又被残忍地掐灭了。先皇新丧，她和新皇的感情不可能公布，而且按照当时的惯例,她要和后宫没有生育记录的妃嫔一起,剃度出家,为先皇诵经祈福。

三、入感业寺的尼姑

李世民驾崩之后,武则天随众为尼,入居感业寺。感业寺到底在长安城何处,现在还不能确定。《两京新记》《长安志》《唐两京城坊考》等文献记载了唐长安城大量的寺院,但唯独不见感业寺的名字。有人认为,感业寺就是长安城禁苑中的德业寺,因为在写本时代,"德"字的写法非常容易被误认为"感"字,有人甚至认为感业寺根本就不存在,是一个虚构出来的"影子寺院"。还有人认为,武则天为尼的寺院不是感业寺,而是位于崇德坊西南隅的灵宝寺,因为《长安志》中明确记载太宗妃嫔为尼之处就是灵宝寺。总之,我们还不能定位感业寺的确切位置,只能推测这是一所专门安置先帝妃嫔的寺院。其实从北魏以来,皇帝去世之后,后宫未有生育的妃嫔都会被安排入寺观为尼或道,或者进入先帝别庙安度余年,到隋唐时期已经成为一项传统。

此时的武媚年仅26岁,正值大好年华,却只能待在感业寺

第一章　才人的逆袭：武则天的早年沉浮

内，与青灯黄卷为伴，日日诵经拜佛，内心的寂寞空虚可想而知。遥想初入宫廷时，豪言壮志满胸膛，没想到十几年之后，不仅品级未升，现如今更是被迫遁入空门，困居寺内，她不禁嘲笑自己当年是何等幼稚。她在吟诵佛经之时，总是想到自己的母亲，想起入宫时母亲的悲泣，她深刻地体会到母亲眼泪背后的爱怜与眷恋。她还会感慨命运弄人，老天不公，让母女二人均遭此不幸。唯一可以慰藉的是，她的内心并不冰冷，因为她时常想起李治，盼望着有朝一日能与自己的心上人重逢。

李治此时甫登大宝，政事繁殷，又值父皇新丧，无心他顾。作为新君，他也不便前往安置先帝妃嫔的感业寺。由最初相恋时的不离左右，到现在的宫寺相隔，一面难见，巨大的落差让武媚难以释怀，日夜的思念化作串串泪珠，她只能聊作诗篇排遣抑郁："看朱成碧思纷纷，憔悴支离为忆君。不信比来长下泪，开箱验取石榴裙。"意思是说，思盼心切的武媚甚至把红色看成了绿色。她思君心切，伤心欲绝，若不相信，那就请君验看箱中的石榴裙吧，上面还沾满了她流下来的眼泪。这是存世的武媚作品中，创作年代最早的诗歌。由此看出，武媚在家庭中受母亲杨氏的教育，入宫后又在后宫读书学习，此时已经颇具才情。

一年以后，太宗忌日，按礼典规定，新皇帝要于寺观设斋焚香，大会僧众，为先帝祈福。李治终于有机会名正言顺地进入感业寺了。唐代的国忌行香是非常隆重的礼仪，在京的五品以上文武官员、七品以上清官都需参加，齐集感业寺，行香后才能离开。如此大规模的礼仪活动举行时，面对众多臣僚，李治与武媚应该没有传情达意的机会。礼仪结束，众臣散去，李治才可以探视先帝妃嫔为由，与武媚相见。一年的相思之苦换来李治的情意如初，武媚也算没有白等。

　　此次相见，让李治决定要将武媚召回后宫。皇帝纳妃本为常规操作，理应简单顺利，但此事涉及武媚，却面临重重阻碍。首先，是贞观遗臣的态度。贞观年间的老臣都知道武媚是先帝的才人，对今上与武媚的地下恋情并不知晓，恐怕难以接受今上将武媚纳入后宫。其次，王氏刚刚被立为后，正是在后宫树立威信的关键时刻，应该不会同意皇帝此时纳妃。最后，武媚此时剃度出家，削发为尼，无法履行纳妃之仪对妆容的要求。三个阻碍之中，王皇后的态度无疑最为关键。纳妃之事主要涉及后宫，皇后若能同意，臣子的意见也就不那么重要了。李治与武媚能否突破王皇后这道防线呢？那就要看引武媚入宫，对王皇后而言有何好处了。

四、高宗专宠的昭仪

若想在王皇后处寻求突破，需要让她思考武媚入宫对自己是否有所帮助。我们来看一下王皇后此时的处境，自然就会得到答案。

王皇后出身太原王氏，属于传统的世家大族。由于容貌美丽，被长孙皇后选中，纳为晋王李治的王妃。随着李治从晋王升立太子，再由太子继承皇位，她也从晋王妃升为太子妃，最后荣升大唐国母。这种大女主爽文剧本，在其他人眼中，只能羡慕嫉妒，但王皇后本人却有自己的苦衷。首先，她得不到李治的宠爱。王皇后家世显赫，又是长孙皇后亲选，但在后宫争宠中，却输给了淑妃萧氏。王皇后与萧淑妃明争暗斗，一直处于下风，内心憋闷，却也无可奈何。其次，她与李治生活多年，却未能生下一儿半女。李治在登基之前，有四个儿子，其中长子李忠为刘氏所生，次子李孝为郑氏所生，三子李上金为杨氏所生，四子李素节即为萧淑妃所生。李素节勤奋好学，日诵诗赋五百余言，甚得高宗喜爱。李素节的加持，也是王皇后无法撼动萧淑妃在皇帝心中地位的重要原因之一。

武周霸业：唯一的女皇

国忌行香之后，皇帝与武媚的恋情随之曝光，很快传到了王皇后的耳中。大生醋意之后，王皇后转念一想，若把武媚纳入后宫，一来可投皇帝所好，讨取皇帝欢心；二来可以利用皇帝对武媚的宠爱，疏离皇帝与萧淑妃的关系；三来武媚会感念自己的恩德，与自己站在同一阵营，共同对抗萧淑妃，可谓一石三鸟。王皇后决定突破常规，助力武媚入宫。为此，她派人到感业寺中，私下令武媚蓄发，并劝说皇帝将武媚重新召入后宫。有了皇后的同意与支持，武媚内心那行将熄灭的希望之光，又燃亮了起来。

永徽二年（651）前后，武媚第二次踏入太极宫，进入李治的后宫。曾经的生活经验，让她对后宫环境非常熟悉。太宗时期后宫争宠的失败，让她更加熟悉后宫内的人际关系与生存规则。此时的武媚已经脱去了少女的稚嫩，现实的磨难让她成熟稳重，为尼的经历让她参透人心。在洞悉了王皇后引她入宫的心思之后，她坚定地选择站在后宫之主的阵营，屈身侍奉王皇后，希望通过皇后，尽快在后宫站稳脚跟。王皇后也对她的表现非常满意，常常在皇帝面前夸赞这位后宫新人。皇帝原本担心武媚不为后宫所容，看到她与皇后相处融洽，所有的担心烟消云散。不久之后，武媚被封为昭仪。昭仪为正二品，位居九嫔之首，武媚由

第一章 才人的逆袭：武则天的早年沉浮

先帝的才人，连升三级，一跃进入高级妃嫔之列。这种火箭式的升迁，也表明武媚深受皇帝宠幸。

入宫后的第二年，武昭仪生下她与皇帝的第一个儿子，取名李弘。李弘是一个很有深意的名字。从魏晋南北朝以来，"老君当治、李弘当出"就是一个广为流传的道教预言，宣扬李弘乃老君转世，化为人主。民间利用此口号，假借"李弘"之名发动过多次起义。最近的一次发生在隋朝末年的大业十年，当时扶风人唐弼聚众起义，为了凝聚人心，便推举一个名为李弘的人为天子。因此，皇子李弘，名应谣谶，日后当为天子。这不仅彰显出皇帝对这个皇子的重视，而且暴露出了武昭仪的政治野心。这种局势变动传递出微妙的政治压力，首当其冲的就是皇后王氏。

王皇后此时仍然未有子嗣，随着李弘的出生，她的地位变得愈加尴尬。王皇后还发现，自从武昭仪入宫之后，几乎享有专房之宠，不仅自己没有赢回该有的宠爱，就连萧淑妃也逐渐淡出了皇帝的视野。她逐渐感受到了武昭仪的威胁，开始后悔这种"前拒狼后进虎"的决定，并开始在皇帝面前，诬告武昭仪，甚至与昔日情敌萧淑妃联手对付武昭仪。事实证明，萧淑妃在这场争宠大戏中，并无多大分量，她几乎毫无还手之力。王皇后不得不求助于自己的舅舅柳奭与母亲柳氏。柳奭建议王皇后劝皇帝将长子

武周霸业：唯一的女皇

李忠立为太子。由于李忠之母地位微贱，柳奭希望他感念推立之功，成为王皇后的支持者。柳奭此时官任中书令，是中书省的长官，深谙权力争斗之术，这一步棋无疑非常有利于王皇后巩固自己的地位。如果说柳奭是一位给力的队友，那么王皇后的母亲柳氏就是一位糟糕的队友。柳氏依靠女儿皇后的身份，有时会入后宫探视，但她对待宫内之人趾高气扬，颐指气使，整个后宫都不欢迎她。武昭仪就去拉拢那些被柳氏欺负过的宫女，并把自己的赏赐分给她们。这些人全部成为武昭仪的眼线，她们会把皇后的一举一动，全部告诉武昭仪，所以武昭仪对皇后的举动谋划了如指掌。

虽然王皇后在后宫不得人心，皇帝却仍未起过废立之意，但武昭仪女儿的暴卒，却让皇帝彻底对王皇后失去了耐心。史书记载，武昭仪曾经诞下一女，王皇后作为后宫之主，前来恭喜探视。王皇后离开后，武昭仪用被子憋死女婴，之后嬉笑自如，佯装无事。皇帝回宫想逗弄一下小女，才发现女婴已亡。武昭仪此时才抱着女婴尸体，号啕大哭。侍奉之人大惊失色，只能如实汇报，皇后曾来探视。皇帝不可能想到武昭仪会扼杀亲生女儿，又想到之前王皇后与萧淑妃不断地诋毁武昭仪，他只能把女婴暴卒之事算在王皇后身上。此事之后，皇帝下定决心废立皇后。

第一章 才人的逆袭：武则天的早年沉浮

女婴暴毙虽然可以归罪于王皇后，但毕竟谁都没有亲眼看见王皇后杀死女婴，所以皇帝虽然起意废立，但仍无合适的借口。让人意想不到的是，走投无路的王皇后，在母亲柳氏的怂恿之下，竟然决定在宫中行厌胜之术，希望通过巫祝扭转皇帝的心意。这是一步铤而走险的昏招儿，因为唐律规定，造畜蛊毒，行厌魅之术乃十恶不赦之罪。此时皇后身边均为武昭仪内应，任何风吹草动，武昭仪均能第一时间知悉。王皇后的计划最终被曝光，皇帝龙颜震怒，下令禁止柳氏再入后宫，断绝母女联系，并将柳奭贬往外地，斩断王皇后的外朝应援。王皇后的厌胜之举，进一步推动了皇帝的废立计划。

为了让皇后废立更加合理，皇帝计划晋封武昭仪为宸妃，进一步提升她在后宫当中的地位。"妃"是正一品的内官，仅次于皇后。当时后宫只有"贵妃、淑妃、德妃、贤妃"四妃，并无宸妃之号。门下省长官侍中韩瑗与中书省长官中书令来济，以此为由，表示反对。遭到两省长官的谏止，皇帝不得已将此计划搁置了下来，但武昭仪谋取皇后之位的决心，已经不可阻挡了。

第二章

猫的诅咒：武则天的皇后之路

武昭仪的皇后之路，除了面临后宫妃嫔的阻碍之外，还有来自外廷朝臣的阻力。在很多朝臣眼中，皇后废立并非皇家私事，后宫易主事涉国体，必须审慎为之。武昭仪的情况尤其复杂，她的对手出身太原王氏，不管是家世门第，还是政治势力，两人完全不在同一量级。尤其是武昭仪的低寒出身，让她在唐初门第观念影响仍存的社会背景下，劣势尤其明显。在众多的质疑声中，以长孙无忌、褚遂良为代表的贞观遗臣，站在了反武的最前沿，发出了反武的最强音。

第二章　猫的诅咒：武则天的皇后之路

一、贞观遗臣的反对

　　贞观遗臣的反对，早在皇帝预料之中，他决定先从长孙无忌处寻求突破。长孙无忌是关陇集团的代表人物之一，曾亲与玄武门之变，并在李治被立为太子的过程中，力排众议，立下首功，后又受先皇托孤，成为顾命大臣，无疑是最具威望的贞观遗臣。长孙无忌又是长孙皇后的兄长，也就是皇帝的舅父。从公、私两个角度而言，长孙无忌都是皇帝需要首先说服的对象。

　　为了寻求舅父的支持，皇帝携武昭仪一起，亲自前往长孙府第游说。为了得到长孙无忌的同意，皇帝先是于筵席之上授长孙无忌三子为朝散大夫，后再赐给他金银宝器各1车，外加绫锦10车，希望以此为筹码打动舅父。酒酣之际，皇帝把话题引到皇后身上，并言王皇后一直无子，委婉地表达更换皇后之意。心知肚明的长孙无忌故意不接皇帝话头，顾左右而言他。皇帝与武昭仪的拜访，没有收到任何效果。武则天的母亲杨氏、礼部尚书许敬宗也尝试去劝说长孙无忌。不敢在皇帝面前造次的长孙无忌，把一肚子火气全部发泄到杨氏、许敬宗身上，劈头盖脸地把他们痛骂一顿并赶出家门。史书中虽然记载长孙无忌对废立皇后持反对意见，并说他"屡言不可"，但现存文献中并未看到他陈述反对理由，可见此人城府极深，不轻易授人把柄。长孙无忌的这一官场生存法则，可能受其舅父高士廉启发而来。高士廉曾官至尚书右仆射，需要上奏表章，就朝政发表各种意见，但"成辄焚稿，人莫知之"，不留任何证据，十分谨慎。

虽然在长孙无忌处碰了钉子，但皇帝并未就此止步，他决定召开以废立为主题的御前会议，试图通过集体决议压制长孙无忌的个人意见。参加者除长孙无忌外，还有司空李勣、左仆射于志宁、右仆射褚遂良，四人不仅是贞观老臣的代表，也是此时的核心班子成员。四人在政坛摸爬滚打多年，政治嗅觉极其敏感，早已揣知皇帝意图。李勣以身体不适为由，推辞与会，暂避锋芒。于志宁对废立之事持两可态度，选择与会，很有可能打算视情况发表意见。长孙无忌、褚遂良作为顾命大臣，坚决反对废立皇后。他们必须选择与会，具陈反对理由。会议开始后，皇帝直奔主题，以皇后无子、武昭仪有子为由，提出废王立武。褚遂良首先发难，认为王皇后出身名门，又是先朝所娶，未闻有过，不能轻言废立。褚遂良实际是用先帝之命压制皇帝，皇帝虽内心不悦，但他素以仁孝著称，不能公然违背先帝遗志。此次会议无果而终，以皇帝"不悦而罢"。次日，皇帝又召开第二次御前会议。

第二章 猫的诅咒：武则天的皇后之路

褚遂良不依不饶，继续反对，但他的意见已经由不能废王，转为不能立武。换言之，皇帝可以废立皇后，但不能立武昭仪。原因有两点：第一，皇后应该出身名门望族，但武昭仪出身低寒；第二，武昭仪曾为先帝才人，若立为后，恐为天下以及后世耻笑。褚遂良进言完毕，扔掉官笏，叩头不止，血流满面。这一激烈的抗议方式，引起高宗强烈的不满。不仅如此，褚遂良矛头直指武昭仪，无异于有针对性地进行人身攻击。是可忍孰不可忍。垂帘于后的武昭仪也怒火中烧，破口大骂道："何不扑杀此獠！"于志宁看到此种情形，乖乖闭口，一言不发。盟友长孙无忌也不敢继续反对，只是强调褚遂良乃顾命大臣，有罪不可加刑。

褚遂良之外，韩瑗、来济也上疏反对立武昭仪为皇后。韩瑗的策略与褚遂良如出一辙，先是强调王皇后乃先帝所娶，不可辄废，后又强调皇后人选应该象天法地，慎重择娶，甚至搬出妲己、褒姒等祸国红颜来劝说皇帝不可立武昭仪。来济也强调皇后应出自礼义名家，才能不负天下之望。

受到一众贞观遗臣的反对，皇帝一度心灰意冷。此时，他想到了一直以病为由，推脱参加御前会议的李勣。李勣本名徐世勣，原属李密，再归李唐，赐姓李氏，后避李世民之讳，改名李勣，乃唐初重臣，名列凌烟阁二十四功臣之内。皇帝为晋王时曾遥领并州大都督，李勣于时出任并州大都督府长史，两人有宾主之旧。皇帝为太子后，李勣又调任太子詹事兼左卫率，成为东宫宫臣，与皇帝的关系更加密切。一日，皇帝趁与李勣单独相见之机，向他倾诉自己在废立之事上的苦恼。李勣只回了一句话："此陛下家事，无须问外人。"李勣此言，云淡风轻，却足够化解皇帝的心结，让皇帝看到贞观遗臣并非均为"反武派"，他们之间也有立场差异。李勣的支持让皇帝不再纠结，下定决心废王立武。

其实，皇帝从褚遂良、韩瑗等人的表态中，早已嗅到贞观遗臣政治态度的轻微变化：他们已经由最初的不同意废黜王皇后，转变为同意废黜，只是所立之人不能是武昭仪。这一转变意味着他们不再把废后之举，视为对先帝遗命的违背。如此一来，皇后的废立也就不再威胁到皇帝辛苦维持的仁孝"人设"，其实是打消了皇帝最大的疑虑。下定决心的他只需要解决武昭仪的出身、先帝才人经历带来的伦理问题便能应对"反武派"的反对声音，从而名正言顺地立武昭仪为皇后。这两点对高宗及其支持者而言，并不是难事。

第二章 猫的诅咒：武则天的皇后之路

二、立武诏书的发布

永徽六年（655）十月十三日，皇帝下诏废王皇后、萧淑妃为庶人。六天后，也就是十月十九日，皇帝再次下诏立武昭仪为皇后。这道诏书的起草者可能是许敬宗，也可能是"拥武派"的另一重要人物李义府。李义府此人表面看起来温和恭让，但经常背后递刀子，可谓笑里藏刀，人称"李猫"。他由于得罪了长孙无忌，被贬为壁州司马。李义府利用在中书省任职的便利，提前打探到了自己外贬的消息。为了留任京师，他向同事王德俭求救。王德俭告诉他，皇帝正在为皇后废立之事烦心，若他能定计立武为后，肯定可以转祸为福。李义府立刻修表上言，请求废王立武，并声称这是民心所向。皇帝阅后大喜，不仅让李义府官复原职，而且赏赐宝珠一斗。李义府由此成为坚定的"拥武派"成员。其实，不管是谁负责起草，诏书最后都是以皇帝名义发布，代表着帝王权威，也就具有了不可置疑的公信力。在这道诏书中，武昭仪的出身问题、她与皇帝恋情的伦理问题，都被合理地化解了。

出身低寒是武昭仪的"先天缺陷"，也是"反武派"认定她不符合皇后选取标准的重要依据。唐初社会受魏晋南北朝遗风影响，仍然非常看重门第阀阅。先帝在世时，曾命人编修《氏族志》，初稿完成后，博陵崔氏竟然超过皇家李氏，被列为第一等士族。虽在先帝授意下，负责官员重新排列了士族顺序，将皇族列为首位，但这反映出，在时人观念中，传统高门大姓仍有很高的社会地位。"反武派"从出身否定武昭仪，认为她根本不具备做皇后的资格，也是当时社会主流观念的反映。为了弥补这一"缺陷"，皇帝及其支持者煞费苦心，最终在武昭仪的母亲杨氏身上，找到了解决问题的线索。按照惯常标准，家世门第以父系家族为准。武家作为李唐新贵，无法为武昭仪提供门第资源，唯有出身关中名门的杨氏，才可以为武则天提供门面支撑。为此，诏书第一句话便是"武氏门著勋庸，地华缨黻"。"门著勋庸"强调武家功勋，"地华缨黻"则是借助杨氏，提升武则天的门第身份。诏书实际是在打擦边球，借母方弘农杨氏之隆望，补父方文水武氏之低寒。这也是皇帝及其支持者在武家寒门这一客观现实前提下，为了抬升武昭仪的家族地位，所能拿出的最佳方案。

武昭仪的出身问题解决后，另一棘手问题就是她与皇帝的恋情。皇帝当初引武昭仪入宫之时，贞观遗臣并未反对。一来皇帝此举受到王皇后的支持。二来李唐皇室深染胡风，先帝也曾收继

第二章 猫的诅咒：武则天的皇后之路

弟弟李元吉之妃杨氏，并生下曹王李明，可谓在此领域做出"表率"，贞观遗臣对此现象并不陌生。三来皇帝只是纳其为嫔妃，尚不伤及国体。待至皇帝欲立武昭仪为皇后时，事情有了质的变化。皇后是一国之母，道德仪范不仅事关后宫稳定，甚至影响王朝运祚。皇后还势联外戚，背后代表某一政治集团。皇后王氏便属关陇集团，对长孙无忌、褚遂良等贞观遗臣而言，是"自己人"。武则天作为"外人"，自然得不到他们的支持。为了达到目的，褚遂良等人通过翻旧账的方式，搬出武昭仪先帝才人的身份，挖出她曾侍奉过先帝的"黑历史"，实际是从根源上怀疑她与皇帝的恋情违背了伦理道德，也意味着认定两人的关系并不清白。被逼无奈的皇帝，只得在诏书中主动向世人曝光了两人的交往经历："朕昔在储贰，特荷先慈，常得侍从，弗离朝夕，宫壶之内，恒自饬躬，嫔嫱之间，未尝迕目，圣情鉴悉，每垂赏叹，遂以武氏赐朕，事同政君。"由此可知，两人的爱情萌芽确实产生于皇帝尚为太子之时，但诏书也告诉世人，两人的关系得到了先帝的认可，并成功感动了先帝。为此，先帝特意把当时为才人的武氏赐给了太子，这就与西汉宣帝把王政君赐给了太子一样。据史书记载，汉孝元帝为太子时，因为最宠爱的良娣司马氏病卒，心中郁结，闷闷不乐。父亲汉宣帝便从后宫当中选中家人子王政君去侍奉太子。王政君后来生下皇子刘骜。汉元帝即位之后，立刘骜为太子，王政君为皇后，这与唐太宗选择武才人服侍太子的途径、原因如出一辙，所以诏书将之作为掌故先例，比附皇帝与武昭仪的关系。诏书所言，事涉宫闱，真假难辨，但在解决武昭仪先帝才人身份带来的伦理困扰方面，却不失为一个好办法。总之，立武诏书的发布标志着"废王立武"的完成，是武则天成长道路上具有转折意义的关键节点之一。

三、母仪天下的自信

立武诏书的发布，向天下宣布了大唐新后的来临。对武后个人而言，还需要经历册后之礼等一系列的礼仪程序，才算完成皇后身份的最终确认。这一礼仪活动举行于永徽六年十一月一日，也就是诏书发布后的次月。当天，皇帝临轩，命司空李勣、左仆射于志宁册命皇后武氏。所谓"临轩"，就是皇帝御太极宫正殿太极殿。唐代只有在高规格的重大礼仪活动中，才需要皇帝临轩，比如册命皇后、皇太后、皇太子妃、诸王、王妃、公主等。

唐代与册立皇后有关的礼仪有"纳后""临轩册命皇后"两种。"纳后"之仪主要针对皇后自家中出嫁的情况。唐代很多皇

第二章 猫的诅咒：武则天的皇后之路

后是由太子妃转升而来，还有皇后是由嫔妃升立而来，并不需至皇后家中迎娶，在宫内即可完成册命之礼，这种情况便需行用"临轩册命皇后"之仪。武后自昭仪册升为后，自然需要按照"临轩册命皇后"的程序，完成皇后身份的转变。"临轩册命皇后"之时，册立使臣接受皇帝命令后，自太极殿出发至太极宫内的肃章门外。肃章门以北就是太极宫的内朝，过肃章门就相当于进入了太极宫的内宫，所以皇后正殿，也是皇后接受册命之地，即位于肃章门内。受册完毕，皇后还会受群臣朝贺。整个流程严谨规整，庄严紧凑。其实，"临轩册命皇后"之礼早在北朝即已萌芽，但从"纳后"之礼中独立出来，是从唐代开始的，而武后就是目前史料中可见的，第一个践行此礼的唐代皇后。换言之，"临轩册命皇后"之礼就是武后为自己量身定制的。

武后为什么要打造这样一套繁琐的仪式呢？这与她后宫昭仪的身份有着密切关系。在武后以前，唐代一共有过三任皇后，分别是高祖太穆皇后窦氏、太宗文德皇后长孙氏以及刚被废黜的王皇后。窦氏去世于隋炀帝大业年间，皇后身份乃李唐建立后追封，不存在册命问题。长孙氏、王氏都是太子妃，随着太子即位，顺理成章转为皇后，不存在身份认同上的危机感。武后是第一位由后宫嫔妃升为皇后之人，也是第一位非关陇集团出身的皇后，成长轨迹与前两任皇后相比，可谓天差地别。她比之前的皇后更需要"仪式感"，更需要通过高规格的礼仪活动，为自己角色转换保驾护航。

如果你认为"仪式感"的背后，传递出武后内心的自卑与不自信，那你就太小看这个从后宫才人一路登上皇后宝座的女人了。因为在这套仪式中，不仅内、外命妇这些唐王朝最尊贵、最重要的女性需要参加，而且士大夫官员也要参加。根据史料记载可知，册后当日，文武百官以及番夷酋长齐集肃义门外，朝贺皇后。肃义门就是肃章门，疑因避讳而改。文武百官既包括在朝京官，也包括来自地方的朝集使。番夷酋长应该也是因参加朝集活动而齐集中原。唐前期实行朝集制度，地方政府必须派遣官员充任朝集使，每年年底入京朝觐述职。按照规定，这些朝集使需要在每年的十月二十五日到达长安，并且在十一月一日到尚书省的户部报到。由此可见，皇帝与武后选择在十月中下旬动手，并在十一月一日举行册后大典，都是刻意的安排，是为了让来自地方的官员代表以及四方酋长能够列席大礼，见证新后的诞生。为此，武后特意在"临轩册命皇后"大礼中，为朝集使、番客安排了位次。这些来自地方的朝集使，在报到当天，便前往宫内参加武后的册立大典，更容易被这一全新的仪式活动震撼，从而形成

第二章　猫的诅咒：武则天的皇后之路

强烈的印象与记忆。

不仅如此，只有在年底前完成皇后册立程序，才能确保文武百官能够参加正月元日举行的朝贺皇后大礼。在此之前，唐王朝每年正月元日都要举行大朝会，皇帝要接受群臣朝贺，是为唐王朝最为隆盛的王朝礼仪。来自地方的朝集使以及蛮夷酋长，入京之后最重要的礼仪活动就是参加元日大朝会。元日大礼只有群臣朝贺皇帝之礼，并无朝贺皇后之礼，但永徽六年的朝集使以及酋长们，却增加了朝贺皇后之礼，这都是武后上台后，围绕提高皇后的地位新创的王朝大礼。武后接受外朝群臣朝贺，打破了男女之防，打破了内外之别，是极具创新性的举措。可见，武后不仅要统领大唐后宫，还要在文武百官、四方酋帅之前公开亮相，接受天下朝拜仰望，这是一种何等强大的气场，又是一种何等强大的自信。

四、宫中对猫的恐惧

武后光鲜荣耀的背后，是王皇后与萧淑妃的凄凉与悲惨。为了立武后，皇帝给王皇后、萧淑妃安了一个谋行鸩毒的罪名，将两人废为庶人。不仅如此，王、萧二人的家人也广受牵连。除了王皇后的舅舅柳奭在废后之前，已经先后被贬为遂州（今四川遂宁）刺史、荣州（今四川荣县）刺史外，随着废后诏书的发布，王皇后的母亲柳氏、兄长尚衣奉御王全信，以及萧淑妃的兄弟，全部配流岭外。许敬宗为了斩草除根，甚至申请削除王皇后之父王仁祐的告身。告身是官员的身份证明，官员子孙可以据之享受荫补特权，对品官个人及其家族而言至关重要。王仁祐因王皇后的关系，被授特进，封魏国公，去世后又被追赠司空。按照唐代官制，三品以上官员可以荫及曾孙。司空为正一品，完全可以荫及王家曾孙一代。许敬宗此招可谓釜底抽薪，彻底斩断了王家后代东山再起的可能性。

　　王皇后与萧淑妃二人，虽然免于流放，但境况也非常凄惨。已经是庶人身份的二人，被囚禁在后宫之中。为了不让她们与外人接触，囚禁之所狭小封闭，看管严密，只在墙上留有小洞，可以递送饮食。曾经争风吃醋的两人无论如何也想不到，有一天她们会共处一室，并落到如此境地。王皇后悔恨自己情迷心窍，蒙蔽双眼，竟然主动引武昭仪入宫，真是自作自受。萧淑妃对王皇后引武昭仪入宫的目的心知肚明，所以自从武昭仪入宫以来，两人就是敌对关系。她原本在后宫争宠中，处于上风，后来眼睁睁看着自己的敌人逐渐享受皇帝专宠，内心的怨气本就日渐累积。

第二章 猫的诅咒：武则天的皇后之路

被贬黜后的日子更是从天堂跌到地狱，在萧淑妃看来，这也全拜武昭仪所赐，内心对武昭仪的怨气彻底转为仇恨。

皇帝在忙完新后册立活动之后，终于念及旧情，前往探视王、萧二人。看到曾经心爱的嫔妃受此磨难，内心不忍，在外呼唤王皇后、萧淑妃之名。王氏悲泣不已，希望皇帝念及往日情分，让两人逃离这人间地狱，重见天日。皇帝对王、萧二人心存感念，表示会尽快处理此事。皇帝的表现及其与王氏的谈话内容，很快传到了武后的耳中。武后大发雷霆，派人对王、萧二人杖打100下，砍去手脚，装入酒瓮，大骂道："令二妪骨醉！"手段之残忍，直逼汉代吕后的"人彘"事件，让人震惊。被投入酒瓮的王、萧二人很快就去世了。去世之前，王氏彻底放弃抵抗，心灰意冷地"祝福"皇帝与武后。萧氏把一腔愤恨化作恶毒诅咒，希望来世投胎做猫，武后来世做鼠，她要狠狠咬住鼠的喉咙，把它咬死。这一诅咒成为武后摆脱不掉的心魔，以致她后来经常出现幻觉，看到王、萧二人化作厉鬼，找她索命。为了寻求内心安宁，武则天一度下令宫中不能养猫。

这种看似迷信的诅咒，并非萧氏信口胡诌，这很有可能与隋唐时期流行的"猫鬼"有关。"猫鬼"是一种让当时人非常惧怕的蛊毒，大约出现于北朝杨隋之际，隋文帝还一度下诏，严令禁止造畜"猫鬼"。杨隋之时,关中地区出现过因"猫鬼"之事,牵连数千家的重大案件,甚至连隋文帝皇后独孤氏的去世,都一度被怀疑与"猫鬼"有关。《唐律疏议》中也明确规定,造畜"猫鬼"之人,以及教令他人造畜"猫鬼"之人,都会被处以绞刑。造畜"猫鬼"者全家即便均不知情,也要流放3000里。可见,"猫鬼"在当时是一种令人谈之色变的蛊毒,可能经常被应用到政治斗争中,产生极其恶劣的影响,否则隋唐两朝不至于特意禁止这种蛊毒。武后在受到萧氏的诅咒之后,可能惧怕萧氏对自己行用"猫鬼"之蛊,所以内心忧惧,引发心理问题。除了不让宫中养猫之外,武后还一度从原先居住的太极宫搬到了蓬莱宫(即大明宫)中居住,但是仍然屡屡见到王、萧厉鬼纠缠,所以她当上皇后之后,经常前往洛阳居住,希望通过居住环境的转移,寻求内心的安宁。

第三章

垂帘遮不住：唐高宗时期武则天权势的增长

　　武后的上台虽由皇帝力挺，但她在朝中并无根基，支持她上位的官员，更多是为了与皇帝站在同一阵营，对抗贞观遗臣。不仅如此，"反武派"很多官员仍然占据要职，对武后的威胁仍存。武后必须继续打击政敌，排除异己，同时拉拢朝臣，培植心腹，才能不断巩固自己的地位。

一、反对集团的肃清

"反武派"成员中,褚遂良的意见最为激烈。他在御前会议上与皇帝、武后爆发正面冲突后,被贬为潭州(今湖南长沙)都督,成为因立后风波而被贬黜的第一人。立武诏书发布后,武后首先向"反武派"抛出"橄榄枝":她向皇帝称赞当初反对立她为宸妃的韩瑗、来济等人,认为他们一心为公,敢于直言,希望皇帝能够褒奖二人。在韩瑗、来济看来,此举是黄鼠狼给鸡拜年,哪敢接受此等"好意"!看懂武后意图的韩瑗、来济屡屡上表辞职,但未被应允。

双方表面上的"和谐"并没有维持多久。显庆元年(656),也就是武后上台的第二年,韩瑗又开始撩拨武后敏感的神经。他上疏为当年的盟友褚遂良鸣冤,认为这位前朝老臣受先皇托付,一心为国,虽然忤逆皇帝,实属有过,但已外贬一年,受到了应有的惩罚,希望皇帝能够回心转意,将其召回。皇帝以褚遂良悖戾犯上为由,驳回韩瑗的谏请。不依不饶的韩瑗继续上言,认为褚遂良乃社稷忠臣,被奸佞之臣诬构陷害,远贬外州。韩瑗虽未明言奸佞之臣为谁,但矛头所指明显为武后及其支持者,把褚遂

第三章 垂帘遮不住：唐高宗时期武则天权势的增长

良的外贬由君臣矛盾，扩展到了外朝党争，并且事连武后。韩瑗的两次谏言虽颇有贞观遗风，但无异于把暂时冷却下来的废后纷争，再度拉回高层视野，也让废后事件的遗留问题，彻底失去了"冷处理"的可能性。就在韩瑗上疏后不久，褚遂良由潭州都督转任桂州（今广西桂林）都督。潭州都督府、桂州都督府在唐代都是中都督府，但由于桂州与潭州相比，更加远离京师，所以褚遂良此次"平调"实际意味着贬官。这一贬谪是韩瑗营救失败导致的结果，表面上看起来顺理成章，但背后却隐藏着一桩巨大的阴谋。

显庆二年（657），许敬宗、李义府在武后授意下，诬奏韩瑗、来济与褚遂良图谋不轨，理由就是褚遂良由潭州调任桂州。桂州自秦始皇修建灵渠沟通湘、漓二水以来，便成为湘桂走廊的西南出入口，控扼岭南西部地区进入中原的交通要道，自古以来乃兵家必争之地。李唐王朝建立之后，也在此地设城屯兵，成为岭南重镇。许敬宗、李义府认为褚遂良由潭州调任桂州，控制岭南战略要地，便可与朝中的韩瑗、来济等人里应外合，发动叛乱，直指褚遂良桂州之任实为韩瑗、来济等人的阴谋。无以自明的韩瑗、来济分别被贬为振州（今海南三亚）刺史、台州（今浙江临海）刺史，并且终身不许入京朝觐。受此牵连，褚遂良再贬爱州（今越南清化）刺史，柳奭也被贬为象州（今广西象州）刺史。此时的褚遂良已经 62 岁，接连的打击与贬徙，彻底摧毁了他的心理防线。到达爱州后，他上疏细数拥立辅政之功，祈求皇帝爱怜，但皇帝不为所动。次年，褚遂良客死爱州，晚年境况可谓凄凉。韩瑗、来济、褚遂良的贬谪，表明武后已经撕下温情的面纱，一场更加严酷的反攻即将到来。这次反攻的对象就是长孙无忌。

长孙无忌作为"反武派"的首领，武后上台让他倍感压力，谙熟官场规则的他逐渐淡出高层权力争夺，把自己的工作重心转至史书与礼典的编撰之上。他先是于显庆元年与国子祭酒令狐德棻编修武德、贞观二朝史 80 卷，并进史官所撰梁、陈、周、齐、隋《五代史志》30 卷；后又于显庆三年领衔编修完成《新礼》130 卷。所谓《新礼》，针对的是贞观年间修成的《贞观礼》。由于《贞观礼》修成时间较早，并不完备，皇帝即位后，命长孙无忌修订《新礼》。《新礼》的编修开始于武后上台之后的永徽二年（651），完成时间为显庆年间，所以又称《显庆礼》。在此期间，长孙无忌不仅没有涉足政坛斗争的迹象，而且通过《显庆礼》的编修，不断地向皇帝与武后示好，前文提到的"临轩册命皇后"之礼，就是从《显庆礼》开始，进入王朝礼典的。长孙无忌的主

第三章 垂帘遮不住：唐高宗时期武则天权势的增长

动避让，并没有让武后忘记他在废王立武一事上的反对态度。随着"反武派"成员的逐渐清理，武后终于开始与长孙无忌清算总账。

显庆四年（659）四月，洛阳人李奉节告发太子洗马韦季方与监察御史李巢结党营私。皇帝敕令许敬宗与侍中辛茂将共同审理此案。许敬宗审案严急，韦季方承受不了压力，自杀未遂。许敬宗借此大做文章，诬奏韦季方与长孙无忌交通勾结，目的在于构陷忠良，以便让长孙无忌掌握朝中大权，然后伺机谋反，如今事情败露，走投无路，选择自杀。皇帝初闻此奏，大惊失色，同时表示绝不相信舅父会有谋反之图，但在许敬宗的一再坚持下，皇帝渐渐对长孙无忌产生怀疑。由于早在永徽三年（652），皇帝的姐姐高阳公主就曾与驸马房遗爱谋反，若舅父再欲谋反，在天下人看来就是李唐皇室内部不团结，总是搞窝里斗，这让皇帝的脸往哪里搁？想到要愧对天下之人，皇帝悲从心起，潸然泪下。许敬宗看到皇帝有所动摇，继续拱火。他提醒皇帝，房遗爱乳臭未干，高阳公主又是一介女流，他们势单力薄，不足为惧。长孙无忌则完全不同，作为李唐老臣，不仅与先皇共取天下，而且已经做了30年宰相，朝中势力盘根错节，百官群臣服其威望。一旦长孙无忌谋反，后果不堪设想。如今因审问韦季方牵连出此事，实乃上天眷顾李唐，希望皇帝不要犹豫，一定要在长孙无忌谋反之前，将其收治，切莫贻误战机。依然不愿相信此事的皇帝命许敬宗再行审查。

许敬宗当天夜里再次提审韦季方。韦季方继续招供，主动揭发长孙无忌背后更大的利益集团。据韦季方称，韩瑗曾与长孙无忌讨论过他面对的严峻形势。由于长孙无忌曾与柳奭、褚遂良共同推动梁王李忠登上太子之位。武后上台以后，李忠被废，在韩瑗看来，这是皇帝对李忠背后的政治集团产生了怀疑。显庆元年（656），长孙无忌的表兄弟高履行由户部尚书出任益州大都督府长史，也是皇帝在敲山震虎，对长孙无忌提出警告。自此以后，长孙无忌便常怀担忧。就在此时，长孙无忌的堂侄长孙祥又由工部尚书出任荆州大都督府长史，接着又被贬为常州刺史，韩瑗也出贬振州，长孙无忌已经成为"光杆司令"。为求自保，他便与韦季方等策划谋反。这一口供逻辑合理，且与皇后废立前后的政治发展趋势完全吻合。皇帝看到后，再次悲泣，表示舅父对自己恩重如山，即便舅父真心谋反，也不能动手杀他，否则天下人、后世人都会骂自己忘恩负义、过河拆桥。皇帝的口风已经转向，从绝不相信舅父谋反变成了可以相信此事，但不能对舅父动手。许敬宗敏锐地观察到此点，此时的他只需要再给皇帝一个动

第三章　垂帘遮不住：唐高宗时期武则天权势的增长

手的理由，消除皇帝对自己名声的担忧，就可了结此案。这种情况下，没有什么比从古代明君身上找到先例，更能劝动皇帝了，而这正是许敬宗最擅长的。许敬宗谙熟前代，尤其是汉代典故。皇帝曾经询问群臣昆明池是何时开凿，只有许敬宗能明确答出是汉武帝元狩三年。此时他又搬出了汉文帝的例子。汉文帝的舅父薄昭，也是自文帝为代王时便已追随身边的大功臣，犯了罪杀了人，文帝哭而杀之。天下之人均认可文帝的大义灭亲之举，称他为一代明君。长孙无忌所犯为谋逆之罪，比薄昭更加恶劣，况且长孙无忌乃当世奸雄，堪比王莽、司马懿，万一狗急跳墙，变生肘腋，只怕会让皇帝追悔莫及。在许敬宗一步一步消解了皇帝的忧虑之后，皇帝彻底相信了上述口供。纵观皇帝在整个案件中的态度，他最在意的并不是长孙无忌策划谋反，而是此事对皇室，尤其是对他个人声誉的不良影响。许敬宗只需让皇帝认为，诛除舅父及其利益集团，是大义灭亲，而不是不仁不义，便能较为顺利地推动此案进展。这似乎也表明，随着皇后的废立，此对舅甥之间早已貌合神离。清除长孙无忌，早在皇帝内心有所预演，只差合适的契机与合理的理由罢了。

在韦季方的告发与许敬宗的审理下，长孙无忌"谋反"已经板上钉钉。皇帝甚至都不给长孙无忌解释的机会，直接下诏削除他的官爵封邑，虽然名义上仍给他保留一个扬州都督的头衔，但实际上流放黔州（今重庆彭水）。为了防止再生变故，皇帝命令沿途州府发兵"护送"。唯一留的一丝情面是，长孙无忌还可以继续享受一品官的日常待遇，定时供应米油盐醋、瓜果猪羊。长孙无忌的儿子、驸马都尉长孙冲被除名流放；表兄弟高履行先被贬洪州（今江西南昌）都督，后被贬永州（今湖南永州）刺史；堂弟长孙诠被流放巂州（今四川西昌），后被当地官员所杀；长孙诠的外甥赵持满也被召至京师杀害，曝尸街头。为了将长孙无忌集团一网打尽，许敬宗又声称褚遂良、柳奭、韩瑗等人与长孙无忌通谋。朝廷又下诏削夺褚遂良官爵，将其儿子褚彦甫、褚彦冲流放爱州，并于流放途中将其杀害。为了彻底为武后扫清障碍，实现其"一言堂"，就连当初在废后事件上不表态的于志宁，也被许敬宗等人定为长孙无忌党羽，被革除官职。

事情还没有结束，显庆四年（659）七月，皇帝命李勣、许敬宗、辛茂将与任雅相、卢承庆等五位宰相再审长孙无忌案。许敬宗派中书舍人袁公瑜前往黔州，继续搜集长孙无忌谋反罪状。袁公瑜是武后的支持者，与许敬宗共处同一阵营。袁公瑜到黔州后，想方设法逼令长孙无忌自缢而亡，亲手导演了一场犯罪主谋"畏罪自杀"的戏码，坐实了长孙无忌谋反的事实。与此同时，

第三章　垂帘遮不住：唐高宗时期武则天权势的增长

朝廷命人将柳奭、韩瑗以及长孙无忌堂弟长孙恩等人从流贬之地押至京师候审，目的当是希望从他们口中拷问出谋反罪证。长孙无忌自杀后，押解同伙至京的行为失去意义，皇帝改为将柳奭、韩瑗斩立决。由于韩瑗已死，无法执行命令的使臣竟然开棺验尸。只有长孙恩免于一死，流放檀州（今北京密云）。之前已贬至常州的长孙祥由于与长孙无忌有书信往来，有串通共谋之嫌，被处以绞刑。长孙无忌、柳奭、韩瑗三家均被抄家，近亲全部流放岭南，为人奴婢。八月，已被免官的于志宁出贬荣州刺史。当初反对武后的官员中，只有终身不许回京的来济，由于未受长孙无忌案牵连，得以保命，后来入西域效力，战死沙场。

长孙无忌案从爆发至结束，前后历时四个月，延续时间长，牵连范围广，是皇帝即位以来，清洗朝臣规模最大的一次案件。据统计，长孙家、柳家、于家三家因此被贬者达22人。随着"反武派"的贬杀与中立派的出贬，朝廷中只剩下了"拥武派"的官员，所以史称"自是政归中宫矣"。此时说"政归中宫"还是过于夸张了，因为武后虽然可以凭借皇帝的宠爱与信任，利用皇帝与贞观遗臣间的矛盾缝隙，对朝中官员的肃清起到推波助澜的作用，但她为后日浅，尚不能直接干预朝政。唯一可以肯定的是，长孙无忌集团的彻底肃清，为武后日后的掌权，提供了重要前提。

二、士族谱系的重排

长孙无忌、褚遂良等人都是关陇贵族集团的代表人物,他们盯着武后的出身不放,让皇帝与武后很是难办。武后还发现,李勣出身曹州离狐,李义府出身瀛州饶阳,许敬宗出身杭州新城,都不是传统的高门大姓,这些出身寒门的新兴贵族,正是她打败王皇后的关键助力之一。于是,武后在上台之后,不仅坚决肃清"反武派"成员,而且通过各种途径奖拔寒门新贵,提升他们社会地位的同时,扩大自己的统治基础。

如何提升他们的社会地位呢?按照当时流行的观念,武后觉得有必要让这些出身寒门的官员进入士族的行列。如何让他们成为社会公认的士族呢?这需要在氏族谱牒中,为他们谋取一席之地。先皇在世之时,曾组织高士廉、韦挺、令狐德棻、岑文本等人编修《氏族志》。《氏族志》初稿完成后,出身博陵崔氏的山东士族崔民干位居一等。先皇对这一结果非常不满意。在他看来,这些传统士族自矜门第,但早已世代衰微,而且他们之间互为婚姻,若他姓与之通婚,就要收取高额聘礼或者嫁妆,以卖婚为荣,风气很不好,真不知道世人为何会如此看重他们。他要求高

第三章 垂帘遮不住：唐高宗时期武则天权势的增长

士廉等人以当朝冠冕为重，不以出身门第为重，重新排列谱系。高士廉在这一意见指导下修改《氏族志》，把李唐皇家列为一等，外戚列为二等，崔民干则位居三等。《氏族志》的修订虽然对传统门阀士族起到了一定的抑制作用，但效果并不明显。贞观朝臣，名声显著如房玄龄、魏徵、李勣等人，也不能免俗，他们不惜自贬家门，冒着被羞辱的风险，也要哭着求着与这些大姓高门通婚。

武后因为文水武氏的出身，受尽"反武派"的白眼。支持武后的李义府，也只能谎称出身赵郡李氏，借以提升自己的门第。李义府还因为这事儿，与给事中李崇德闹掰了。李崇德出身赵郡李氏，为了巴结位高权重的李义府，主动与李义府攀亲戚，把他列入族谱之中。李义府自从当上中书令以来，对这种事情已经见怪不怪了。显庆三年（658）十一月，李义府因为与另一位宰相杜正伦不和，妄生争议，被出贬为普州刺史。见风使舵的李崇德觉得李义府丧失了利用价值，急于与他撇清关系，就把李义府从族谱上删去了。没想到的是，李义府在第二年又再次入相。李义府最恨别人看低自己的出身，对李崇德这种小人行径更是一直怀恨在心，便给他安了一个罪名，打入牢狱。李崇德悔不当初，但也无可奈何，他素知李义府手段阴险，自己难逃一死，遂选择狱中自杀。所以，随着武后的上台，《氏族志》的再次修改，已经很有必要了。

　　提议修改《氏族志》的是许敬宗，理由是该书中没有记载武氏本望，与如今武后的皇后地位不相符。李义府早已耻于其家族无人入选，积极附和许敬宗的提议。显庆四年（659）六月，皇帝令礼部郎中孔志约、著作郎杨仁卿、太子洗马史玄道、太常丞吕才等人重修《氏族志》。修改后的《氏族志》改称《姓氏录》。《姓氏录》最后成书共200卷，收录235姓2278家。这本《姓氏录》没有给传统的门阀士族任何面子，完全按照官品高下排列，分为9等，其中以后族、鄷公（杨隋皇室后代）、介公（北周宇文氏后代）及三公、太子三师、开府仪同三司、尚书仆射为第一姓；文武二品及三品知政事者为第二姓。《姓氏录》还规定了入选的标准：第一，凡是在李唐官任五品以上者，全部纳入其中；第二，只有官员本人及其后人、官员亲兄弟及其后人可以入选，其他旁支远属，一律不得入谱。按照这个标准，哪怕是出身行伍，只要官至五品，即可入选。传统的高门大姓，家族庞大，支系繁多，分房子弟被踢出《姓氏录》，久而久之，必定导致同姓之中，不同分房的声望差距极大，很多偏房分支慢慢衰落，如此一来，也会削弱传统士族的力量。《姓氏录》是在修改传统的

第三章　垂帘遮不住：唐高宗时期武则天权势的增长

士族确认标准，完全颠覆了之前的游戏规则，所以激怒了老牌士族。他们纷纷以入选为耻辱，骂它是"勋格"，意思是只要按部就班提升官品，就可入选，根本没有考虑郡望门第。改革总会触动部分人的利益，同时又让其他一部分人受益。那些原本没有机会进入名录的寒门新贵，看到《姓氏录》的标准后，全部拍掌叫好。《姓氏录》标准放宽，让更多的寒门士子看到希望，无疑有利于扩大皇帝与武后的统治基础。武后在其中起到的推动作用，是不容置疑的，这些新入谱录的新贵，都会把这份恩情记在武后身上。

武后及其支持者们对《姓氏录》的编撰，虽然受到很大阻力，也有着私人政治目的，但他们针对士族门阀的改革，却是历史发展的必然趋势。这些士族高门自从魏晋以来，品评人物，矜尚门第，通过九品中正制等途径，垄断高位，形成了"上品无寒门，下品无士族"的士庶分野，逐渐成为阻碍社会流动，进而影响政权稳定的不安定因素之一。隋文帝杨坚通过选官制度的改革，把官员任免收归中央，至隋炀帝确立进士科，科举制度正式成为官员选拔制度之一。这些都是针对士族门阀的弊端，采取的改革措施。李唐建立以后，随着全国统一局面的形成并稳定，魏晋时期在各个对立政权中尚能自我夸耀的高门，在此时已经失去了保持其社会影响力的土壤。不仅如此,周隋、隋唐鼎革之际,有些士族旧姓家道沦落,德义不再,门风沦丧,只能依靠家族姓氏,自我标榜,招摇撞骗。先皇修《氏族志》虽然推崇本朝冠冕,但最终仅把皇室、外戚提升至山东旧族之前。崔民干仍能位列三等,说明其时的改革阻力很大。先皇在实现了提升皇族、外戚族姓地位之后,暂时完成了编修《氏族志》的一大目的,也就未再继续推进改革。武后对高门大姓的打击意愿更强烈,获得的支持也更多,她作为新崛起的寒门贵族的代表,成功推动了《姓氏录》的编修,无疑符合历史的发展潮流。《姓氏录》的推出,也让传统士族更加清醒地认识到,仅靠老祖宗传下来的郡望门第,已经无法保持家族地位,他们必须投身科举,谋求官职,为国效力,才能维系家风于不坠,从而促使他们为国效力的同时,增加对国家的认同感。

《姓氏录》编修完毕之后,为了能在全国顺利推广,李义府奏请把《氏族志》全部收回焚毁。这种简单粗暴的方法,在一定程度上能够让《姓氏录》确立的标准,尽快为人熟悉,但并不意味着会在短时间内扭转人们的观念。李义府曾经为儿子向赵魏的世家大族求婚,但被嫌弃是暴发户,没有答应婚事。李义府怀恨在心,于是又向皇帝奏请。显庆四年(659)十月,皇帝下诏规

第三章　垂帘遮不住：唐高宗时期武则天权势的增长

定，后魏陇西李宝，太原王琼，荥阳郑温，范阳卢子迁、卢浑、卢辅，清河崔宗伯、崔元孙，前燕博陵崔懿，晋赵郡李楷，凡七姓十家，不得彼此之间自为婚姻。为了限制卖婚求财的不良风气，皇帝同时规定，三品以上官员嫁女所收聘礼不得超过300匹绢，四品、五品不得超过200匹，六品、七品不得超过100匹，八品以下不得超过50匹，而且全都要作为嫁妆返回，其夫家不能受陪门财。皇帝的诏书态度虽然强硬，但并不意味着这些世家大族会完全遵守。为了躲避监管，他们之间仍然偷偷地互相通婚，宁愿把女儿留在家里变成老姑娘，也不愿与新晋贵族联姻。不仅如此，皇帝的诏书在一定程度上坐实了这七姓十家的社会地位，反倒增加了他们炫耀的资本，以至于那些慢慢衰落的分支旁系，竟然得意洋洋地自称为御封的"禁婚家"。

对士族谱系的重新排列，与对长孙无忌集团的打击，时间上前后相继，效果上互为补充，是一套左右齐发的组合拳，让反对武后的声音逐渐减弱，趋于消失。

三、皇后到天后的进阶

随着朝中不同声音的消失，皇帝与武后的耳根清净了许多。

地位彻底稳固的武后决定"衣锦还乡"。显庆四年（659）闰十月，皇帝与武后先前往洛阳，在洛阳举行完正月元日大朝会后，向武后的老家并州进发，并于显庆五年（660）二月顺利抵达。在并州，皇帝负责宴赏群臣，武后负责宴赏亲属故旧，并特别召见了当地女性，版授所有80岁以上的女性为郡君。大手笔的宴赏，让武后在家乡父老面前，尤其是家乡女性面前，刷足了"存在感"。由于并州也是李唐龙兴之地，所以皇帝还在李家旧宅举行祭祀活动，特意以武士彟、殷开山、刘政会袝祭，给足了武后家族面子。在并州优游散心两个月后，皇帝与武后才返回洛阳。

返回洛阳不久，皇帝便患上风疾，病情发作之时，头痛眼花，无法理政。风疾类似于西医所讲之中风，是李唐皇室的家族病，但在如此年轻之时就发作，且病情如此严重，是之前皇室成员未曾出现过的。据皇帝自己说，先皇驾崩之时，自己哀毁过度，即已沾染此疾。风疾属于慢性病，患病之初似无大碍，有时症状并不明显，但很容易成为沉疴痼疾，难以治愈。皇帝此时不仅风疾发作，还有头眩之症。根据古代医书《鸡峰普济方》记载，头眩患者，会感到头晕体旋，不能仰头，"头重不能举"，导致"视物不正"，或者感觉身体犹如在车船之上，颠簸摇晃。用西医的观点来说，头眩相当于中风的脑血栓形成。皇帝风疾发作

第三章　垂帘遮不住：唐高宗时期武则天权势的增长

之时，偶尔会把部分政务交给武后协助处理。武后凭借自己的学识与能力，每次都能完美地处理皇帝交给的任务。如此一来，交由武后经手的政务越来越多。这意味着她开始侵夺部分君权，也意味着李唐王朝政务处理的大门，第一次向这位后宫之主打开。武后的人生从此迎来了全新的篇章，并且一发不可收，一步一步迈向了权力之巅。

为了让皇帝调养休整，他们在洛阳一共待了两年半时间，才于龙朔二年（662）四月返回长安。在当时人的医疗观念中，患有风疾之人不喜低下湿热，若能居住在高爽凉洁之处，有利于病情缓解。为此，皇帝与武后此次回京，不再居住在地势低下的太极宫，而是搬到蓬莱宫。蓬莱宫就是大明宫，原本是先皇给当时的太上皇李渊修建的避暑清宫。由于李渊病逝，该宫并未真正投入使用。皇帝与武后在此基础上，将其改建为正式的宫城，改名蓬莱宫。该宫位于长安城东北角龙首原之上，地势高爽，天晴之时，可以俯瞰长安城，遥望终南山，具备身患风疾之人理想的居住环境。另外，武后害怕王皇后与萧淑妃鬼魂作祟，早就希望搬出太极宫。夫妻二人在心理以及健康方面的需求，推动了新宫城的修建与使用。从此以后，大明宫便成为王朝政治中心，并逐渐取代了太极宫的地位。由于两宫一西一东，所以人们又把太极宫称为"西内",大明宫称为"东内",唐都长安进入"双核驱动"时代。

搬到蓬莱宫居住的皇帝,健康状况未再恶化,但过得并不开心。他渐渐发现武后已经不再是之前的"贤内助",而是成为一个控制欲望强烈的政坛女强人。很多朝政已经不再按照皇帝意愿执行,武后成为实际上的最终决策者。随着武后在朝政上的发言权越来越大,部分有其撑腰的官员,甚至不把皇帝放在眼里。这方面表现最明显的就是时任右相并负责官员铨选事宜的李义府。李义府仰仗武后的支持,利用职务之便,大肆卖官鬻爵,狂揽钱财,甚至他的母亲、妻子、儿子、女婿也参与其中,引发官场腐败,导致民怨沸腾。听闻此事的皇帝善意提醒他要管好自己的家人,用好手中的权力。没想到李义府非但不领情,反而勃然大怒,质问皇帝消息从何而来。皇帝自然不可能说出消息来源,李义府也决不低头认错,反而踱着方步,缓缓地离皇帝而去。李义府慢悠悠的背影,充满了轻蔑与讽刺,让皇帝初次品尝了权力旁落的滋味。

皇帝不仅在朝政决策方面失去了绝对的权威,就连后宫纳妃一事,他也不得不受武后掣肘。皇帝此时正宠爱着魏国夫人,并希望将其纳为嫔妃,但受到武后的坚决反对。这个魏国夫人不是

第三章　垂帘遮不住：唐高宗时期武则天权势的增长

别人，正是武后大姐武顺之女，也就是武则天的亲外甥女。武顺早年嫁给贺兰安石，生下一儿一女之后，夫君去世，早早守寡。武后得势之后，武顺被封为韩国夫人，其女被封为魏国夫人，两人因武后之故，得以出入宫禁，并均因容貌美丽，受到皇帝宠爱。韩国夫人去世后，皇帝有意将魏国夫人纳入后宫，给她一个正式的名分，并幻想得到武后支持。皇帝原本以为武后可以从自身经历出发，将心比心地换位思考外甥女的处境，但他的如意算盘落空了。武后不是王皇后，她在后宫之中早已没有敌手。她若同意将外甥女纳为嫔妃，即便抛开伦理角度不言，也是相当于把情敌扶上位，给自己树立对手。皇帝是经历过皇后废立这种大风大浪之人，想当初与一众老臣拼得你死我活，把后宫易主权掌握在自己手中，没想到此时竟被武后掣肘，无法将心爱的女人立为嫔妃，内心的不爽快也是可想而知的。

工作上的掣肘以及生活上的摩擦，让皇帝对武后产生了厌烦情绪，两人的矛盾一触即发。麟德元年（664），武后将道士郭行真召入禁中，行巫蛊厌胜之术，被宦官王伏胜告发。皇帝大怒，把宰相上官仪召来讨论此事。上官仪揣知上意，主动附和，认为武后专横放肆，海内失望，并请再行皇后废立之事，以顺天下民心。上官仪的表态，起到了当年李勣之言的效果。得到宰相支持的高宗，立即命上官仪起草废后诏书。武后在宫中的眼线打探到消息后，飞奔告于武后。武后马上到皇帝处自诉，成功赶在诏书发布前，让皇帝回心转意。为了平息武后怒气，皇帝把上官仪推了出来，并说自己本无意废后，都是上官仪所教。

　　武后没有想到，在长孙无忌案之后，竟然还有朝臣敢于站出来反对自己。她意识到此风绝不可长，上官仪必须除掉。不久之后，许敬宗就在武后授意下告发上官仪、王伏胜与前太子李忠谋逆。又是许敬宗，又是谋逆，果然还是熟悉的"配方"，还是熟悉的"味道"。与之前案件的不同之处在于，上官仪并没有太多的把柄抓在许敬宗手中。如果我们去看史书的记载，就会发现：《旧唐书》把上官仪的传记与褚遂良、韩瑗、来济的传记放在同一卷下；《新唐书》把他的传记与长孙无忌、褚遂良、韩瑗、来济的传记放在同一卷下。如此编排容易让人误以为上官仪也属于"反武派"成员，但事实并不如此。不仅史书中未见上官仪对废王立武之事发表观点，而且他未受长孙无忌案牵连，并在后来出任宰相，这说明他如果不是武后的支持者，就是基本未参与此事。处心积虑的许敬宗只能从上官仪的从政经历中挖掘他的"黑材料"，并发现上官仪在李忠还是陈王之时，曾担任过陈王府谘议。告发武后的王伏胜也曾在陈王府工作。许敬宗以此为口实，

第三章　垂帘遮不住：唐高宗时期武则天权势的增长

诬奏二人与李忠谋反。其实，李忠在屡遭变故之后，已经精神错乱，经常臆想有刺客，所以穿上女装加以防备。显庆五年（660）之时，皇帝将其废为庶人，发配到黔州安置。巧合的是，废李忠为庶人的诏书，就是上官仪起草的。试想一下，一个发配边地的精神失常之人，如何与人谋逆呢？真是欲加之罪，何患无辞！麟德元年（664）十二月，上官仪下狱，与其子上官庭芝、王伏胜一同处死。上官庭芝的妻子郑氏与刚刚出生的女儿上官婉儿，也因此没入掖庭。李忠赐死于贬所。"上官仪事件"之后，武后开始垂帘听政，与皇帝一起预问政事，尽掌天下大权，中外将两人并称"二圣"。

"二圣"并治局面的形成，更加便利了武后对朝政的干预，也为她打破常规，以女性身份参与王朝最为重大的政治礼仪活动创造了条件。麟德二年（665）十月，武后上疏请求封禅。封禅大典是古代王朝最为隆重的典礼，也是对帝王功业最大的肯定。即便是先帝如此优秀的君主，对待封禅的态度都非常谨慎，贞观年间虽有所动议，但并未真正举行。皇帝即位后，本来打算于龙朔二年（662）举行封禅，但因用兵高丽、百济取消。次年九月，李唐军队在白江战役中击败百济与倭国联军，百济悉平，这意味着皇帝完成了先帝未能完成的武功事业。为此，皇帝在麟德元年（664）下诏，决定于麟德三年（666）举行封禅大典。武后此时请求封禅，除了要彰显王朝功业之外，还有非常具体的个人目的。封禅大典主要包括祭昊天上帝的封礼与祭皇地祇的禅礼。其中，祭祀昊天上帝以高祖、太宗配享，祭祀皇地祇以太穆皇后、文德皇后配享。两者都由皇帝举行初献，公卿举行亚献与终献。武后却认为乾刚坤柔，中外有别，祭皇地祇时以太后配享，却由身为男性的公卿们充当亚献、终献，礼有未当。她要求自己充当亚献，并率领内外命妇登坛奠献。皇帝同意了她的要求，最终决定由武后亚献，越国太妃燕氏终献。封禅之时，皇帝初献完毕，武后率六宫后妃登坛亚献。根据史书记载，此次封禅规模宏大，护卫仪仗队伍绵亘百里。州县官员，地方贡士，父老代表，突厥、于阗、波斯、天竺、罽宾、乌苌、昆仑、倭国以及新罗、百济、高丽诸番酋长，并集泰山脚下，他们共同见证了中国古代历史上第一次由皇后主持、命妇参加的亚献之礼。尽管女性登坛奠献夹杂着部分公卿大臣耻笑的声音，但这并不妨碍武后借此提升自己的地位，扩大自己的影响。之前的皇后册立大礼、群臣朝贺大礼，再到此时的封禅大礼，武后都有针对性地进行了调整。自我作古的霸气，也让武后逐渐从宫内走向了宫外，走向了男性帝王都不敢轻易登临的东岳泰山。

第三章　垂帘遮不住：唐高宗时期武则天权势的增长

"二圣"的称号维持了10年。在这10年里，以封禅大典的举行为代表，"二圣"的统治迎来了最为繁盛的历史时期。封禅大典之后，唐王朝继续在东北对朝鲜半岛的征伐中高歌猛进，但在西北的边防却受到来自吐蕃的强劲挑战。咸亨元年（670）薛仁贵在大非川之战中，完败于吐蕃，几乎全军覆没，这是皇帝即位以来对外作战中最大的一次失败。王朝内部统治方面，"二圣"的日子也不太好过。一方面，频繁的对外战争所费巨大，导致国库虚耗，财政紧张，皇帝甚至主动削减宫中厩马数千匹，希望以此做出表率，缓解财政困难。另一方面，全国各地发生了严重的水旱灾害。总章元年（668），京师以及山东、江淮等地均发生了严重的旱灾。总章二年（669），冀州因暴雨引发水灾，毁坏房屋14390处，淹毁田地4496顷。括州因暴风雨引发海水倒灌，导致永嘉、安固等地6843处房屋被冲毁，9070人死亡，500头牛失踪，4150顷禾苗全部被毁。关中地区的旱灾甚至延续到咸亨元年（670）都不见缓解，皇帝只好下诏前往东都就食。武后也做出姿态，以久旱为由，提出避位，但并未得到皇帝允许。

统治形势的挑战以外，武后还遇到了两个更为直接的困难——许敬宗的去世以及武家的家庭危机。咸亨元年（670）三月，79岁的许敬宗申请退休。按照唐代的制度规定，官员70岁就应该退休，但许敬宗为武后所重，72岁时还被任命为太子少师，同东西门下三品。由于年老体衰，行走不便，皇帝还批准，允许他与李勣一起骑马到中书省上班。在许敬宗申请退休之前的三个月，76岁的李勣病逝。可能有感于此，"超期服役"的许敬宗提出退休，并在两年后去世，这艘为武后冲锋陷阵、保驾护航的"护卫舰"沉没了。不仅如此，武后还遇到了家庭危机。咸亨元年（670），92岁的母亲杨氏在九成宫去世。这位提升了武后家族地位、为武后登台往来奔劳的伟大母亲，也不能为自己的女儿提供任何支持了。武后为母亲举行了规模盛大的葬礼，组织人抄写《妙法莲华经》3000部，寄托哀思，也为母亲祈求福报。杨氏去世后的第二年，被武后视为武家继承人培养的武敏之也被流放。武敏之原名贺兰敏之，是武顺与贺兰安石的儿子，也就是武后的外甥。由于武家的男性子侄与武后母女交恶，有的被贬杀，有的被流放。被流放的改姓"蝮氏"，绝其属籍，如此一来，武士彟家族便绝了后代。为此，武后将贺兰敏之改姓武，将其作为武士彟的后人加以培养。武敏之由此继承了武士彟的爵位，被封为周国公。武敏之暴贵后，彻底迷失自我，竟然与自己的外祖母杨氏产生了不伦之情。杨氏去世后，武敏之不仅不守丧制，而且私吞武后用于修建佛堂的钱财。更为过分的是，司卫少卿杨思俭的女

第三章　垂帘遮不住：唐高宗时期武则天权势的增长

儿，已经被选为太子妃，却在出嫁之前被武敏之玷污。忍无可忍的武后将其恢复本姓，流放雷州。途经韶州之时，又派人用马缰将其绞杀。

集中遭受多重变故，人们原本以为武后会有所消沉，但她却凭借极强的调整能力，继续在政坛上高歌猛进。皇帝健康状况的恶化，再次成为武后权力扩张的重要契机。皇帝的病情自封禅大典之后，便开始反复。为此，他在乾封二年服食饵药。皇帝服食之饵中含有礜石，又叫毒砂，也就是砷黄铁矿，具有祛风除寒，明目利耳之功效。据孙思邈的《备急千金要方》记载，服用饵药之后，病人需要在无风密室之中，服用大小续命汤以及西州续命排风越婢等汤，日夜用四五服，浑身发汗，方能痊愈。病患比较严重者，需要连服五日五夜。为此，皇帝特意命太子李弘监国，代理政事。咸亨二年（671）正月、十月，又分别两次让皇太子监国。咸亨四年（673）八月，皇帝又因疟疾，令皇太子于延福殿处理朝政。可见，此时皇帝诸病缠身，不得不经常让李弘监国。皇帝因各种原因不能处理政务之时，让皇太子监国是最为常见的处理方式。问题在于，李弘的身体状况并不比皇帝好多少。李弘年少之时勤奋刻苦，读书用功过猛，留下病根。自从被立为太子之后，便患上了"瘵"病。"瘵"即肺病，也就是肺结核，

061

属于慢性疾病，难以治愈。后来又染上家族遗传的风疾之病，身体变得更差。"二圣"甚至要求他不许过于辛劳，注意休养。咸亨二年（671）正月监国之时，李弘甚至因为病重，无法理事，大部分的政务都交由太子左庶子戴至德、张文瓘以及太子右庶子萧德昭等人处理。李弘健康状况堪忧，皇帝也不能放手让其代理国政，在此情况下，让武后继续协助处理朝政，是顺理成章，也是最有效的解决方式。为了进一步提升自己的地位，扩大自己的话语权，武后决定放弃"二圣"的称呼。

咸亨五年（674）八月，在武后的推动下，皇帝对自己的先祖进行追封，尊宣简公为宣皇帝，妣张氏为宣庄皇后；懿王为光皇帝，妣贾氏为光懿皇后；太祖武皇帝为高祖神尧皇帝，太穆皇后为太穆神皇后；太宗文皇帝为文武圣皇帝，文德皇后为文德圣皇后。既然先皇、先后被追封为"圣皇帝""圣皇后"，那么"二圣"的称呼就不能再用了。武后以此为由，提出将皇帝改称天皇，自己改称天后。称呼的变化，大有深意。"二圣"强调夫妻二人合体，是将武后与皇帝捆绑在一起，武后是皇帝的附庸，不具备"独立法人"的地位。"天皇""天后"则由合到分，武后从此不用继续站在夫君身后，获得了独立发言权。不仅如此，以天名后，等级地位明显超越"皇后"，意味着武后的权势已经达到

第三章　垂帘遮不住：唐高宗时期武则天权势的增长

史无前例之高。

果然，晋升天后当年，武后主动上表，非常及时地提出"天后十二条"：第一，鼓励农桑，轻徭薄赋；第二，减免京师附近百姓的赋税徭役；第三，停止对外战争；第四，禁止浮薄淫巧；第五，减少劳役征发；第六，广求言路；第七，杜绝谗言；第八，王公以下全部学习《老子》，纳入明经考试范围；第九，父在，为母服齐衰三年；第十，不再检核之前所给勋官的告身；第十一，提高八品以上京官的薪水；第十二，提拔才高位下的官场老人。

"天后十二条"非常有针对性，如果不是对治理现状了然于胸，如果不是经过深思熟虑，不可能提出如此具体的施政意见。"十二条"中，减轻赋税与劳役征发，是天后在争取民心。由于李唐把李耳奉为自己的先祖，天后要求提升《老子》学习的普及度，并将其纳入明经考试科目，无疑是在向皇帝以及李唐宗室示好。

她还鼓励官员建言献策，有意识地提升京官俸禄，提拔有才能的基层官员，这是在拉拢官员。当然，她也夹杂"私货"，将父在"为母服齐衰"的时间由一年延长为三年，提升母亲的地位，巩固自己女性"发言人"、女性"代言人"的身份。"十二条"涉及面广，针对性强，既体现出天后在治理国家方面是一把好手，又为她赚取了一波又一波的好感。皇帝看后也非常满意，要求有关部门一一落实。

上元二年（675），也就是天后称号提出的第二年，皇帝病情加剧，风眩不能视朝。他打算先让太子李弘监国，减轻自己的负担，并一度萌生出传位的想法。得知父皇有传位意图后，本性仁孝的李弘，由于担心父皇身体健康，竟然哽咽不已。没想到这一哭彻底哭垮了自己的身体，李弘的病情突然变得异常严重，情况不容乐观。在此情况下，皇帝只能提出让天后摄知国政。这一建议太过大胆，遭到了宰相郝处俊的反对。郝处俊认为天子主外，皇后主内，分工应该明确，若让天后临朝，相当于把李唐先祖打下的天下交到了天后手中。中书侍郎李义琰也附和郝处俊的建议，皇帝只能作罢。虽然天后未能临朝摄政，但这是她第一次试图掀开那道遮在面前的垂帘，走到王朝治理的前台，也说明她具备这样的能力与机会。从皇后到"二圣"，再到"天后"，一路打怪升级的武后，已经成长为皇帝在治国理政方面最值得信任与依赖的人。

四、《黄台瓜辞》的无奈

中国古代宫廷之中，母以子贵，子以母贵，母子的命运紧密

第三章　垂帘遮不住：唐高宗时期武则天权势的增长

关联。皇后或者嫔妃能否为皇帝诞下龙子，是地位权势能否稳固的重要砝码。王皇后为了巩固自己的地位，劝皇帝将陈王李忠立为太子。随着废王立武的完成，李忠的太子之位注定无法维持。

永徽六年（655）十一月，武后册立大典完成不久，许敬宗就上表要求更换太子。在他看来，李忠之母微贱，之所以被立为太子是因为皇后无子。随着皇后的废立，新后的儿子李弘作为嫡长子，才是东宫正选。显庆元年（656）正月，4岁的李弘被立为太子，李忠被降封为梁王，出任梁州刺史。李弘被立为太子之后，非常注重塑造自己的储君形象，他曾与东宫宫臣合作，从古书中收集整理名言警句，汇成一部500卷的《瑶山玉彩》，并受到皇帝的奖赏。皇帝非常赏识这位太子，经常让他负责监国，以便锻炼他处理政务的能力，为以后继承帝位做好准备。美中不足的是，李弘体弱多病。自从父母搬到蓬莱宫之后，李弘要从太极宫东侧的东宫，每天前往蓬莱宫问安。两宫之间有一定的距离，蓬莱宫地势又高，需要爬坡上行，李弘的身体有点儿吃不消。每次从父母处回到东宫，李弘只想与宫人玩乐休息，不想理会朝政，与宫臣之间见面也越来越少。太子典膳丞邢文伟看不下去，甚至给太子减膳，饿一下太子，希望他能醒悟。除此以外，李弘看重亲情，孝悌仁义，又很有主见，富有正义感，敢于直言。比

武周霸业：唯一的女皇

如在李忠因上官仪事件被赐死之后，李弘冒着顶撞武后的风险，主动申请将这同父异母的大哥收殓埋葬。萧淑妃的两个女儿义阳公主与宣城公主，受母亲牵连，被幽禁在掖庭，早已过了出嫁年龄，但仍各自孤身。太子得知后，奏请将这两位同父异母的姐姐出降。武后得知后大怒。在她看来，李弘明知萧淑妃得罪母后，此时竟为她的女儿说情，这无疑是胳膊肘往外拐，亲疏不分。怒气难消的武后，立即将两位公主许配给了当时值班的两名卫士。

如此一来，母子之间的矛盾便不可避免。上元二年（675）四月，李弘跟随天皇天后前往洛阳合璧宫，不久后便在合璧宫绮云殿去世，年仅24岁。由于母子之间本就有矛盾，所以当时有传言说是天后为了掌权，用鸩毒毒死了自己的亲生儿子。实际上，李弘的肺结核病情此时已经非常严重，又因父皇身体抱恙而内心担忧，从而导致病情恶化，以致无法挽救。所以，李弘实际是病死的，不是天后鸩杀的。这种传闻能够产生并流行于世，只能说明母子二人之间确实关系紧张，存在不少矛盾。李弘去世后，被追赠为孝敬皇帝，这是唐代历史上第一位被追赠为皇帝的太子。天皇天后在河南缑氏营造恭陵，埋葬他们英年早逝的儿子。天皇还御撰《孝敬皇帝睿德纪》，并亲自写在碑石之上，竖立在恭陵之侧，纪念这位原本有可能真正继位的"准皇帝"。

第三章　垂帘遮不住：唐高宗时期武则天权势的增长

李弘去世之后两个月，李贤被立为太子。李贤是天皇与天后的第二个儿子，在天皇所有儿子中排行第六，生于永徽五年（654），自幼聪敏好学，行为举止端雅大方，甚为父皇所喜爱。李贤当上太子之后，很快就迎来了监国的机会。仪凤元年（676），李贤由于监国表现优异，受到天皇下诏表扬。李贤与兄长李弘一样，善于利用书籍文化事业包装自己，他召集太子左庶子张大安、太子洗马刘讷言、洛州司户参军格希玄、学士许叔牙等人为《后汉书》作注，成功引发关注并受到天皇赏赐。李贤等人对《后汉书》的注文，产生了非常深远的影响，至今仍是我们阅读《后汉书》时重要的参考资料。当时不仅有李贤拉拢学士，编修典籍。天后也拉拢了元万顷、刘祎之等文学之士，编写《列女传》《臣轨》等书籍。这些人被称为"北门学士"，他们一方面通过修书粉饰天后的统治，另一方面偷偷地参决奏疏，介入朝政，分化朝中宰相之权，加强天后对宰相的控制，实际上是天后周边的私人势力。李贤效仿天后，恐怕逃不了以修书为幌子拉拢人才，进而培养自身势力集团的嫌疑，这肯定与天后加强对朝政控制的意图是相悖的。不仅如此，中国典籍浩如烟海，李贤偏偏选择为《后汉书》作注，在天后看来他是在以东汉外戚专权的历史，影射当下，暗讽天后威势过大。为此，天后命"北门学士"

抄写《少阳正范》《孝子传》赐给太子,意思是希望李贤摆正自己的位置,端正自己的态度,好好学习如何乖乖地做一名太子,如何仁孝地做一个儿子。可能这种委婉的提醒,效果不佳,天后又亲自修书批评李贤,这不仅让李贤内心非常不安,而且激化了母子间的矛盾。与此同时,宫中放出传闻,说李贤并非天后亲生儿子,而是天皇与韩国夫人所生。这种"姨母变亲妈"的丑闻在很多人耳中,仅是茶余饭后的谈资,但对当事人而言,却是一种极大的心理负担。如果李贤不是天后亲生,就会失去嫡子身份,岂不是跟首任太子李忠一样,不再具有承继天下的合法性?这种传闻在母子关系紧张的时候传出来,让李贤内心更加抑郁不安。为此,李贤特意写了一首《黄台瓜辞》以表心境:

种瓜黄台下,瓜熟子离离。

一摘使瓜好,再摘使瓜稀。

三摘犹自可,摘绝抱蔓归!

在诗中,李贤把自己的兄弟们比作藤蔓上的瓜,摘走一个还可能会让其他的瓜获取更多的营养,从而更好地生长,但若再摘、三摘,最后的结果就是仅剩藤蔓,毫无所获。诗写好后,李

第三章　垂帘遮不住：唐高宗时期武则天权势的增长

贤让乐工谱上曲子，在宫中传唱，希望引发天后的恻隐之心，不要再伤害自己的儿子们。李贤还是太天真了，他的诗歌不仅不能唤起天后的怜悯，反而还传递出他对大哥李弘去世的真实想法，因为第一次摘的那个"大瓜"，就是李弘。李弘因病而死，但坊间却让天后背上鸩杀亲子的黑锅。李贤此时旧事重提，万一让不明真相的人听到此诗，无疑起到坐实传闻的效果。后世有人认为李贤还不至于傻到如此地步，便怀疑《黄台瓜辞》并非李贤所作，但也拿不出证据。试想一下，李贤在心慌忙乱之余，借诗讽喻天后，也是很有可能的。总之，继李弘之后，李贤与天后的关系也走到了崩溃的边缘。

调露元年（679），天后宠信的术士明崇俨被人刺杀。由于明崇俨曾经暗地里贬低李贤，向天后密奏李贤难堪大任，不适合继承天下，并推崇英王李哲，认为李哲最像先皇，后来又说相王李轮面带贵相。李哲、李轮就是后来的中宗李显与睿宗李旦，是天皇与天后所生的第三子与第四子，也就是李贤的三弟与四弟。明崇俨的差评，让李贤心怀不满。尤其是这两个弟弟不存在生母不详的身世之谜，也就不存在嫡庶的身份质疑，这对李贤敏感的心脏而言，又是一种强烈的刺激。明崇俨被刺后，凶手一直逍遥法外，天后便怀疑是李贤指使，母子关系进一步恶化。此时，李贤日常生活中的不检点，成为天后发起攻击的导火索。李贤颇好声色，宠溺户奴赵道生，赐予金银布帛无数。太子司议郎韦承庆上书切谏，李贤不听。天后以此为借口，让人告发太子。天皇下令让中书侍郎薛元超、黄门侍郎裴炎和御史大夫高智周组成专案组共同审查此事。专案组在调查之时，竟在东宫马坊搜出数百领皂甲。皂甲，是唐代的兵仗器械之一，东宫无权生产储藏，李贤属于私藏武器，涉嫌谋反，这可是大罪。赵道生也经不住审讯，很快招供自己在太子指使下，刺杀了明崇俨。如此一来，李贤不仅指使杀人，而且涉嫌谋反，虽然天皇试图拯救，但奈何天后之意已决。调露二年（680）八月，李贤被废为庶人。由于当时天皇天后在东都洛阳，李贤便被送往京师长安，幽禁起来。为了警示天下，同时向天下展示李贤被废的证据，天后在洛阳城天津桥以南，焚毁从东宫搜查而来的皂甲。李贤作为"二瓜"终究没有逃过"被摘"的命运。李贤被废的第二天，25岁的"三瓜"英王李哲被立为太子，无缝衔接，入主东宫。

李哲被立为太子后，天皇特意将年号由调露改为永隆，并且大赦天下。第二年回到长安后，又在宫城正殿含元殿大宴百官，为这位新太子提升威望。为了更好地培养太子，天皇征召嵩山隐士田游岩至京，让他担任太子洗马辅佐太子。田游岩是当时的名

第三章　垂帘遮不住：唐高宗时期武则天权势的增长

士，天皇曾亲自前往嵩山拜访，并将他比作汉初著名隐士"商山四皓"。"商山四皓"出山，主要辅佐汉高帝刘邦的太子刘盈。天皇将田游岩比作四皓，应该早有请其出山辅佐太子的打算。天皇之所以如此急迫地再立太子，并加强对新太子的培养，应该与其健康状况的日益恶化有关。永隆二年（681），天皇再次因为服食饵药，命太子监国。他必须尽快把李哲锻炼成一个合格的接班人，减轻自己的负担，承继大唐的天下。永隆二年（681）九月，天皇将年号改为开耀，第二年二月又将年号改为永淳，因为这年正月李哲的儿子，也就是天皇的孙子李重照出生了。天皇在李重照满月之时改元并大赦天下，一方面说明天皇升任祖父后的喜悦，另一方面也表明天皇对这位嫡皇孙的重视。他甚至将李重照立为皇太孙，为大唐天下的传承上了一份"双保险"。此时的天皇是否感受到天后的强大压力，不得而知，但从紧锣密鼓地培养第二代、第三代接班人的努力中，可以看出他内心深处的焦虑与危机感。

五、仓促之间的东幸

永淳元年（682）四月，由于关中发生饥荒，天皇天后再次东幸洛阳就食。由于粮食涨价，天皇天后不得不减少护驾陪从人员。其实，自武后上台以来，车驾经常在东、西两京之间往来，天皇甚至戏称两京是他的"东、西二宅"。天皇天后前往东都居住，就好比一户人家有两处宅院，经常轮流居住度假一般，群臣对此早已见怪不怪。但是，此次东幸却非常蹊跷。

首先，天皇天后并未进行充分准备，仓促出发。按照常理而言，皇帝皇后出幸，都要在物资、人员、沿途安全等方面，做足充分的准备后，才会动身。这次东幸之时，却连基本的物资供应都保障不了。除了粮价上涨以外，准备时间过短也是一个重要原因，以至于很多人在前往东都的路上饿死，这样"寒酸"的出幸场景，对王朝最高统治者而言，几乎是不可想象的。

其次，此次东幸，天皇没有让太子随行，而是让太子留守京师长安。天皇天后每次东幸之时，为确保京师长安局势稳定，都会委派人员留守，代理皇权暂治京师。在此前历次东幸中，主要由德高望重的大臣担任京师留守，只有显庆四年（659）第二次东幸之时，天皇天后让当时的太子李弘监国，并留守京师。没想到的是，天皇天后前脚刚走，李弘就因为思念父母哭着喊着去追赶。天皇天后心疼爱子，只好又把太子带在身边。此后的历次东幸，虽然太子人选有所变化，但都跟随车驾东往，所以李弘之

第三章 垂帘遮不住：唐高宗时期武则天权势的增长

死、李贤之废都发生在洛阳。可能有感于前任太子都在洛阳蒙难，永淳元年的东都之行，天皇并没有让李哲一同前往。李哲还特意上表请求天皇不要东幸，这也是比较少见的现象。这封《皇太子请停幸东都表》保存了下来。通读之后，我们发现天皇天后完全没有必要在这时前往洛阳。李哲提出了三条理由：第一，天皇刚刚服用饵药，身体尚未完全康复便开始理政，工作劳累，容貌憔悴。此时天气炎热，而且东幸途中为了赶路，甚至有时会错过吃饭时间，这不仅不利于天皇病情好转，更不利于龙体安康。第二，从下诏到出发，时间短促，根本没有办法准备周全，没有充分考虑如何解决庞大的随行官员的日常供应问题。第三，虽然关中地区发生旱灾，但天皇已经本着仁爱之心，对受灾百姓进行了妥善处理，相信可以撑到秋天粮食成熟之时。基于以上三点，李哲请求天皇天后放弃此次东幸，待到秋高气爽之时再行计议。

最后，东幸沿途的安全隐患仍未排除。天皇在出发之前，害怕沿途草寇较多，特命监察御史魏元忠沿途护驾，确保安全。魏元忠受诏后，感到很棘手，苦思冥想后，憋出一个奇招。他先到关押犯人的监狱视察工作，然后挑出一个样貌言谈与众不同的犯人，应该是一个黑道大哥级别的人物。魏元忠命人解掉他身上的枷锁，让他跟随自己乘坐驿马，为车驾开路。一路上，魏元忠与此人同吃同住，名义上是审讯他，实际上是"狐假虎威"，利用此人在偷盗界的威名，震慑沿途寇盗。此招效果奇好，有效地保证了车驾以及随行人员、物资的安全。天皇天后的出行安全，竟然需要借助江洋大盗的震慑力，更加说明此次东幸的准备并不充分。

既然天皇的身体状况不允许劳累，各种准备也未达到东幸的条件，为什么一定要在此时动身呢？很有可能是天后预感到天皇不堪久支，而天皇围绕着皇太子、皇太孙的各种措施，明确传达出他培养政权接班人的迫切心情。天后此时已经羽翼丰满，绝不肯受制于儿孙之辈。她若想更进一步，彻底掌握王朝大权，离开长安这个李唐王朝的大本营，前往政治氛围更为轻松的东都洛阳，确实是不错的选择。

为了避免长安局势失控，天后在出发之前加强了对太子的掌控。她特意找人编修一部训诫之书，赐给太子。她在书中强调东宫之内名士云集，要求太子在处理政务之余，多与东宫学士相处，读书论道，优游书海，修身养性，扩展见识。原本喜欢接见学士、勤奋好学的太子，却在父母离开后，把天后苦口婆心的要求抛到脑后，整天打球游猎，一改往日刻苦上进的形象。留在京师辅佐太子的中书令薛元超三番两次上表进谏，并向天皇天后打

第三章 垂帘遮不住：唐高宗时期武则天权势的增长

小报告。得知消息后，天皇派人安慰薛元超，后来由于要封禅中岳，便以撰写封禅碑文为由，直接把薛元超调到东都，暂时离开太子。其实太子并非完全沉湎于游玩，不理政事。他之所以不顾非议自毁形象，很大程度上是因为薛元超等人是天后的耳目。薛元超曾担任太子李贤的左庶子，但在李贤案件审理过程中，作为专案组首席负责人，成功协助天后将案件定性为谋反。李贤被废之后，薛元超也不感念共事辅佐之情，拜舞庆祝。薛元超在政治倾向上靠拢天后，逐渐成为天后的支持者，所以他在留守长安之时，协助天后监控太子，汇报太子动向。薛元超还先后推荐了郑祖玄、贺凯、沈伯仪、郑玄挺、颜强学、杨炯、崔融等10名东宫学士，成为安插在太子身边的眼线。另外一位留下来辅佐太子的侍中裴炎，曾与薛元超共同审理李贤谋反之案，也已属于武后势力。这些人已经足够让天后遥控京师局势。

到达洛阳之后，天后劝说天皇举行封禅中岳大典。自从在泰山封禅中风光无限之后，天后一直劝说天皇封禅中岳，但每次不是因为灾荒，就是因为边疆战事而告吹。此时天皇身体状况已经很差，应该毫无心力组织如此庞大规模的封禅典礼，所以封禅嵩山只能是天后之意。除了完成夙愿以外，天后还希望以封禅为借口达成另一目的——将太子召至东都。天后如果想彻底掌权，与

075

太子的争斗是不可避免的。太子若留在长安,天后虽然已经遍插耳目,但毕竟鞭长莫及,一旦太子坚决抵制,事态非常容易失控。如何能让太子离开长安到洛阳呢?以天皇之名举行王朝大典,作为储君的太子就必须参加。永淳二年(683)八月,在长安的太子接到东都诏令,要求他前往洛阳参加封禅中岳大典。太子离京,需要安排新的留守人员。此前,薛元超已经到了洛阳,辅佐太子留守人员中,除了裴炎外,还有另外一位宰相刘仁轨。经过考虑之后,裴炎陪同太子前往洛阳。同时,任命太孙李重照担任京师留守,刘仁轨做副留守。由于李重照年仅2岁,所以长安安危实系于刘仁轨之手。太子八月接到诏令,一直拖延了两个月,直到十月才抵达洛阳,其间应该为长安的人事安排,费了不少心思。太子到达洛阳之后,天皇天后还特意带他去嵩山脚下,参观专为封禅修建的奉天宫,但就在十一月,封禅嵩山的计划就取消了,理由是天皇的病情再度恶化。接下来,太子的主要任务便从参与封禅转变为照顾天皇了。

天皇病情的恶化非常急速,头痛难忍,眼睛已经花到看不清东西。侍御医秦鸣鹤诊问之后,决定采取刺头放血的方法为天皇治疗。如此疗法太过大胆,天后听后在垂帘之内大怒,认为秦鸣鹤竟敢在天子头上放血,居心叵测,应该拉出去斩了。天皇倒是

第三章 垂帘遮不住：唐高宗时期武则天权势的增长

比较宽容，认为只要能让自己病情缓解，他愿意一试。秦鸣鹤在天皇头上的百会、脑户二穴位施针治疗，微微出血后，天皇的头就不痛了，眼睛也逐渐看清东西。天后惊吓之余，长舒一口气道：真是老天有眼！然后，她从帘中走出，亲自拿出钱帛赏赐秦鸣鹤，就像刚刚从未生过气一样。有学者认为，天皇的病是因为脑瘫（即脑瘤）导致颅压过高，进而压迫视神经造成的。秦鸣鹤用针灸的方法，使颅压降低，视神经受到的压迫随之降低，所以能够起到减痛明目的效果。天皇虽然症状暂时缓解，但针灸之法毕竟治标不治本，脑瘫不除，天皇也就无法痊愈。

永淳二年（683）十一月，天皇命太子监国。为病所侵的天皇，已经无法上朝，只能待在宫内，宰相等官员也都无法亲见圣容。十二月四日，改元弘道，大赦天下。天皇打算强撑病体，爬到洛阳宫殿的则天门楼上宣布大赦，但由于气逆无法乘马，只能把百姓召入宫殿之前，在殿前传达大赦消息。大赦诏书中，继续肯定了"天后十二条"的重要地位，并要求今后要继续贯彻执行。当天夜里，天皇驾崩于贞观殿。驾崩之前，天皇心心念念的还是长安，表示若上天再让他多活一两个月，能够回到长安，就算死也没有什么遗憾了。这个美好的愿望并没有实现，天皇永远地离开了，享年56岁。天皇遗诏令裴炎辅政，太子枢前即位。同时，遗诏还明确要求，如果有重大的军国事务，难以决断者，需要咨询天后的意见，为天后继续过问朝政留下了口子。裴炎作为唯一的辅政大臣，认为太子尚未举行即位仪式，不能发布诏敕，此时若有需要立刻决断的大事要事，中书省、门下省等宰相机构，要依天后发布的"令"为行事准则，也就是说接受天后的领导。裴炎这是主动拍天后马屁，向天后示好。十一日，太子李哲正式即位，尊天后为皇太后。虽然皇帝即位仪式已经完成，但武后处理国政的权力不仅没有交回，反而进一步扩大到所有政事均由武后决定。武后终于获取了天皇在世时想交给她的摄政大权。天皇已逝，再也没有人能把她拦在垂帘之后了。掀开垂帘，走到前台，公开面对文武百官，光明正大地处理朝政，在武后脑海中憧憬已久的这一场面，马上就要成为现实了。

第四章

俞哉天授：女皇的登基

李哲正式即位的当天，武后便宣布自己临朝称制。母后临朝称制并不是什么新鲜事，在武后之前多有先例，但大多发生在新皇帝年幼无法理政的情况下。比如西汉的吕后，就因为汉惠帝刘盈即位之时年仅17岁，缺乏治国理政经验，她便临朝称制，掌握大权。李哲此时已经29岁了，而且经过监国历练，按照正常的逻辑来看，此时并不需要皇太后代行大权。强势的母后与不甘心被控制的新帝，两人之间的矛盾隐藏在天皇新逝的悲伤气氛中，一触即发。

一、临朝称制初尝试

武后临朝，相当于把天皇生前让其摄知国政的建议付诸实践。为了减少阻力，她以泽州刺史韩王李元嘉为太尉、豫州刺史滕王李元婴为开府仪同三司、绛州刺史鲁王李灵夔为太子太师、相州刺史越王李贞为太子太傅、安州都督纪王李慎为太子太保。李元嘉、李元轨、李元婴、李灵夔都是高祖李渊的儿子，是天皇的叔父。李贞、李慎都是太宗李世民的儿子，是天皇的兄弟。武后授予这些人以三公、太子三师等顶级荣誉之衔，是因为他们都是李唐宗室，又各自镇守一方，拉拢安抚意图非常明显。此外，武后还加强对战略要地的防控警备。在她的授意下，左威卫将军王果、左监门将军令狐智通、左金吾将军杨玄俭、右千牛将军郭齐宗分别"空降"并州、益州、荆州、扬州四大都督府，与原有都督府司共同镇守，以防不测。

掌控地方的同时，武后还在朝中调整宰相班子，全面接管朝政。刘仁轨被任命为左仆射同中书门下三品，镇守长安。辅政大臣裴炎被任命为中书令，掌握朝廷出旨权。武后还同意把原先设在门下省的宰相办公机构——政事堂迁往中书省，提高中书省在

第四章　俞哉天授：女皇的登基

三省中的地位，扩大裴炎话语权的同时，也便于他开展日常工作。这说明裴炎在关键时刻奏请宰相机构接受武后领导的建议，深得武后欢心。黄门侍郎同平章事刘景先升任侍中。郭待举、魏玄同、岑长倩等人，在天皇生前已经进入宰相班子，但由于资历尚浅，只能以"同中书门下平章事"的名义参议朝政。武后不仅提升他们的官职，而且把他们"平章事"的名号改为"同中书门下三品"，全部留任，希望他们感激自己的提拔之恩，能为自己所用。天皇生前的宰相班子中只有郭正一被贬为国子祭酒，原因不详。调整后的班子之中，裴炎作为辅政大臣，又待在洛阳，是武后最为倚重的宰相。武后的这一波操作，有条不紊，面面俱到，成熟老练，一方面确保了天皇驾崩后王朝局势的稳定，另一方面确保了自己大权在握，体现出她丰富的政坛经验与果断的政治性格。

李哲作为大唐新皇，眼睁睁地看着母后一步一步完成内外布局，内心也很清晰地读懂了母后的权力之欲，意识到母后的临朝称制绝不是父皇新丧之时的权宜之计，而是要借机彻底掌权。已届而立之年的李哲并不甘于束手就范，他也希望提拔自己身边之人，培育自己的势力。在此背景下，皇后韦氏的远房亲属韦弘敏出任太府卿、同中书门下三品，进入宰相集团，填补郭正一罢相后的空缺。这一任命补救了核心班子中没有皇帝势力的问题,但韦弘敏孤掌难鸣,与韦皇后的关系也让他身份敏感,无法彻底放开手脚,所以他能在武后势力的围追堵截下顺利出任宰相,在更大程度上是武后对皇帝的一种安抚而已。韦弘敏之外,韦皇后的父亲韦玄贞,由普州参军被提拔为豫州刺史。这是韦氏升任皇后之后,对其父亲的关照性升迁。在韦玄贞升任地方要员后不久,苦于身边无人护持的皇帝,便动起了将他调入朝中任职的想法。李哲不仅要把岳父大人调任京官,而且要让他当门下省的长官——侍中,直接进入宰相班子。这一想法过于大胆了。韦玄贞作为外戚成员,势联中宫,若过深地参与朝政,会有外戚专权之嫌。另外,韦玄贞调任豫州刺史日浅,没有在朝中任职的经历,为政经验比较欠缺,而且尚未达到唐朝规定的迁转年限。不仅如此,李哲还打算授乳母之子五品官。如果说引岳父任相还可以从培植自身势力的角度来思考李哲的举动,但是授乳母之子五品官就显得过于任性了。

果然,李哲的动议遭到中书令裴炎的坚决反对。裴炎作为辅政大臣却巴结武后的做法,早已引发李哲的不满。裴炎此次据理力争,在李哲眼中可能也是假公济私,故意与自己作对。忍无可忍的李哲大怒,脱口而出道:"我把天下让给韦玄贞都可以,何

第四章 俞哉天授：女皇的登基

况区区一个宰相的职位呢？"李哲的政治智慧还是太过缺乏，处理问题也过于冲动。俗话说君无戏言，即便是在盛怒之下说的气话，也是要为之负责任的，何况是如此惊世骇俗的言论！他对自己的政治对手也过于轻视了，武后等人正在等待合适的契机，对他进行致命一击。裴炎面对龙颜之怒，虽不敢再争，但转头便向武后汇报。面对这一天赐良机，两人密谋废立。

嗣圣元年（684）二月六日，武后要求李哲以及文武百官到洛阳宫城的乾元殿集合。唐朝时，唐高祖和唐太宗每天都要上朝，但从天皇开始，改为单日上朝，双日休息。如今在双日要求百官入宫，原本打算休息的群臣都很蒙，茫然不知何故。蹊跷的地方不止于此，当他们到达乾元殿后，裴炎和中书侍郎刘祎之以及受武后密旨入宫的左骁卫大将军检校左羽林军程务挺、右领军大将军检校右羽林军张虔勖，共同率领羽林禁军进入殿内，气氛一下子紧张起来！正在群臣面面相觑之时，大殿之内传来宣读武后之令的声音：废李哲为庐陵王。中宗被禁军搀扶下殿之时，非常不解地问："我有何罪？"武后回答道："你都想把天下让给韦玄贞，还敢认为自己无罪吗？"李哲无论如何也想不到，自己的一句气话，竟然成为母后废黜自己的口实，他也为自己的不成熟付出了代价。李哲被废后先被幽禁于别所，后又被送至房州（今

武周霸业：唯一的女皇

湖北房县），再被送到均州（今湖北丹江口）。在均州时，李哲被安排住进伯父濮王李泰的住宅。濮王李泰是太宗李世民的第四子，贞观末年与李承乾争夺太子之位失败后，被赶出京城安置在均州，并终老于此。这所宅院内的所有景物，无时无刻不在提醒李哲回忆伯父的出贬经历，自己被废的往事也就无时无刻不萦绕于心，内心彷徨烦闷可想而知。

李哲被废的第二天，弟弟李旦被立为皇帝，是为唐睿宗。李旦被立之后，由于尚未举行册命之礼，所以全部政务均由武后处理。武后将李旦长子李成器立为皇太子，大赦天下，将年号改为文明。处理完洛阳事宜后，武后把目光转移到李唐王朝的大本营长安。此时留守长安的是李哲长子李重照。李重照年仅3岁，幼不更事，长安局势掌握在副留守刘仁轨一人手中。刘仁轨为李唐三朝老臣，德高望重，若他以关中为根据地，拒不接受武后之命，将会让武后在洛阳的一系列部署遭受重大挑战。为此，武后先是废李重照为庶人，然后让刘仁轨继续以宰相之职，留守西京，向刘仁轨抛出橄榄枝，表现出对他的极度信任。果然，刘仁轨接到任命后，以自己年过八旬、身体衰老、不堪居守为由请辞。刘仁轨在给武后的辞职报告中，讲述了西汉时期吕后专权导致祸败之事，希望武后引以为戒。这一劝诫极其大胆，要知道此

第四章 俞哉天授：女皇的登基

时武后已经全面掌权，政治氛围非常敏感。刘仁轨用吕后影射武后，是非常危险的行为，极有可能带来杀身之祸。不过也只有通过这种极端的刺激方式，刘仁轨才能试探出武后是否真的信任自己，是否真的需要自己。武后接到辞职报告后，果断派出武家接班人——武承嗣携带玺书，亲自前往长安，恳请刘仁轨留任。在玺书中，武后向刘仁轨解释自己临朝亲政是由于皇帝居丧，自己暂时代理而已。她还肯定了刘仁轨援引吕后进行劝谏的苦衷，认为这体现出他作为大唐老臣的忠诚与责任担当，希望他在关键时刻以家国为重，克服困难，留守西京，确保长安局势稳定。武后不愧是有大智慧的政治家，面对刘仁轨极具挑战意味的劝谏时，照单全收，表现出了超乎常人的气魄与度量。她的诚意成功打动了刘仁轨。刘仁轨不再拒绝，决定为武后效力，守住西京。

武后掌握洛阳、长安两大政治中心之后，还有一个不稳定的因素需要解决，那就是前太子李贤。李贤被废之后，先是幽禁于长安，后被外放到巴州（今四川巴中）。为了控制李贤，武后命左金吾卫将军丘神勣以守卫之名，将李贤软禁于宅第之内。丘神勣对武后之意心领神会，到达巴州后，囚李贤于石室之内，并且逼令李贤自杀。消息传到洛阳后，故作惊讶的武后还需要继续自己的表演，她将丘神勣贬为叠州（今甘肃迭部）刺史。面对杀子之仇，武后对丘神勣的处罚仅以贬官了事，实在过于轻微了。不仅如此，丘神勣在叠州没待几天，很快就官复原职。这种表演太过拙劣，难怪史书中都说是武后授意丘神勣杀害李贤。20世纪70年代，考古工作者对李贤之墓进行发掘时，共发现了两块墓志铭：《大唐故雍王墓志铭并序》和《大唐故章怀太子并妃清河房氏墓志铭》，分别撰写于中宗返正后的神龙二年（706）以及睿宗即位后的景云二年（711）。在后一块墓志铭中，撰写者将丘神勣比作不祥之鸟——鹏鸟，将他杀害李贤的行为刻印碑石。后来徐敬业（又名李敬业）起兵反对武后时，为了拉拢人心，特意寻找了一个貌似李贤的人，妄称李贤未死。这说明，武后对李贤的防备并不是杞人忧天。

杀掉李贤之后，武后为新皇帝举行了册命之礼，正式确认了李旦的皇帝身份。即便如此，李旦也不过是傀儡而已，他仍然没有处理政务的权力。武后不仅继续临朝称制，而且开始亲临紫宸殿听政视朝，与皇帝主持朝仪的唯一区别在于，她在自己面前垂挂一条浅紫色的纱帐。如果说李哲在位时，武后的临朝称制还有一丝扭捏之态，那么到李旦即位后，武后的临朝称制已经毫无必要遮掩，属于她的时代，即将来临。

第四章 俞哉天授：女皇的登基

二、戡平叛乱定人心

文明元年（684）五月，天皇灵柩从洛阳出发，并于八月安葬于乾陵。随着天皇葬礼的完成，武后再无顾虑，她要往权力之巅继续迈进。政治嗅觉敏感的一些官员，已经开始向武后汇报祥瑞。嵩阳县令樊文是第一个吃螃蟹的人，他把搜集到的一块瑞石献给武后。武后第一次接收"天意"，兴奋之余，便在朝堂之上向百官展示。没想到的是，尚书左丞冯元常看不惯这种投机分子，直接指斥樊文谄媚欺诈。被泼冷水的武后，大为光火，把冯元常赶出朝廷，贬为陇州（今陕西陇县）刺史。对冯元常的贬谪，就意味着武后对瑞石的欣赏与认可，说明她内心也在思考着如何让自己对权力的掌握符合天命。祥瑞传达的天意虽然暂时受阻，但武后在现实政治中的推进却势不可挡。

文明元年（684）九月，李唐的年号再度更改为光宅，这是684年行用的第三个年号了。前两次更改年号都是因为新皇即位，此次更改年号有着更加耐人寻味的意涵。"光宅"本来是长安城大明宫前一个坊的名字。天皇统治时期，这个坊内发现了一个石函，函内装有1万多粒佛骨舍利。武后在此地建舍利宝塔，又将佛骨舍利分布天下。这说明武后受佛法护持，不用刻意耗费人力物力，便能光宅天下，受到来自四方八表的支持。

伴随光宅年号而来的，是武后出台的一揽子改革计划：王朝的旗帜改成金色；八品以下官员的章服由青色改为碧色；东都洛阳改称神都；洛阳宫改称太初宫；尚书省改称文昌台，左、右仆射改称左、右相，六部尚书改称天、地、春、夏、秋、冬六官；门下省、中书省改称鸾台、凤阁，长官分别改为纳言、内史；御史台改为左肃政台，同时增置右肃政台，左、右肃政台分别负责中央、州县的按察。以上只是举其要者，其余所有的官署、官员名号全部更改。不仅如此，武后还追尊李耳之母为先天太后。李耳被李唐视为王室远祖，李渊在位时便为其立庙。天皇在封禅之年曾特意驾幸亳州老君庙，追尊李耳为太上玄元皇帝。武后认为，李耳既已追尊为帝，但其母亲却一直没有尊号，有违礼教，所以要求追尊李耳先母为先天太后，并在李耳庙内为先天太后塑立尊像。武后表面是在尊奉李耳之母，但葫芦里卖的什么药，众人却都心知肚明。她是把新皇帝李旦比附为李耳，把自己比作先天太后。既然在道教的信仰世界里，先天太后可以与李耳同时立像，那么现实生活中，她也可以与李旦共掌李唐天下。

武后以改元为契机，比附《周礼》改六官之名，把周王朝的东都洛阳改称神都，并借力李唐国教为自己临朝提供理论依据，这都传递出武后更大的政治野心。如果说武后的做法还比较隐晦，那么武氏子侄的做法就直白多了。武家接班人——武承嗣此时申请追封武氏先祖为王，并且建立武氏七庙。在时人看来，只有天子才有资格建立七庙。武承嗣这是要坐实武后"天子"的地位。俗语云：天无二日，国无二主。在李旦仍为皇帝的背景下，武承嗣的建议看起来虽然荒唐，但实际是把武后建立新朝的意图公开表达了出来，所以很快得到了武后的同意。在姑侄二人企图通过"政治双簧"瞒天过海，悄然实现王朝改姓之时，朝廷中出现了反对的声音。

反对的不是别人，正是与武后共同策划废黜李哲戏码的内史裴炎。裴炎一直是武后的坚定支持者，但作为天皇指定的辅政大臣，有辅佐李唐的天然使命感。在他与武后共事的时间里，武后一直咄咄逼人。由于天皇留有遗意，所以在裴炎看来，辅佐武后，确保天皇去世后政局的稳定，也是在践行天皇遗志，包括皇帝废立，终极目的也是为了李唐天下的传承发展。建立武氏七庙的企图，彻底暴露了武后的狼子野心。裴炎无法接受李家天下被取代，所以站出来表示反对，并再次搬出西汉吕后败亡的典故，劝谏武后不要以公谋私。裴炎不是刘仁轨，他手中并没有与武后对抗的筹码。得罪武后的裴炎并没有马上被清除，因为此时扬州传来了李敬业起兵反武的消息。

李敬业就是当年支持废王立武的英国公李勣的孙子，由于在眉州刺史任上犯事，被贬为柳州司马。大约同时，给事中唐之奇被贬为括苍令、长安主簿骆宾王被贬为临海丞、詹事司直杜求仁被贬为黟县令。李敬业的弟弟盩厔县令李敬猷与盩厔县尉魏思温也一起因事被免官。一群失意之人，因缘际会在扬州聚在了一起。由于他们刚被贬黜，又看到武后废黜李哲，立李旦为傀儡皇帝，不仅毫无还政之意，而且大肆起用武家之人，内心更加怨愤。他们商讨一番后，决定以扬州为据点，起兵反武，并推李敬业为首，魏思温为谋士，打出的旗号则是匡复庐陵王李哲。

魏思温曾在御史台工作过，熟悉御史台的工作流程，知道御史可以出使四方，于是他联系到了自己的好友监察御史薛仲璋。薛仲璋收到消息后，主动请求到江都视察工作。魏思温又让雍州人士韦超跑到薛仲璋处，告发扬州长史陈敬之谋反。薛仲璋以出巡御史的身份，羁押陈敬之入狱。李敬业假传圣旨杀掉陈敬之后，诈称自己是新任命的扬州司马前来上任，奉密旨发兵，讨伐谋叛的高州酋长冯子猷。于是，李敬业等人打开扬州府库，纠集丁役、工匠、囚徒数百人，发给他们武器，起兵叛乱。为了拉拢

第四章　俞哉天授：女皇的登基

人心，李敬业抛弃光宅年号，恢复李哲当政时的年号——嗣圣。李敬业还成立匡复府、英公府、扬州大都督府，自己担任匡复府上将，兼领扬州大都督。前面提到的那些"难兄难弟"，也都被一一授以职位。旬日之间，起而响应者多达10余万。楚州（今江苏淮安）司马李崇福响应李敬业，率所部加入起事队伍。

为了向天下宣传自己起兵的正当性，李敬业让骆宾王撰写了战斗檄文——《讨武曌檄》，分发至各州县。骆宾王颇具才情，与王勃、杨炯、卢照邻并称"初唐四杰"，是唐初文坛的代表性人物之一。他充分发挥自己的文词功底，在檄文中细数武后之恶，猛爆武后黑料，不仅把武后出身寒微的家世、入侍太宗的经历悉数曝光，而且添油加醋地说她勾引太子、秽乱春宫、杀姊屠兄、弑君鸩母，实在是人神共愤，天地不容。除了揭发武后囚禁皇帝、觊觎神器的狼子野心之外，檄文还宣称李敬业乃李唐旧臣，感念李唐之恩，所以顺应天下百姓之心，起兵剪除妖孽，匡扶李唐社稷。骆宾王以"请看今日之域中，竟是谁家之天下"结束檄文，豪情冲天地向武后发起挑战。据说檄文传到洛阳后，武后在看到开篇对自己的抹黑时，嘴角流露出一丝不屑的微笑，内心觉得坊间盛赞的檄文也不过如此，但读到"一抔之土未干，六尺之孤何托"等句时，却被檄文华丽的辞藻折服。她转身询问侍臣檄文的作者为谁，对曰：骆宾王。武后惋惜地说：如此人才，竟然没有为我所用，真是宰相的过失。

李敬业起兵之后，从民间寻访到一个长相酷似故太子李贤之人，对外谎称李贤未死，而且逃亡至扬州，命令自己起兵反武。因为李贤死亡一事，当时的官员均已知晓，所以李敬业此举只能迷惑普通百姓之眼，却无法欺骗官员士大夫。另外，他本来打着匡复李哲的旗号，现在却又改打李贤之牌，也无法让人彻底信服。不仅如此，李敬业还犯了战略性的失误。

李敬业小集团在起兵后行进路线的战略选择上，产生了分歧。魏思温作为第一军师，提出一鼓作气，直指洛阳的基本战略。他的好友薛仲璋却不以为然。薛仲璋认为金陵有王气，应该先取常州（今江苏常州）、润州（今江苏镇江），建立东南根据地，做到退有可守，然后再北上中原，则无往不利。李敬业起兵以匡复李唐为名义，所以直捣黄龙，进军武后盘踞的神都，可以明确地向天下之人传递勤王之意，这样有利于寻求各地的支持。魏思温是希望李敬业能够起"义师"，寻求全国舆论支持，以此发动更多的人追随反武，壮大力量之后，则大事可成，应该说思路非常清晰。遗憾的是，李敬业最终听从了薛仲璋的建议，他让唐之奇留守江都，自己亲率大军渡江攻取润州。

第四章 俞哉天授：女皇的登基

李敬业对润州的闪电战非常成功，并活捉守城刺史李思文。李思文是李敬业的叔父。李敬业免其一死，但把他的名字改为武思文，嘲讽他为武后守城。润州之战虽然顺利，却导致了很多问题。

第一，削弱了李敬业起兵反武的正当性。反武复李是很多人响应李敬业的重要原因，但他却觊觎金陵王气，企图割据东南，无疑背离初衷，不利于凝聚人心。时人陈岳就认为李敬业如果采用魏思温之策，直入河洛，专心匡复，即便败亡，也会留下忠义名声。一旦他对金陵的王气产生想法，试图割据，相当于坐实了起兵的叛逆性质。若起不义之师，落败就只是时间问题。

第二，分散了李敬业的军事力量。李敬业南下进攻润州时，留下部分兵力，由唐之奇率领，留守江都。李敬猷则率领部分兵力，往西南方向攻略和州（今安徽和县）。另一将领尉迟昭北上盱眙（今江苏盱眙），攻打拒不配合的刘行举、刘行实兄弟二人。李敬业的军队虽然号称 10 余万，但属于临时纠集，何况很多人本为工匠、囚徒，凝聚力与战斗力本就薄弱。所谓"兵合则强，兵分则弱"，李敬业不集中兵力北上，反而试图多方发力，广占地盘，无疑分散并削弱了自己的实力。

第三，延误战机，给武后组织力量镇压起义提供了充分的时间。李敬业起兵的消息传到洛阳后，武后在 7 日内迅速调集 30

万大军，由左玉钤卫大将军李孝逸为扬州道行军大总管，以御史魏元忠为监军使，南下平乱。待李敬业攻下润州后，李孝逸已经兵至临淮。无暇休整的李敬业掉头北上，布防于高邮（今江苏高邮）境内的下阿溪。

　　高邮是扬州的北边门户，李敬业坚守此处，确保大本营的稳定。与此同时，李敬业命李敬猷进逼淮阴，别将韦超、尉迟昭屯兵盱眙境内的都梁山，与下阿溪构成掎角拱卫之势。淮阴、盱眙均沿淮水分布，自古以来即为兵家必争之地，尤其是魏晋南北朝时期，更是成为南北政权争夺的前沿阵地。南齐的建立者萧道成，就是在镇守淮阴期间，逐渐起家，积累起篡宋的政治军事资本。李敬业的军事布防，非常具有针对性。李孝逸由临淮渡水，首先遭遇的便是屯守都梁山的韦超与尉迟昭部。交战之初，劳师远征的朝廷正规军一度失利。李孝逸怯阵避敌，按兵不进。在监军使魏元忠的激励劝说下，李孝逸才摆脱畏难情绪，再整旗鼓，挥师进攻，并成功斩杀尉迟昭。士气大涨的官军一鼓作气，接连击破韦超、李敬猷部，成功推进至高邮境内，与李敬业的主力部队隔下阿溪对阵。李孝逸派后军总管苏孝祥率军五千为先锋队，夜间乘小船强渡下阿溪，试图偷袭李敬业。没想到先锋队在与李敬业的战争中大败，苏孝祥被杀。官军虽然陆续抵达下阿溪阵

第四章 俞哉天授：女皇的登基

地，却屡为李敬业所败。正在一筹莫展之际，魏元忠与行军管记刘知柔献上火攻之计。李孝逸让士兵瞅准风向，点燃下阿溪一带干枯的芦苇，利用火势成功击溃李敬业的军队。李敬业狼狈逃回江都，带着妻子儿女南逃润州，试图由润州入海，逃往高丽。结果，部将王那相率众哗变，斩杀李敬业、李敬猷等人，唐之奇、魏思温等人均被捕杀，传首洛阳。至此，李敬业的叛乱被平定，前后不过40余日。史书中称当时的情况是"海内晏然，纤尘不动"，所以李敬业叛乱对武后而言，有惊无险，并未带来多大的威胁。不仅如此，武后还趁机除掉了已经不愿与其合作的裴炎以及手握重兵的左武卫大将军程务挺。

明了武后野心之后，裴炎一直在找合适的时机劝武后归政。李敬业大打匡复之牌，让他意识到这是一个向武后进言的良机。当武后焦头烂额地向裴炎询问平叛之计时，他不仅不为武后出谋划策，反而劝谏武后返政李旦，并且认为只要她肯交出权力，李敬业就会丧失靶标，叛乱便可不讨自平。裴炎似乎仍纠结于武氏七庙的争议中，完全罔顾李敬业起兵对政权带来的威胁，也没有意识到武后的焦急与不耐烦，更没有觉察到自己处境的危险。其实，与李敬业里应外合的薛仲璋就是裴炎的外甥，坊间甚至传出"一片火，两片火，绯衣小儿当殿坐"的谣谚。"两片火"就是

"炎"字,"绯衣小儿"就是"裴"字,暗指裴炎图谋不轨,企图登殿堂做天子。这说明裴炎与薛仲璋的关系,已经让他有共谋反叛的嫌疑。身份敏感的裴炎不仅不急于讨叛以证清白,反而以此要挟武后放权,这无疑是在坐实坊间的猜测。果然,监察御史崔察以此为由,奏闻裴炎谋反。武后命左肃政大夫骞味道、侍御史鱼承晔审理此案,并将裴炎打入大牢。文武之间站出来力证裴炎不反之人甚众,其中包含因防御突厥而统兵在外的单于道安抚大使、左武卫大将军程务挺。程务挺与裴炎一样,均在废黜李哲时立下大功,但同时又都与叛军有着千丝万缕的关联。程务挺与唐之奇等人关系友善,甚至还曾举荐过骆宾王。此时他又密表证裴炎不反,无异于自投罗网。最终,裴炎被斩于都亭驿。程务挺被武后派出的使臣斩于军中。至此,武后临朝后面临的第一场危机顺利解除。次年,她把李唐的年号更改为垂拱,似乎意味着叛乱勘定后,她希望垂拱而治,与民休养。宫廷内部的争斗并没有因此停歇,武后向权力顶峰迈进的步伐也还在继续。

三、拜洛受图应符命

垂拱二年(686)正月,武后突然发布一道诏令,说要复政

第四章　俞哉天授：女皇的登基

李旦。目睹裴炎等人下场的李旦，一眼就看穿了武后的"虚情假意"，当即上表自己毫无掌权之心，请求武后继续临朝。武后顺水推舟，接受皇帝意见，宣布继续临朝称制。这一招以退为进，既是在试探皇帝，也是在堵众人之口。既然皇帝都请求自己继续临朝，朝中文武若继续纠缠，就属于不识抬举了。

随着武后继续临朝，祥瑞之风再次抬头。垂拱二年（686）九月，雍州（今陕西西安）官员奏报称，该州新丰县露台乡在一夜狂风暴雨之后，忽然涌出一座高200丈的山体。山边出现一个周围3顷的水池，池中雾气氤氲，变幻形成龙凤之状，池中甚至出现禾苗小麦之类的植物，神奇异常。武后收到奏报之后，当即决定把这座山命名为庆山，把新丰县改为庆山县。按照现代科学知识来说，山体涌出一般是地震引发的。垂拱年间，长安至洛阳的地震带进入活跃期。据史料记载，长安和洛阳此时都出现过不同等级的地震。新丰县附近又多有温泉，山体周围的水池应该也是地震导致地下水涌出形成的。若按照当时流行的谶纬观念来说，庆山的出现却是上天对现实政治的褒奖与肯定，是当政者德行高尚的表现。在唐代的祥瑞体系中，庆山涌出是大瑞，属于最高级别的祥瑞。地方官员需要立即表奏，文武官员也需要前往庆贺。唐代著名文人崔融还为当时的泾州刺史李使君撰写《贺庆山表》，大肆鼓吹这是武后统治政平德茂的结果。也就是说，武后把露台乡的山体涌出事件，解释成自己掌权得到上天认可的表现。为此，她还曲赦新丰县囚徒，给复新丰县百姓，并把庆山涌出的喜讯传发各州。

正在全国上下沉浸在庆山涌出的欢乐气氛中时，有一个叫俞文俊的湖北人却站出来唱起反调。他认为武后以女主处阳位，属于阴阳易位，反易刚柔，这导致地气隔塞，冲出地面，形成山体，实为山变之灾，而非"庆山"。在俞文俊看来，武后应该让权反省，修养德行，以此回避上天谴责。原本兴高采烈的武后被俞文俊彻底激怒，把他流放岭南。

俞文俊的解释，说明时人在对山涌现象进行解释时，所持的观点并不一致。如果不把所涌之山看作庆山，山变就成为女主掌权、阴阳失序的灾异体现。武后之所以第一时间就明确称之为庆山，当是为了统一口径，让群臣从祥瑞角度阐释山涌现象。武后的做法明确传递出她对祥瑞的认可与需求。她迫切需要更重要的、不容他人质疑的祥瑞，为她登基称帝创造舆论支持。

垂拱四年（688）四月，武承嗣让人在一块白石之上凿刻"圣母临人，永昌帝业"8个大字，并用紫石磨成的粉末与某些药物混在一起，把字填平，然后扔进洛水。一切准备妥当之后，武

第四章 俞哉天授：女皇的登基

承嗣让雍州人唐同泰将其从洛水中捞出，献给武后。武承嗣亲手炮制的"洛水出书"，是有典故可依的。相传在上古时代，孟津县境内的黄河中有龙马浮出，背负"河图"。龙马把它献给伏羲，伏羲依此衍生出八卦。大禹时期，洛河中有神龟浮出，背有"洛书"。神龟把它献给大禹，大禹因此成功治水。因此，"河图洛书"是古人公认的大祥瑞，只有圣人在世，才会出现。这样的祥瑞不管在哪种解释体系中，都是无法质疑、无法挑战的吉祥之兆。

果然，武后看到瑞石后大喜，封唐同泰为游击将军，并把这块石头命名为"宝图"。唐同泰姓唐，籍贯雍州永安。"唐"姓与国号相符，"永安"与"永昌"之文暗合，又有国祚安定长久的寓意。群臣纷纷上表祝贺，认为这些巧合都是天意，是武后道德充斥天地之间的象征。为了纪念这一历史性事件，武后在垂拱四年五月下诏，决定亲自拜洛受图，举行南郊亲祭大礼，谢昊天上帝，然后御明堂，接受群臣朝贺。她还下令，所有的都督、刺史以及宗室、外戚，全部提前10天齐集洛阳，共同见证这一伟大时刻。在"宝图"神性光辉的照耀下，武后给自己加尊号曰"圣母神皇"。"皇"字第一次出现在武后的称号中，向天下传达着新皇即将来临的信号。

武周霸业：唯一的女皇

武后围绕"宝图"做的文章还未结束。垂拱四年（688）七月，武后把"宝图"改称"天授圣图"，洛水改称"永昌洛水"，封洛水神为"显圣侯"；又把"天授圣图"所出之处改称"圣图泉"，泉侧新置永昌县；同时把嵩山改称"神岳"，封其神曰"天中王"。由于汜水也曾出现瑞石，所以把汜水改称"广武"。武后为拜洛受图的准备工作，进行得热火朝天，但是接到齐集洛阳诏令的李唐宗室们，内心却异常慌张。他们的担心不是没有道理的。武后若想改朝换代，李唐宗室这一关必须要过。对武后而言，控制李旦等朝中宗室易如反掌，但那些外任地方刺史的宗室成员，却比较棘手。若能以拜洛受图为由，让他们离开任所，集于洛阳，然后将他们一网打尽，无疑是成本最低且成功率最高的方式。

在众多的李唐宗室中，绛州刺史韩王李元嘉、青州刺史霍王李元轨、邢州刺史鲁王李灵夔、豫州刺史越王李贞，以及李元嘉之子通州刺史李譔、李元轨之子金州刺史李绪、李灵夔之子李蔼、李贞之子博州刺史琅琊王李冲、申州刺史虢王李凤之子李融等人属于较为优秀者，也是最为武后忌惮者。李元嘉等人屡遭猜忌，曾私下密谋匡复，收到入洛诏令后，大惊失色，以为武后听到了风声，要趁机把他们全部诛杀。李融还派人前往洛阳打探情

第四章 俞哉天授：女皇的登基

报，结果被成均助教高子贡告知：若来必死。人心惶惶的李唐宗室们决定起兵反武，打的旗号仍是匡复李唐。

首先行动的是李譔与李冲。李譔伪造一封皇帝李旦的玺书，送给李冲，要求诸王起兵救驾。李冲顺势又伪造一封皇帝的玺书，其中说：武后要将李家社稷拱手送给武家。在此背景之下，李冲命长史萧德琮招募兵士，并分告诸王，与他们约定共同起兵，齐攻洛阳。武后命左金吾将军丘神勣为清平道行军大总管，率军讨伐。李冲缺乏军事才能，号召力也不足，最后仅招募到5000余人，便仓促起事，实在是有勇无谋。李冲手下的将领，思想并不统一。堂邑县丞董玄寂受李冲之命，率军攻打武水（今山东聊城），却对他人说："李冲与国家交战，属于谋反！"李冲听后，把董玄寂斩首示众。李冲本想杀鸡儆猴，稳定军心，没想到引发众人恐慌，全部逃散，最后只剩下家仆等数十人。李冲狼狈逃回博州，却被博州的城门守卫所杀，起兵前后一共7天，便宣告失败。此时，丘神勣率领的大军甚至还未到达前线。失去在战场上立功机会的丘神勣，在"失望"之余，把博州当地官员全部斩杀。

李贞听到李冲起兵的消息后，第一个站出来响应自己的儿子。李贞的能力与才干远非李冲可比，他年轻时善于骑马射箭，颇涉文史。后来外任刺史之后，李冲曾经上奏免除境内百姓租赋，深得民心。他还豢养家仆数千人、战马数千匹，经常以打猎为名进行军事训练。听闻李贞起兵，武后不敢怠慢，命左豹韬大将军麹崇裕、夏官尚书岑长倩率军10万讨伐，并将李贞父子从宗室属籍中除名，改其姓为"虺氏"。由于李冲很快败亡，丧子之痛让李贞一度心灰意冷，甚至打算把自己绑起来，到武后面前谢罪。没想到新蔡县令傅延庆又招募到2000多名勇士，加入起义队伍。重拾信心的李贞向众人宣称，李冲已经攻下魏州、相州，很快便会率领20万大军，前来支援。李贞把招募而来的军队分为五营，让自己的女婿汝南县丞裴守德等人分领之，然后又任命九品以上官员500人，以此网罗人心。这一系列部署体现出李贞较为成熟的军事素养，但苦于手下兵力仅有7000余人，其中还有多人受胁迫而来，毫无斗志。李贞还让道士、僧人念诵经书，祈求大事成功，甚至让士兵佩戴辟兵符。这正是兵力不足，魔法来凑，根本起不到任何佑护效果。面临麹崇裕所率的大军压境，李贞的军队很快就溃败而散。为了不让麹崇裕活捉自己，李贞及其家人选择自杀。从起兵到自杀，李贞坚持了20天左右。

李贞之外，其余诸王也收到了李冲共约起义的书信。他们希望先商定好时间，做好准备，然后众人一同起兵。意外的是，还没等到时间确定下来，按捺不住的李冲就率先发兵了。结果只有李贞

第四章 俞哉天授：女皇的登基

仓促响应，其他人都不敢行动，无法形成有效合力，快速惨败也就属于意料之中的事了。

李贞父子败亡之后，武后把清算的矛头指向了这群不自量力的李唐宗室。监察御史苏珦最先受武后之命，审理此案。苏珦宅心仁厚，不想赶尽杀绝，推托说没有查出其他宗室成员参与叛乱的明确证据。武后对苏珦的工作态度非常不满意，重新让周兴主审。周兴是名闻于时的酷吏，手段残忍，擅长罗织，很快便把韩王李元嘉等人押往东都，逼迫他们自杀。武后把这些宗室也都改姓"虺"，绝其属籍。李唐宗室之外，受李贞牵连的多达六七百家5000余人。幸亏新任豫州刺史狄仁杰冒着生命危险，多方护佑，替他们求情，才免除死刑，改为流放边疆。

经此一战，李唐宗室被诛除殆尽，地方再也组织不起任何可能威胁武后的力量。李贞等人的叛乱对拜洛受图大典的举行，没有带来任何影响。十二月初，武后按照计划，亲自撰写《大享拜洛乐》14章，命人在"圣图泉"北侧修建拜洛坛，并命相关部门详细制定拜洛受图的仪式。十二月二十五日，雪后初晴，雾散云开，拜洛受图大典如期举行。武后备好大驾卤簿，率领皇帝、皇太子、文武百官、四夷酋长，从宫城出发，浩浩荡荡前往拜洛坛。洛水两侧热闹非凡，挤满了前来观礼的人群。拜洛坛前，摆

武周霸业：唯一的女皇

满了来自全国各地的珍禽异兽、文物珠宝。到达目的地后，武后与文武百官按照提前安排好的位次，依次站定。

一切准备就绪，太常音声开始歌唱《大享拜洛乐》。前三章唱完之后，武后离开御位，前往拜洛坛，途中太常歌唱第四章。武后在坛上祭拜洛水，接受"圣图"，其间太常需要演唱完第四、五章。剩余的9章则随着仪式的进展，陆续演唱完毕。乐章唱完，仪式结束。武后率领众臣回宫。沉浸在仪式的庄严气氛中，群臣纷纷创作诗歌，表达激动的心情。李峤诗云："文如龟负出，图似凤衔来。殷荐三神享，明禋万国陪。"苏味道诗云："天旋俄制跸，孝享属严禋。陟配光三祖，怀柔洎百神。"牛凤及诗云："戒道伊川北，通津涧水西。御图开洛匦，刻石与天齐。"这些诗句都在为武后歌功颂德，认为"洛水出书"实为千年难遇的祥瑞，祭拜洛河的仪式盛况空前，武后的功业上比天齐。围观的洛阳百姓也被拜洛仪式的规模与气派所震撼感动，自发在拜洛坛前勒刻石碑一通，取名为"天授圣图之表"。

拜洛受图让武后真正与"天意"联系起来，是武后寻求天命的试探性举动。在此之前，她已经明确规定，朝廷祭祀天地之时，唐高祖李渊、唐太宗李世民、唐高宗李治均需配享，并且在洛阳新建高祖、太宗、高宗三祖庙，以便在洛阳举行三祖祭祀仪式。拜洛受图之时，三祖也应配享，但仪式的主角却是武后。虽然皇帝、皇太子都参与大典，但只能作为陪衬，祭拜洛水，迎接"天授圣图"的是武后，意味着接受天命的也是武后。既然武后的统治有着上天的旨意，之前起兵反对她的人就是逆天而行。在上天的安排下，以拜洛受图仪式的胜利举行为代表，全国上下对武后享有天命这一点，在思想认识上达成了空前的一致。与"天命"成功建立起联系的武后，距离登基称帝仅差一步之遥。

四、应天顺人建武周

与拜洛受图仪式的筹备同时进行的，还有明堂的建设工程。天皇在世之时，就有意建设明堂，但由于众多儒士对明堂的位置、形制等争来争去，无法形成统一意见，武后决定不再征求这些太有"主见"的儒生的意见，转向与能够贯彻自己意图的"北门学士"们讨论。最终，在"北门学士"的支持下，武后决定在洛阳宫城建立明堂。

垂拱四年（688）二月，武后下令把洛阳宫的正殿乾元殿拆毁，在原址改建明堂，由男宠薛怀义充当监工。工程进行了10个月，就在拜洛受图仪式举行的第三天，明堂顺利建成，武后给

武周霸业：唯一的女皇

它取了一个霸气的名号"万象神宫"。第二年（689）正月，武后在明堂举行大飨仪式，祭祀先王与五方上帝。武后主持了天子才有资格主持的初献，皇帝、太子分别主持亚献、终献。参加仪式的大臣们敏锐地发现，此次大飨的配享名单中，除了高祖、太宗、高宗三位李唐先帝外，还出现了魏国先王武士彠的名字。仪式结束后，武后登临则天门楼，大赦天下，宣布改元永昌。这是继拜洛之后，武后再次以"天子"的身份主持国家祭典，也是她第二次公开寻求天命的举动。不仅如此，武士彠成功进入国家祭典，与李唐先祖享受同等规格的祭祀，说明武后正在有意识地把武家嫁接到李家王朝之上。接下来，武后把武士彠的尊号抬升为周忠孝太皇，母亲杨氏的尊号随之改为周忠孝太后，进一步抬升武氏先祖的地位。

永昌元年（689）十一月一日，武后再次在万象神宫举行大飨仪式，大赦天下，改元载初。中国古代王朝祭典一般选择在正月进行，以便同时进行大赦、改元等政治活动，向天下传达万象更新之意。武后却在十一月举行亲飨大礼，蹊跷时间节点的背后，是武后向至尊之位发起的终点冲刺。相传夏、商、周三代通过改易正朔来表明天意。夏正为一月的寅，商正为十二月的丑，周正为十一月的子，这就是所谓的"三统"。武后之所以在

第四章 俞哉天授：女皇的登基

十一月举行王朝大典，就是为了行用"周正"，为她正式建立武周提供理论前提。在此基础上，她把永昌元年十一月改为载初元年正月，把十二月改为腊月，正月改为一月。由于改易正朔一般发生在王朝建立之时，武后在政权未建的情况下，改用周正，属于"超前预支"行为。为此，她只能扭捏地表示，其实从高祖李渊开始，国家便有意改易正朔，由于其时王朝初建，百废待兴而作罢。太宗李世民也有此打算，但太宗有经天纬地之志，事务繁忙，无暇顾及。天皇在世时，更是经常把此事放在嘴边，但天不假年，未能如愿。也就是说，改易正朔，是在践行先帝们的遗志，是在实现天皇的遗愿。看来，武后也知道她在不断挑战时人的认知底线，她需要把李唐先祖们搬出来，为自己作挡箭牌。

与此同时，为了彰显维新气象，突出武后的独特气质，凤阁侍郎宗秦客把日、月、星、天、地、年、正、载、初、君、臣、照等文字，进行改造后献给武后。这些文字主要与天体、天象、君臣有关，其中载、初明显是为新年号准备的，体现出宗秦客等人的良苦用心。这些新字的字形结构都比较奇怪，并不符合汉字的发展趋势与时人的书写习惯。据学者统计，隋唐五代时期的楷书字体中，由两个直接构件组成的字占比约为90%，由三个以上直接构件组成的字占比不到4%。宗秦客不按常理出牌，

武周霸业：唯一的女皇

他改造的字多由三个及三个以上构件组成。比如"年"字，由"千千万万"组成；"初"字，由"天明人土"组成；"君"字，由"天大吉"组成等。这些新字经过精心设计后，似乎都在向武后"表达忠心"，尤其是"臣"字，改为由一、忠二字组成，寓意为忠心一主。武后从这些新字中选定"曌"字，作为自己的名字，取日月当空、普照大地之意。为了避讳自己的新名号，武后还把以皇帝名义发布的诏书改称制书。经过一系列的准备之后，武后称帝建周的计划只差临门一脚了。

载初元年（690）九月三日，卫州汲县（今河南卫辉）人侍御史傅游艺率领关中百姓900多人，诣阙上表，请求将国号改为周，并请赐皇帝为武姓。武后表面不同意，但转过头就让傅游艺升任给事中。侍御史为从七品下，给事中为正五品上，中间有10阶之差。这种"火箭式"提拔，说明武后的推脱只是做做样子，内心深处其实对傅游艺的行为非常认可。5天之后，也就是九月八日，神都百姓、四夷酋长、沙门道士共12000多人，发起第二波请愿，希望武后受天符命。武后第二次推脱不许。翌日，也就是九月九日，百官、耆老、酋长、僧道等发动了更大规模的请愿活动，请求武后不要再作谦让，而要应天顺人，改唐为周。此次请愿团人数高达5万，齐集洛阳，声势浩大，并下定决心，表示

第四章 俞哉天授：女皇的登基

武后若不答应，他们就决不散去。

正在5万人"冒万死"请愿之时，忽然有一只凤凰，在数千只鸟的遮蔽之下，从皇城正南门端门飞来，经过明堂后飞入上阳宫，最后落在左肃政台梧桐树上，后又往东南方向飞去。又有赤雀数百只从东方而来，后有黄雀跟随，或飞翔于宫殿之间，或落于庭院树上。与此同时，天空惊现庆云，盛美的彩光铺满神都洛阳的天空。众人看到天降瑞异，欢声雷动，纷纷表示若非至德至善，孰能至此？在时人奉行的五德终始说中，李唐属土德，颜色尚黄，黄雀代表的就是李唐。周属火德，颜色尚赤，赤雀代表的就是周，也就是即将建立的"武周"。黄雀追随赤雀，意味着土德追随火德而生，与五行运行规律相符，也就是说此时代表李唐的皇帝李旦，应追随武后改姓武氏。看来武周王朝的建立以及皇帝的改姓，不仅受到官员百姓的欢迎，而且符合天意。武后若逆而为之，就是推天绝人。

此情此景让武后看到了天意与民心，她不再推脱，充满自信地说道："俞哉！此亦天授也。"于是下令改唐为周，登上则天门楼大赦天下，改元"天授"。同时，接受"圣神皇帝"的尊号，把李旦降为皇嗣，改名武轮。中国历史上第一位，也是唯一一位女皇帝正式诞生，属于武后的时代真正来临了。

第五章

金轮皇帝与四方祥瑞：女皇的统治术

《尚书·牧誓》有言："牝鸡无晨。牝鸡之晨，惟家之索。"武后作为一介女流，登基称帝，并不符合中国古代最为尊崇的儒家伦理。武后与男性帝王相比，更加需要来自天地的神意与万物的灵气，支持她勇敢地挑战男女大防与世俗眼光，支持她充满自信地荡平一切阻碍，走到男性为主导的政坛前沿。

第五章　金轮皇帝与四方祥瑞：女皇的统治术

一、《大云经》与《宝雨经》的护持

武后作为女性称帝，不仅得不到儒家学说的支持，而且在道教理论中也找不到根据。不仅如此，由于李唐皇室宣称自己乃李耳后代，把道教奉为国教，武后若想革命李唐，也不好继续利用李家老祖宗开创的道教。好在天无绝人之路，就在武后苦闷之际，佛教徒向她伸出了橄榄枝。武后的母亲杨氏曾靠吃斋念佛挨过了丈夫去世后的日子。耳濡目染的武后，对佛教也非常熟悉，但她万万没有想到，自己踏破铁鞋而不得的称帝理论，竟然就隐藏在一部佛经之中。这部佛经就是《大云经》。

根据《资治通鉴》等史书记载，《大云经》是由男宠薛怀义率领东魏国寺法明等武后御用僧人伪造的，但事实证明，《资治通鉴》的记载出现了失误。《大云经》又称《大方等无相经》或《大方等大云经》，早在唐朝以前就已经传入中国，后秦僧人竺佛念与北凉僧人昙无谶都曾对其进行过翻译。薛怀义等人搜集到的《大云经》很有可能是后秦竺佛念的译本。《大云经》记载，佛祖在灵鹫山大会答复大云密藏菩萨之问，故名《大云经》。该经书预言，净光天女在佛出世时，将以女身当国王，其后又预言，佛

灭 700 年后，南天竺无明国等乘大王之女增长，在父亲去世后继位为王。看到女性可以为王的记载后，薛怀义等人欣喜若狂，马上与法明等人把这一重大"理论发现"上奏武后，并同时对经书进行了添油加醋、荒诞不经的各种注疏。也就是说，薛怀义等人找到的经书是真实的，经书中的内容也是真实的，但是他和法明等人为了迎合武后的需求，对经书进行了重新疏解。这些注疏的内容，是全新的，是伪造的。这些注疏围绕着《大云经》的上述内容展开，极尽阿谀谄媚之能事，把武后说成是弥勒佛下生，当取代李氏为阎浮提主。武后下令长安、洛阳以及天下诸州，各建一座大云寺，同时剃度僧人上千人。大云寺中收藏《大云经》，并命令高僧大德登坛普法，宣讲《大云经》以及注疏的内容，让女性天子的理论以及武后享有天命的观念，传递到帝国的每一个角落。法明等 9 位僧人因在注疏《大云经》过程中表现优异，而被赐予县公爵位。

薛怀义等人到底在《大云经疏》增加了什么内容，让武后如此重视呢？由于武周倒台后，《大云经疏》逐渐佚失，后人一度无缘得见此经真容。幸运的是，20 世纪初，敦煌藏经洞中发现了《大云经疏》的抄本。藏经洞中的《大云经疏》有 2 件，分别是 S.2658、S.6502 号。由这些抄本提供的信息可知，薛怀义等人把

第五章 金轮皇帝与四方祥瑞：女皇的统治术

大量的政治谣谶加到注疏中，配以当时流行的谶纬观念，极力宣扬武后当国的正当性，为武后称帝宣传造势。比如我们在其中发现了如下内容：

> 谶云："陇头一丛李，枝叶欲雕疎。风吹几欲倒，赖逢鹦鹉扶。"陇头李者，此言皇家李氏本出陇西也……鹦鹉者，应圣氏也。言诸虺作逆，几倾宗社，神皇重安三圣基业，故言赖逢鹦鹉扶也。

上述谣言大概率是薛怀义等人编造而来。在谣言中，出身陇西李氏的李唐皇室被比附成一丛在田垄之上的李子树。这棵李子树枝叶凋零，弱不胜风，马上就要被吹倒，幸亏有一只鹦鹉把它扶住。鹦鹉的"鹉"与"武"谐音，所以是武后的化身，意即在李唐王业面临挑战危机之际，是武后挺身而出，力保王业不坠。武后是"三圣"（高祖、太宗、高宗）基业的匡扶者，是李唐政权的保护者。这是一条非常典型的"《大云经疏》式谣谶"，薛怀义等御用僧人编造、搜集大量类似的谣言，统统加到《大云经》的注疏之中，配合经书中女主为王的记载。

《大云经》中的内容，配以薛怀义等人的造势鼓吹，及时解

113

决了武后称帝的"理论荒"。在这一"深挖经典"的过程中,薛怀义是为了固宠,法明等僧人除了受重赏以外,还为佛教徒带来了实实在在的利益。为了表彰佛教的重大理论贡献,武后在天授二年(691)下令规定,佛教在道教之上,僧尼在道士女冠之上,改变了李唐以道教为国教的政策。为了回馈武后的抬爱,佛教徒在长寿二年(693)再次献上大礼。这年九月,薛怀义联合来自印度的僧人达摩流支、梵摩兼宣等人,翻译出了《宝雨经》。

达摩流支是当时享有国际声誉的天竺名僧。天皇在世时,派遣使臣前往印度邀请他来中原弘法。达摩流支历经艰险磨难,历时10年,终于在长寿二年到达洛阳,他见到的皇帝已经从天皇变为武后。武后对这位国际名僧非常看重,给予高规格礼遇,并且让他在大福先寺翻译佛经。大福先寺本是武后母亲杨氏在洛阳的住宅,后立为太原寺,先后改名魏国寺、福先寺。寺内宝塔高耸,屋舍千间,规模壮阔,形制伟丽,是当时洛阳城内最著名的皇家寺院之一。寺院建成后,武后亲自撰写碑文,加以纪念。除达摩流支之外,印度名僧地婆诃罗、中国名僧义净等人先后在此翻译佛经。受到热情接待的达摩流支,很快用自己的学识回报武后。他与薛怀义在很短时间内组织起一个翻译团队。这个翻译团队名义上以薛怀义为首,实际由达摩流支负责,其中包含很多

第五章 金轮皇帝与四方祥瑞：女皇的统治术

来华使臣以及精通梵文的高僧。这个团队的任务就是翻译《宝雨经》。

《宝雨经》在前朝已有 2 种译本。一种是由南朝梁扶南三藏曼陀罗仙翻译的《宝云经》；一种是曼陀罗仙共僧乾婆罗翻译的《大乘宝云经》。达摩流支是在曼陀罗仙译本的基础上进行重译。为了迎合武后的统治需求，达摩流支在重译本中，增加了一段原译本中没有的经文。由这段经文可知，在佛祖涅槃后的某个时刻，月光天子将现女身，在赡部洲东北方的国度（即中国）进行统治，并最终获得转轮王的身份。面对继《大云经》后又一本能够为自己当皇帝提供理论支撑的佛经，武后收到《宝雨经》后非常兴奋。她将达摩流支改名为菩提流志，意译"觉爱"，并在《宝雨经》翻译完成后的第八天，接受群臣奏请，把自己的尊号改为"金轮圣神皇帝"。武后在自己的文章中曾得意地说："叨承佛记，金仙降旨，《大云》之偈先彰；玉扆披祥，《宝雨》之文后及。"

薛怀义由于亲自操刀这两次"伟大的理论建构"过程，一时间风头无两，成为炙手可热的风云人物。薛怀义原名冯小宝，本在洛阳街头卖药为生。由于身材魁梧，相貌伟岸，被千金公主侍女发掘，后被引荐入宫，受到武后宠信。冯小宝作为一个男人，频繁出入宫中，有碍观瞻。为避人闲话，武后便让他削发为僧，以做法事为由入宫，掩人耳目。冯小宝本为市井之徒，社会地位卑贱。武后便让他改姓薛，取名怀义，加入太平公主丈夫薛绍的家族，并让薛绍称呼他为叔父。薛怀义出入宫中排场极大，即便是武后子侄，也对他礼敬有加，以至于洛阳坊间都尊称他为"薛师"。薛怀义本为生活在底层的城市小民，小商小贩出身，因武后宠爱享受无上荣耀，是典型的暴发户。暴贵后的薛怀义变得飞扬跋扈，无法无天，经常带领侍从在洛阳街头骑马奔驰，谁敢靠近，就会被打得头破血流。如果遇到道士，薛怀义就会把他们抓起来，剃去他们的头发，羞辱他们。被欺负的洛阳百姓，谁也不敢吭声，只能认倒霉。武后还特意把洛阳城东的白马寺修缮一番，让薛怀义做住持。白马寺就成为薛怀义小团伙的"窝点"。有一个叫冯思勖的左台御史，实在看不惯薛怀义等人的嚣张行为，便拿起法律武器，打算将他们绳之以法。没想到薛怀义等人胆大包天，竟然在洛阳街头，群殴冯思勖，把他打得奄奄一息，扬长而去。

早已志得意满的薛怀义，此时又提出了佛经中女性天子的理论，这一贡献让他变得更加权势熏天，目中无人，甚至开始有各路"神仙"站出来捧他的臭脚。洛阳麟趾寺内的河内老尼、嵩山

第五章　金轮皇帝与四方祥瑞：女皇的统治术

山人韦什方、身份不明的老胡等人，围绕在薛怀义周边，互相吹捧。老尼自称净光如来，说能预知未来。韦什方自称生于东吴赤乌元年，已经400多岁。老胡更加夸张，胡诌自己已经500多岁，还号称薛怀义已经200岁，并拍薛怀义马屁，说他年岁愈大，容貌愈少，越活越年轻。在这群乌合之众的追捧之下，薛怀义渐渐迷失自我。他在白马寺内，私自剃度勇猛力士为和尚，多达千人。侍御史周矩看到一个白马寺的住持，竟然有一千猛士跟随，就怀疑他有奸谋，奏请对他展开调查。薛怀义听说后，骑着马跑到御史台，露出肚皮躺在床上，撒泼耍赖。周矩束手无策，只好奏报武后。武后出来打圆场，说薛师修行练功，可能走火入魔了，一时发疯糊涂，不必介意。至于那些力士和尚，任凭周矩处置。遭此风波的薛怀义不知收敛，后来又因争风吃醋火烧明堂，触碰武后底线，终被武后所杀，送尸白马寺，火化造塔。

薛怀义作为武后的男宠，作为出入宫禁的假和尚，很好地完成了他的历史使命。由他率领的"佛教天团"，在武后称帝过程中扮演了极其重要的角色。双方各取所需，互动密切，既巩固了武后的统治，又提升了佛教徒的地位，促进了佛教的发展。

二、来自敦煌的祥瑞

佛教经典为武后改朝换代提供了理论基础，在中国传统的政治文化之中，祥瑞也是帝王天命与德政的重要表现，往往被统治者用作舆论宣传的工具。武后称帝之后，全国上奏祥瑞的风气达到高潮。与此同时，各种投机分子，以献祥瑞为名，粉墨登场，全国各地的祥瑞也是花样百出，层出不穷。

有人曾经献上一块生有红色纹样的白色石头，官员们不解其意，无法领会此石的奇特之处。献石人大言不惭地说："这块石头白质而红章，说明它对陛下怀有一片赤心！"时任宰相李昭德听后，笑出声来，转身斥责他说："你说这块石头有一颗红心，忠心于陛下，难道其他石头都心怀反谋吗？"众人听后，笑倒一片。还有人找来一只乌龟，用红漆在乌龟肚子处写上"天子万万年"，跑到洛阳献给武后。李昭德看后，拿起一把小刀，刮去红漆，当场揭穿他的谎言。所谓上有所好，下必甚焉，这些看似荒唐的闹剧一出出地上演，反映出的其实是武后对祥瑞的喜好与重视。

受此风气影响，全国各地官员、百姓纷纷挖掘各种祥瑞，奏

第五章 金轮皇帝与四方祥瑞：女皇的统治术

报朝廷，远在河西走廊西端的敦煌也不甘示弱，时任沙州刺史李无亏开始频繁搜集各种祥瑞。搜集完毕之后，李无亏还翻检当时流行的谶纬之书，对祥瑞进行详细解释，然后上奏朝廷。李无亏奏表的部分内容，幸运地保存在了敦煌藏经洞中，让我们时隔千年，仍能透过泛黄的纸张，感受地方官员不遗余力地迎合武后的政治心态。

垂拱四年（688），敦煌百姓董行端园内的一棵树上，有甘露降下，从树梢一直流到地上，昼夜不绝。甘露是古代的重要祥瑞之一，形如凝脂，甘之如饴，食之可以延年益寿。汉武帝就曾在宫中造金铜仙人承露盘，承接天之甘露，希望服用后可以升仙得道，长生不老。只有在位者普施仁政、天下太平之时，上天才会垂降甘露，以示褒崇，殊不易得。董行端园内的树上，甘露竟然多到绵流于地，且不受阳光照晒影响，昼夜流淌，说明武后德至于天，超迈往古，上天以量多时长的甘露，凸显武后的无上之德。同一年，在敦煌一处叫武兴川的地方，遍生野谷。野谷苗高超过二尺，状散如蓬草，果实如葵子，肥而有脂。把野谷种子磨碎做成炒面，味甘不热。沙州官员先后收获数百石，充当军粮。据学者研究，"野谷"很有可能是敦煌当地百姓经常食用的沙米。在唐代祥瑞体系中，并没有看到野谷的记载。敦煌野谷遍生之所

119

以被当作祥瑞,很有可能是因为野谷所生之地名为"武兴川",含有"武氏将兴"之意。

武后登基之后,敦煌出现的祥瑞更加丰富。天授二年(691),敦煌县有一个名为阴嗣鉴的百姓汇报,声称他在平康乡百姓武孝通的园内,发现了一只五色鸟。这只鸟头上有冠,翅膀尾巴上长有五色羽毛,嘴巴脚趾均为红色。五色鸟后又有群鸟追随,这些鸟头顶也有冠,而且也有青黄赤白黑五种颜色。李无亏认为五色鸟就是代乐鸟,天下有道则会现身。更为关键的是,五色鸟是在武孝通园内出现的,最早由阴嗣鉴发现并奏上。武孝通与武后同姓,"阴"又与女性有关,属于母道,这一切的巧合都指向以母后身份登基称帝掌控政局的大周皇帝武曌。与此同时,一位名为阴守忠的百姓发现了一头浑身雪白的狼。这头白狼经常出没在村庄边,但并不攻击、伤害村里的孩童、家畜等。在中国古代政治文化中,白狼之瑞乃天子仁智明哲,动准法度,四夷宾服的象征。周宣王时,犬戎等周边部族臣服于周,故有白狼现身。武周政权远绍西周,白狼之瑞再现,既象征着周边夷狄尊奉武周,又暗含武周天命与西周关联,实在是一箭双雕。不仅如此,白狼由阴守忠发现,"阴"不仅代表女性,还代表臣子。"阴守忠"就是天下臣民守护、忠诚于武后的意思。

第五章 金轮皇帝与四方祥瑞：女皇的统治术

阴嗣鉴与阴守忠同属阴氏家族，在敦煌当地属于颇有名望的大族之一。大名鼎鼎的敦煌莫高窟北大像，就是阴守忠的父亲阴祖与灵隐禅师共同主持修造的。也就是说，阴家与武周政权的互动非常密切。阴嗣鉴、阴守忠在发现五色鸟与白狼时，还都是籍籍无名的平民百姓，后来却当上了北庭副大都护、瀚海军使与豆卢军副使、墨离军副使等军镇要职。祥瑞的发现，很有可能是两人命运的转折点，也很有可能是阴氏家族崛起的关键一步。敦煌现存的第321窟就是阴家开凿的，阴守忠很有可能就是第一任窟主。第321窟的西壁上开有一大型佛龛，龛内现存唐代塑像2身、清代塑像4身。龛外两侧台上还各有清代的天兽塑像1身。龛外的这两身天兽塑像，颇引人关注。民国时期，张大千考查此窟时，曾把它们称为"狮子"，并指出这两尊"狮子"是后人新塑，并非唐物，可见此时的洞窟已非原貌。学者们后来在俄国探险家奥登堡拍摄的照片中，发现了第321窟西壁佛龛的一组照片。这些照片保留了龛外"天兽"塑像的原始面目。由奥登堡拍摄的照片可知，这两尊"天兽"塑像，四肢伏地，呈蹲伏状，头向上微仰，双眼圆睁，双耳呈三角形，嘴型宽大，内有獠牙，颈背部毛发呈波浪状，整体造型似狼似狗。最为关键的是，塑像表面涂有一层白色。尽管颜色已经剥落，但仍能推测塑像最初应为通体白色。这两尊"天兽"塑像,很有可能就是阴守忠发现的白狼。阴守忠为了纪念当年的祥瑞事件,特意把白狼的形象塑于窟内。遗憾的是,这两尊白狼塑像,被奥登堡盗走,现藏于俄罗斯艾尔米塔什博物馆。不仅如此,第321窟西壁龛内顶部壁画中,有一只口衔花枝的飞鸟,嘴眼呈红色,身体为翠绿色,背部中央有少许黑色。口内所衔花枝有红、白、黑、绿四种颜色。这种造型的鸟不见于其他洞窟,很有可能也是以阴嗣鉴发现的"五色鸟"为原型绘制而来。因此,阴氏族人非常看重这两种祥瑞,这也说明祥瑞的进献在武周时期成为基层百姓实现阶层升迁的特殊途径。

植物、动物祥瑞之外,李无亏还搜集到了天象之瑞。天授二年(691)冬至日卯时,天空中出现五色祥云,太阳发出异常明亮之光。一个时辰之后,五色祥云再次出现,空中呈现祥云抱日的奇异景象。敦煌当地的官员百姓均认为这是武后登基受命之符瑞。不仅如此,在从四面八方来到敦煌的人们口中得知,武后登基之时,很多地方都出现了五色云抱日的天象。李无亏把这种瑞异之象称为"日扬光、庆云",只有圣人在上、天下和平、天子仁孝之时,上天才会降下此种祥瑞。"庆云"在唐代属于大瑞,是最高级别的祥瑞,此前洛阳百姓劝进之时,天空中也出现过此等祥瑞。后来,在菩提流志翻译《宝雨经》时,还把庆云编写进

第五章 金轮皇帝与四方祥瑞：女皇的统治术

经文之中。《宝雨经》记载，呈现女身的月光天子即位之后，所统境内会出现无量百千异瑞，其中一种便是"五色云现"。菩提流志由此告知天下，庆云不仅是圣明天子的象征，而且是佛教经典中的政治预言，凸显武则天称帝的合理性与正当性。

天授二年（691）腊月，李无亏收到沙州境内石城镇康拂耽延弟地舍拨的奏状，声称一直混浊发黑的蒲昌海水，自从八月以来，变得清澈见底，而且海水呈现五色。经过走访耆老以及天竺婆罗门得知，中国有圣天子，则海水即清澈无波。"江河水五色""海水不扬波"在唐代也属于大瑞。按照唐代规定，一旦出现大瑞，地方官员必须上表奏闻，文武百官诣阙恭贺，以示重视。天授二年，仅敦煌所在的沙州便有两次大瑞，说明武周建立前后，各地祥瑞集中爆发，也说明武后需要借助天地之间万物有灵的神性启示，宣扬其当国的正当性，巩固刚刚建立的武周政权。延载元年（694），李无亏在与吐蕃的战争中负伤而亡，为国捐躯，享年58岁。武后得知消息后，十分悲伤，下旨对这位在西北边陲忠心耿耿的沙州刺史特加褒奖，追赠他为使持节嘉州诸军事、嘉州刺史，并给李无亏家族许多物质奖励。此外，武后还命官府出资修造灵舆，把他的遗体运往京城长安，安葬在了稷州武功县（今陕西武功）三畤原。2002年3月，李无亏的墓穴重见天日。考古工作者在里面发现了李无亏的墓志，为我们了解其人生平以及其时西北的军事地理，提供了许多有价值的历史信息。

武周政权稳定以后，还有很多祥瑞出现。有一年的秋末，武后收到了一枝盛开的梨花，并把它展示给众宰臣们，希望他们解释这是何种祥瑞。宰臣们都认为武后圣德在天，下及草木，所以梨树才能在秋天再次开花。唯独杜景俭给武后泼冷水，他认为季秋之时，草木本应枯黄，梨树再花只能说明阴阳失调。他提醒武后要反躬自省，不应以此为瑞。武后听后，没有怪罪他，反而称赞他曰："卿真宰相也！"某一年的三月，天降大雪，来了一场"倒春寒"。宰相苏味道认为这是祥瑞，率百官入宫朝贺。殿中侍御史王求礼嘲讽道："三月雪是瑞雪，腊月雷也是瑞雷吗？"他认为春天阳气上升，万物苏荣，寒雪下降，必为灾异，怎么能以之为瑞呢？武后听后觉得很有道理，为之罢朝。后来有人把一头三只脚的牛作为祥瑞献上，又有宰相道贺。王求礼认为这位宰相在胡说八道，就是因为他尸位素餐，政教不行，才导致这种反常的妖孽出现。武后反思自己的用人之后，感到愀然不悦，但并未责罪王求礼。这些事例说明，武后对祥瑞的需求已经不如之前强烈，对祥瑞的认识也越来越客观。

第五章　金轮皇帝与四方祥瑞：女皇的统治术

三、"例竟门"的恐怖

武后临朝称制之后，除了有李敬业、李贞父子的公然起兵反抗外，还面临着朝中大臣质疑的声音。这些质疑的声音轻则挑战武后的权威，重则可能演变为新的武装叛乱。武后为了掌控局面，选择了鼓励告密、起用酷吏的铁腕手段，毫不留情地对各种潜在敌对势力展开打击。

早在光宅元年（684）废立李显之际，告密之风便开始抬头。由于参加废立的很多士兵，没有得到应有的奖赏，心生怨言。某次，飞骑数人相聚宴饮，在酒精的刺激下，一位飞骑口吐真言道："早知没有奖赏，还不如推奉李显！"没想到说者无心，听者有意。另外一位飞骑借故离席，转头就揭发了这位士兵。还没等他们散场，羽林军就硬闯酒席，把在座之人全部抓走。"口无遮拦"的那位飞骑被斩，其他人以"知反不告"的罪名全部被处以绞刑。告密之人官升五品，史称"告密之端自此兴矣"。垂拱元年（685），武后命令朝堂前的登闻鼓和肺石不须专人防守，只要有人敲鼓立石，御史台需要照单全收。唐代洛阳城的登闻鼓和肺石，位于宫城城门外。官员百姓若敲鼓或站立肺石之上，说明有冤要诉，御史台官员要根据实际情况受理案状，在司法意义上，属于一种直诉制度。武后为了让更多的官员、百姓可以"直达天听"，要求放弃对登闻鼓和肺石的守卫，减轻敲鼓立石之人的心理压力，鼓励他们直接上奏各种情报。

垂拱二年（686），武后接受侍御史鱼承晔之子鱼保家的建议，在朝堂设置了铜匦，接受四方臣民的投书。铜匦的设计颇具巧思，共分四隔，每面各有一个开口，以供投递表疏，可入不可出。四面各有不同的主题，其中东面称为"延恩"，西面称为"伸冤"，南面称为"招谏"，北面称为"通玄"。表面看来，铜匦的东、西、南、北四隔，分别受理不同类型的表疏，但实际上就是一个接受告密文书的"举报箱"。让人没想到的是，铜匦接受的第一封告密信，竟然就是揭发设计者鱼保家的。鱼保家由于曾指导李敬业制作兵器，所以被仇家告发，成为铜匦建好后的第一个倒霉蛋，真是搬起石头砸自己的脚。

铜匦虽然精巧，也可直达天听，但毕竟位于神都洛阳，对其他地区的告密之人而言，仍有诸多不便。为了进一步扩大信息来源，武后继续为检举揭发之人提供便利。她布告天下：任何地区的任何人，都有告密的权利，而且任何官员均不可对告密之人横加拦问；所有声称告密之人，即便是农夫樵人，也可启用官方驿站，乘坐驿马至神都，沿途按照五品官员的标准提供食

第五章　金轮皇帝与四方祥瑞：女皇的统治术

宿。李唐王朝为了加强统治、方便政令信息的沟通传达，修建了遍布全国的驿站系统。这些驿站中既有陆驿，也有水驿，还有水陆相兼者，总数达1639所。为了确保驿站畅通，政府制定了详细的驿站使用规章。由唐令可知，地方诸州若有急速大事，可以遣使乘驿入京奏报。也就是说，即便是朝廷任命的地方官员，若无"急速大事"，也不能动用驿站，以免驿站使用伪滥，影响紧急公务的传达。乘用驿马的官员，可以按照品级享受驿站的食宿供应。由《唐六典》可知，五品官员的标准是常食料七盘，每日细米二升二合，粳米八合，面二升四合，酒一升半，羊肉四分，酱四合，醋四合，瓜三颗，另有盐、豉、葱、姜、葵若干。总而言之，驿站相当于李唐王朝在全国各地设置的国家级宾馆，食宿条件在当时都是顶级配置。平日连进入驿站都没有资格的普通百姓，此时乘告密之东风，堂而皇之地住进驿馆，享受起国家品官的待遇。告密者到达洛阳之后，吃住全部在鸿胪寺典客署的客馆内解决。典客署的客馆主要用于接待周边四夷前来朝贡的酋帅与使臣，属于高规格的"国宾馆"，更是一般百姓想都不敢想的地方。由此可见，武后围绕交通、住宿、接待等各方面，为告密者提供了各种强有力的支撑保障。不仅如此，所有告密者抵达洛阳后，全都受到武后的亲自召见。若所告为实，或者所言能够取悦圣心，武后便会授以官职，甚至越级提拔。即便所告不实，武后也不会加以惩处。如此一来，大周境内兴起一股告密揭发之风，来自全国各地的告密者蜂拥至洛阳。

在众多的告密者中，很快涌现出一批优秀的"人才"。这些"人才"逐渐成长为酷吏，并构成酷吏来源的储备库。他们通过告密起家，善于利用武后急于立威的心理需求，快速成长为深受器重的政坛新秀。最先品尝告密甜头的是胡人索元礼。索元礼因告密被武后授以游击将军，专门负责审查武后交代的重大案件。他生性残忍，每审一人，必定牵连数十百人。武后多次召见索元礼，并对其大加赏赐。在索元礼的带动下，投机之徒纷纷起而效仿，其中比较活跃的有周兴、来俊臣、索元礼、王弘义、侯思止、郭霸等人，周兴、来俊臣更是其中的"佼佼者"。

周兴、来俊臣是雍州老乡，专门钻研如何告密，他们甚至根据自己的"工作经验"，与洛阳人万国俊一起编撰了一部数千字的《罗织经》。《罗织经》专门讲述如何网罗证据，织成罪名，陷害他人，因此被称为官场的"阴人真经"。这部所谓的"经典"是酷吏们的案头书，是他们告密行为的指导手册，也是酷吏培训与进修的必读书目。周兴、来俊臣等人摸索出了一个告密套路，基本做法为事先拉拢一批地痞无赖，需要陷害某位官员之时，便

第五章　金轮皇帝与四方祥瑞：女皇的统治术

让这些无赖一起告密揭发，彼此相援，互以为证，让被告者无以自明。他们还制作了一系列整人刑具：定百脉、喘不得、突地吼、著即承、失魂胆、实同反、反是实、死猪愁、求即死、求破家。光看这些刑具的名字，就让人不寒而栗。被告者一旦入狱，迎接他的便是严刑酷法。有人被头上拴石，倒立悬挂；有人被打开口鼻，大力灌醋；有人甚至被铁圈箍头，脑浆崩裂。很多入狱者看到这些刑具，就已吓得眼前一黑，腿脚发软，赶紧承认那些莫须有的罪名，以免挨受皮肉之苦。如此一来，酷吏们的"政绩"非常显著，越发受到器重。武后每当遇到难以解决的疑难案件，全部交给来俊臣处理，往往能够收到意想不到的效果。

在告密之风的影响下，有一些奴婢也开始揭发其主，意图以告密邀功。武后身边有一名婢女，名叫团儿，由于对皇嗣有意见，于是进谗言，诬告皇嗣妃刘氏与皇嗣德妃窦氏妄行咒厌，谋不利于武后。武后对这种巫蛊之术戒备极深，未加详查，就利用刘、窦二人朝见的机会，将其全部杀死。皇嗣内心悲愤，但忌惮武后报复，敢怒不敢言，只能在武后面前假装什么事情都未发生。皇嗣的忍让被当作懦弱的表现，刺激着对手得寸进尺。团儿继续通过告密揭发的手段，构陷皇嗣。幸亏有人将实情告知武后，才让皇嗣躲过一劫。窦德妃被诬陷致死的消息传到窦家后，窦家有奴婢觉得这是一个邀功的好机会。窦德妃的父亲窦孝谌此时在润州担任刺史，家中奴婢在府中诈为妖异之事。德妃之母庞氏新经丧女之痛，又见家中乱象，内心极其害怕。奴婢利用庞氏的惧怕心理，建议她夜间行巫蛊，祭神祈福。在一切准备就绪后，奴婢便去揭发庞氏心生怨望，妄行巫祝。负责审查庞氏案件的监察御史薛季昶，为了迎合武后心意，竟然妄称庞氏与德妃母女同行巫蛊，诅咒武后。薛季昶汇报案件进展时，涕泪俱下，声称庞氏所为，大逆不道，为人臣者，根本无法说出口。这种投入的表演，让武后认为薛季昶忠心耿耿，提拔他为给事中。

　　酷吏办案，心狠手辣，简单粗暴，唯求速成。冀州衡水人王弘义因告密之功得升朝列，官任殿中侍御史。当时有人告发胜州都督王安仁谋反，武后命王弘义审查此案。王安仁并无反迹，拒绝认罪。失去耐心的王弘义给他铐上枷锁，直接斩首，又捕杀王安仁的儿子，砍下首级，装在盒子里回朝复命。返程中，路过汾州，汾州司马毛公招待王弘义一行。席间，王弘义突然大发雷霆，直接把毛公斩首，用长枪挑其首级，大摇大摆地回到洛阳城，满城百姓无不战栗。王弘义发迹之前，曾向一位吝啬的邻居求瓜而不得。恼羞成怒的王弘义想出阴招，向县官汇报邻居瓜园中有白兔出现。县官派人捕兔，把瓜园践踏殆尽。王弘义由

第五章 金轮皇帝与四方祥瑞：女皇的统治术

此得名"白兔御史"。还有一位叫郭霸的宁陵县丞，自称恨不得把李敬业"抽其筋，食其肉，饮其血，绝其髓"。武后对其忠心大加赞赏，除拜监察御史，郭霸也因此被称为"四其御史"。长寿年间，有人告发岭南流人谋反，武后派司刑评事万国俊摄监察御史，前往安抚。万国俊到广州后，直接把所有的流放之人召集起来，假传圣旨，让他们全部自尽。看到部分流人并不服气，万国俊也懒得理他们，直接赶到水曲处，全部斩杀，一天之内杀死300多人。万国俊命人伪造流人谋反的罪状，回朝复命，并振振有词地宣称其他地区的流人，肯定也有怨望谋反者，建议武后将他们尽早诛杀。武后于是任命刘光业、王德寿、鲍思恭、王大贞、屈贞筠等六人摄监察御史，分地区巡按各地流人。六人效仿万国俊，展开残忍的诛杀流人"竞赛"，刘光业杀700人，王德寿杀500人，其他人所杀最少者也不低于100人，其中被滥杀者，不知几何。

武后还在洛阳城丽景门内设置专门的推事院，让来俊臣等酷吏在院中办公审案。凡入此门者，能够活着走出来的，十不占一。王弘义等人取"丽景门"谐音，戏称其为"例竟门"，意思是走入此门者，生命就走到了尽头，"例皆竟也"。在酷吏当道、告密盛行的政治环境下，满朝文武噤若寒蝉，道路以目，人人自危，不知哪一天厄运就会突然降临。他们每天早起入朝，都会与家人诀别，一时间恐怖气氛弥漫朝堂。很多朝臣可能就是因为多说了几句话，就会被酷吏抓住把柄，罗织成罪。时人徐彦伯特意撰写了一篇《枢机论》，指摘当时朝臣因言语不慎被酷吏诬陷的现象，告诫世人要谨言慎行。徐彦伯认为言谈话语对所有人而言，都至关重要。它好比是一个君子的枢机，一旦发动，就会带来外物的反应，进而产生得与失。言语可以帮助一个人，也可以毁灭一个人。他告诫人们一定要谨慎思考，觉得周全以后再讲话；看准对象的品性后再讲话；要注意讲话的内容，多讲正能量的、符合先王法度的内容。总之，要做到"可言也，不可行也，君子不言也；可行也，不可言也，君子不行也"，只有这样才能不引发别人憎恶，也就不会有人因为言谈话语去告发你。孔子告诉世人："终日行，不遗己患；终日言，不遗己忧。"一个人只有做到这样的程度，才可以大胆地讲话。《枢机论》的写作，体现出酷吏罗织之风已经严重到让人尽量缄默其口，惧怕因言获罪的程度。

酷吏的残忍好杀、罗织牵引，武后的频起大狱、广为收治，引发了朝臣的关注与批评。永昌元年（689）八月至九月间，有两件事情引起了时任右胄曹参军陈子昂的关注。一件事发生于八

第五章　金轮皇帝与四方祥瑞：女皇的统治术

月十五日，武后特意赦免了包括李珍在内的一批囚徒，群臣都上贺表，赞美武后圣明。另一件事发生于九月二十一日，武后赦免了秋官尚书张楚金、陕州刺史郭正一、凤阁侍郎元万顷、洛阳县令魏元忠等人的死刑。这些人都是李敬业的弟弟李敬真告发的。李敬真为了立功保命，揭发他们与李敬业通谋，但实际上都是诬陷。武后赦免他们之时，群情欢呼，就连阴云密布的天气，都转为晴空万里。陈子昂原本以为武后狱中收治的都是乱臣贼子，但从百姓的表现来看，实际上有很多人蒙受冤屈。陈子昂于是上疏建议武后，亲自召见那些被判定谋反的囚徒，审讯他们，确有罪者处以极刑，确被冤者，宽大处理，严惩狱吏，以便让天下人信服。后来，右补阙朱静认为武后临朝之初，面对朝臣的质疑与地方的反叛，只能任用威刑，严控异议，开告密之端，启酷吏之任。如果在武周建立、局面渐稳以后，仍然延续这一做法，就显得不合时宜了。他举出秦汉时期的例子：秦用李斯为相，利用严刑峻法以控四方诸侯，但不懂得随着统治矛盾的缓和，改成更加宽松的政策，最终导致土崩瓦解。刘邦建汉以后，采取陆贾、叔孙通的建议，通过礼仪治国，起到了邦国安定的效果。他建议武后要吸取秦汉之际的教训，审时度势，及时放弃告密政策，遣除罗织之党，才能让天下苍生内心坦然安乐。侍御史周矩也提醒武后，酷吏们审查的罪犯很多都是谋反之徒，但如今天下太平，谁会放着好好的日子不过，一心想着谋反呢？难道这些人都是想当帝王的英雄人物吗？他们不过是害怕酷吏们的严刑殴打，被迫自诬而已。他还指出，随着告密之风笼罩朝廷，满朝文武朝不保夕。历史上周行仁政，国家昌久，秦用酷法，二世而亡。所以周矩希望武后能够缓刑用仁。

武后虽然信任酷吏，但内心却深知这群人出身低微，且多为粗野之徒，甚至有侯思止这种大字不识之人。不仅如此，酷吏审案之时，手段残忍，广为牵引，树敌甚多。他们在朝廷大赦之前，都会先把狱中的重囚处斩，害怕他们被赦免后，伺机报复。在武周革命之际的特殊敏感时期，武后不得不重用这批人，利用他们毫无底线的行事作风，为自己扫清障碍，严酷地压制朝中反对的声音。待朝局稳定后，酷吏不仅利用价值骤降，反而容易引发朝臣反弹，清除他们的时机也就到来了。

首当其冲的是丘神勣与周兴。天授二年（691）十月，丘神勣以谋反罪伏诛。与此同时，有人告发周兴与丘神勣通谋。武后思来想去，决定让来俊臣推鞫此案。来俊臣利用与周兴一起吃饭的机会，"虚心"地请教周兴，如何让罪囚快速认罪。不知底细的周兴，洋洋得意地向来俊臣传授自己的心得：用炭火围烤一个

第五章 金轮皇帝与四方祥瑞：女皇的统治术

大瓮，把罪囚扔进去！来俊臣听后暗喜，马上命人取来大瓮，用火围之，邀请周兴入瓮！周兴得知有人告发自己，大惊失色，马上叩头认罪。按唐律，谋反罪当诛。武后网开一面，将死罪改为流放岭南。在前往岭南的路上，周兴被仇家所杀。正所谓"天道好轮回，苍天饶过谁"，周兴怎么也没想到，自己会倒在告密者的手下，也没有想到终结自己政治生命的竟是曾经的"亲密战友"。这位"亲密战友"可能还在为自己精湛的演技沾沾自喜，也可能还沉浸在武后心腹的角色中不可自拔，但他还没有意识到，周兴被杀是酷吏集团退出历史舞台的序曲，自己终将面临与周兴同样的命运。

万岁通天年间，已经感觉朝中无敌手的来俊臣，把诬告的矛头转向了武氏子侄以及太平公主，甚至就连皇嗣也成为他的罗织对象。他打算以联合神都禁军举兵谋反的罪名，把皇嗣与庐陵王一起罗织下狱。他的计划被河东人卫遂忠得知。卫遂忠原本是来俊臣的好朋友，但两人因为酒后互殴产生了矛盾。卫遂忠为了报复来俊臣，就把他的罗织计划告发给了武后。武氏子侄、太平公主等人听到消息后，害怕被来俊臣诬告下狱，于是联合起来搜集他的"黑材料"，共同举报他的累累罪行。王及善等大臣也强烈建议武后除掉来俊臣。即便如此，武后还是把举报来俊臣的奏疏扣下了3天，不做处理。因为她想保护一下这位曾经为她冲锋陷阵的"猛将"，打算赦免他。有一天，武后在禁苑内游赏，吉顼为她牵马前行。武后边走边与他讨论朝政，询问朝堂之上最近有何要事。吉顼答道，也没什么要紧事，就是众人都很奇怪，为什么来俊臣的事情，一直没有处理结果。武后说来俊臣是武周的大功臣，我于心不忍。吉顼趁机把来俊臣诬陷忠良，收受贿赂等事讲给武后听，并认为这样一位滥杀无辜的武周贼臣，死不足惜！武后这才下定决心，下令将来俊臣弃市。行刑之后，来俊臣的仇家纷纷赶来，把他的尸体剖心啖肉，挖眼剥面，最后踩成肉泥，以泄内心之恨。武后看到百姓全都痛恨来俊臣，于是下令加大对来俊臣的处罚，籍没其家。与周兴一样，来俊臣肯定也想不到，自己最终倒在了自己最擅长的手段之下。

周兴、来俊臣等酷吏死后，揭发诬陷风气逐渐消失，以至于朝中不再听说有谋反意图的大臣，这与周兴和来俊臣生前形成鲜明对比。武后发现这一现象并进行了反思，开始怀疑之前有如此多之人被定为谋反之罪被杀，其中是否多有冤屈。时任夏官侍郎姚元崇把这种现象归结为酷吏集团的瓦解，并以身家性命担保，今后不会再有谋反之臣。

酷吏集团的兴风作浪，是武周政治的阴暗面之一，备受时人

第五章　金轮皇帝与四方祥瑞：女皇的统治术

以及后世抨击。我们在揭露酷吏阴险狡诈、不择手段的同时，也要思考作为背后的操控者——武后为何会任由他们在朝堂制造恐怖气氛，污染当时的政治空气。作为以女性身份登基称帝的第一人，武后不仅挑战着政坛上的敌人，而且挑战着全社会的政治文化底线，"自我作古"勇气的背后，需要各种各样的支撑。这些支撑既有正面的、阳光的，也有负面的、阴暗的。酷吏就是在这种特殊的时代背景下，以各种为人不齿的手段，在背后支撑起武后刚刚建立起的王朝。诚如宋人欧阳修所言："非吏敢酷，时诱之为酷。"

第六章
跳出关中：武周的霸业

李唐王朝定都长安（今陕西西安），立足关中以制天下。随着王朝统一大业的完成，固守关中的基本国策虽然继续贯彻，但明显不能满足大一统政权的需求。不仅如此，自从隋炀帝开通大运河以来，洛阳成为天下赋税集散之地，天下之中的区位优势尽显。唐初皇帝在关中饥荒之年，往往率领文武官员，浩浩荡荡地从长安出发，前往洛阳就食。显庆二年（657），唐高宗与武后两人第一次东幸洛阳之时，就把洛阳升为东都，正式确立了洛阳的陪都地位。如果把李唐王朝看作一辆跑车，洛阳与长安就是这辆车的东、西双引擎。唐高宗最后的时光在洛阳度过，陪他一起东幸的武后，直接把朝廷留在了洛阳。

一、神都建明堂

唐高宗去世时，曾有遗言表示希望西返关中，毕竟那里是李唐王朝的大本营，埋葬着李渊、李世民等李家先祖。武后决定满足亡夫心愿，为他在关中卜地建陵。这一想法遭到一些人的反对，其中尤以四川射洪人陈子昂为代表。陈子昂认为关中旱情严重，田野荒芜，人口流亡，若灵柩西返，供应麋费，必定加重百姓负担。如若再征发劳役，营造山陵，无异于雪上加霜。与之相反，东都洛阳人杰地灵，天地交会，景色秀美，"北对嵩邙，西望汝海"，是陵寝营建之地的不二选择。为此，他诣阙上书，力荐武后将高宗埋葬在洛阳附近。陈子昂的建议并没有被采纳，但反映出洛阳的富庶与安定在时人眼中已是共识。武后还一度产生陪护高宗灵柩西返的想法，但被群臣谏阻，于是改由当时的皇帝李旦前行。高宗入陵之后的次月，武后下令将洛阳由东都改称神都，从而让洛阳的政治地位跃居长安之上。这意味着武后一方面坚决将高宗西葬，同时也下定决心要长留洛阳。她之所以选择留驻洛阳，而不是西返长安，有着非常复杂的原因。

众所周知，长安是李唐都城，有着浓厚的李唐烙印。唐初三帝——李渊、李世民、李治励精图治，顺利实现了唐王朝由创业到守成的转变。经济的发展与社会的稳定，让李唐王朝与杨隋王朝形成鲜明对比，这也让长安民众感念唐德，对自己是李唐子民的身份非常认可，对武后东驻洛阳的行为则普遍表示不理解。武后若想踢开李唐，开创武周，在长安遇到的阻力明显会高于洛阳。不仅如此，通过运河而来的江南租赋，保障了洛阳的物资供应。武后定居于此，绝不会出现"异地就食"的凄惨场面。除了政治、经济上的原因外，还有史料表明武后在迫害王皇后与萧淑妃后，经常梦到二人化作厉鬼到长安宫殿作祟。为此，她和高宗从太极宫搬到大明宫，希望通过住所的转移，缓解精神上的压力，但效果并不明显。为了彻底改变居住环境，武后与高宗开始频繁前往洛阳居住，所以高宗把洛阳与长安比作自己的东、西二宅。因此，与在长安时的精神紧张相比，武后内心应该更享受在洛阳时的轻松自在。

武后要把洛阳打造成心目中的"神都"，让这座城市的形象与大周王朝的伟大交相辉映。在武后的主持下，一批形制宏伟、高大巍峨的城市景观建筑，在洛阳城内拔地而起，其中最为著名

第六章 跳出关中：武周的霸业

的便是明堂。

明堂乃"王者之堂"，相传出现于黄帝之时，三代沿之，用于祭祀布政，其复杂的建筑形制传递着古人政治理念中的"宇宙秩序"。自汉代以来，明堂就成为都城南郊重要的礼仪建筑空间，是具有重要象征意义的儒家礼制建筑，能够发挥"通神灵，感天地，正四时，出教化"的重要功能。虽然儒生们都认为明堂很重要，但由于文献记载互有差异，后人对明堂的形制规模一直议论纷纷，莫衷一是。隋朝建国后曾计划建设明堂，由长安城的设计者宇文恺亲自操刀。宇文恺富于巧思，在遍考典籍的基础上，成功绘制出明堂图样，还造出一个明堂模型。遗憾的是，由于隋运短祚，宇文恺设计的明堂并未来得及施工建设。

唐朝建立后，唐太宗、唐高宗都有意建设明堂。唐高宗甚至从长安城万年县中析置出明堂县，还发布过《定明堂规制诏》。在诏书中，唐高宗从明堂院落的大小，到明堂在院中的位置，从门窗的数量规格，到柱子的长度尺寸等方面，详细规划了明堂的建筑规模与尺寸大小，但还是由于争议过大，且遭遇旱灾而无法动工兴建。在众多的分歧之中，明堂应该营建于何处是首先要考虑的问题。在儒生们看来，明堂应该位于"国阳丙巳之地"，即位于都城东南3里之外、7里之内。武后却不以为然，她认为"丙巳之地"距离宫城太远，若从宫城出发，前往祭祀，需要率领百官，携带物品，耗时耗力，殊为不便。儒生们面对武后的意见，也不以为然，继续七嘴八舌地引经据典，发表议论，坚持明堂应选址于丙巳之地的想法毫不动摇，丝毫不顾及武后感受。雷厉风行的武后哪里受得了这群磨磨唧唧的老夫子！她觉得与他们继续讨论下去，只能是白费工夫，最终还是无法达成共识。于是，武后决定抛弃诸儒，转向与自己最为亲信的"北门学士"们讨论。这个决定彻底消解了围绕明堂的各种争论，武后的意见得到了彻底贯彻：把洛阳宫城正殿乾元殿拆毁，在原址上建设明堂。武后为此特意下诏明示，明堂地理位置是她亲定，之所以没有遵循所谓的"古典"，是因为"时既沿革，莫或相遵，自我作古，用适于事"。

垂拱四年（688）二月，明堂的建设工程开始动工。武后给出了明确的建设工期，她要求次年正月在明堂内举行祭祀大礼，这意味着明堂必须在此之前完工。武后把这一个艰巨的任务交给了自己的"身边人"——薛怀义。为了顺利建成明堂，薛怀义从全国各地先后征调了数万人。每当拖曳尺寸巨大的木材时，薛怀义就会抽调一支千人组成的队伍，从中选出一位声音洪亮之人做"号头"，用于喊口号加油。"号头"一喊，千人应和。千人共喊

第六章 跳出关中：武周的霸业

的号子声穿透宫墙，挑动着洛阳百姓好奇的神经。他们都在期待武后对洛阳城天际线的改造升级。薛怀义没有让他们等太久。垂拱四年十二月，明堂揭开了它神秘的面纱。

武后建成的明堂高294尺，大约相当于91.14米。这样的高度，毫不亚于现代化城市内的摩天大楼。可以想象一下，在当时城市建筑普遍较矮的情况下，洛阳百姓看到这样一座耸立入云的高层建筑时，内心是何等的震撼！来自全国各地、周边民族的官员、使臣们，不待进入洛阳城，便能遥望明堂，心向往之。90多米高的明堂共分三层。底层为正方形，东南西北四个方向，各涂以不同的颜色，象征春夏秋冬四季。中层开有12个窗户，象征一天12个时辰。上层象征24个节气。中层、上层均为圆顶，象征着"天圆地方"。中层圆顶有九龙缠绕，上层圆顶上有一只用黄金装饰的、展翅腾飞的鸑鷟。所谓"鸑鷟"，就是紫色的凤凰，象征着武后以女主统治天下。明堂中心是一根通天巨柱，从地面直抵屋顶，有10围之粗，下设铁渠排水，象征辟雍。整个明堂金碧辉煌、气势宏伟，震撼人心。

文武百官被这一座气势逼人的高大建筑深深折服。他们虽然在上朝时，常常经过明堂工地，也知道原本的乾元殿被拆毁后会有一座全新的"办公大楼"拔地而起，但当亲眼看到这一伟大的

武周霸业：唯一的女皇

建筑奇迹完工时，还是被武后的大手笔震住了。他们拿起纸笔，用尽毕生所学，献上辞藻华丽、情真意切的文章，纪念明堂的建成，歌颂武后的功德。吐蕃以及周边民族政权也纷纷派遣使节，前来恭贺。一片赞扬声中，也掺杂着一些反对声音：部分儒士觉得明堂太过奢侈，认为武后花费巨资搞面子工程，既劳民伤财，又不符合明堂的质朴传统。自从武后决定抛弃诸儒开始，这种迂腐的论调就早已不会引起她内心的任何波澜。由于太宗、高宗等李唐先帝都曾规划在长安建设明堂，但均未能落实推进，洛阳明堂的完工，意味着武后完成了他们未竟的事业。这一建筑空白的填补，成为武后政绩的组成部分，象征她的功业超迈前帝，独步其时。

武后沉浸在明堂修成的巨大喜悦中，随后给它取了一个霸气的名字——万象神宫。神都之内建神宫，都城与宫殿的名号交相辉映，让武后的统治"神意满满"。唯一的遗憾是，明堂位于深宫之内。洛阳城的百姓只能引颈相望，把眼神沿着明堂的外表一直上移，然后发出赞叹之声，却无法近距离接触。武后又做了一个大胆的决定——开放万象神宫，允许洛阳妇人以及诸州父老进入明堂参观，让他们共同参与并见证这一伟大的历史时刻。消息一经传出，举国欢腾。戒备森严的宫廷禁苑，对布衣平民而言，

第六章　跳出关中：武周的霸业

陌生而又神秘，此时能够踏进宫门一探究竟，绝对是可以铭记一生的荣耀。洛阳当地的妇人们更加高兴，她们没想到在男尊女卑的社会环境中，竟然可以参加这样庄严的观览活动。她们从心底里感谢武后，佩服武后的果敢与担当。可以想象，随着洛阳妇人的口耳相传，明堂的豪奢很快就会传遍整个神都；随着诸州父老散回各地，也会在大江南北掀起一股"神都明堂热"。

明堂带给自己的满足感，刺激着武后继续上马大工程、营建大建筑。她决定在明堂之北再起一座建筑，并且拟好了更为霸气的名字——"天堂"。鉴于薛怀义的良好表现，武后把营建天堂的任务继续交由他完成。在武后的规划中，天堂是一座高达千尺的超高层建筑，目的是在其中存放一尊夹纻佛像。这种佛像的做法是先塑好泥胎，然后用漆把纻——也就是麻布贴在泥胎之上，待干燥成型后，把泥胎取出，即可形成内部中空的佛像。这种方法做出的佛像不仅逼真，而且质地轻盈，便于移动，非常适合供奉于宫城之中。武后制作的这尊夹纻佛像形制宏伟，高达900尺。佛的鼻孔大如千斛之船，中空的小指内部甚至可以坐下几十个人。如果说明堂的建设依据来源于儒家的传统礼仪文化，那么天堂的建设依据就来源于佛教的构想。

天堂预计建设5层，第三层完成后，已经可以俯视明堂。随

武周霸业：唯一的女皇

着高度的增加，施工的难度也越来越大，而且由于高度过高，抗风能力较弱，天堂第一次建好后，很快就被大风吹倒了。薛怀义只好再次组织人马，重建天堂。为了赶进度，薛怀义甚至每天动用万人施工。工地上热火朝天的场面，远超明堂修建之时。由于天堂高于明堂，所需建筑材料的规格尺寸也要大于明堂，洛阳周围的木材堪用者已经不多，薛怀义不计成本，命人前往江表岭南，深入人迹罕至的原始森林，采伐巨木，沿运河北送洛阳，耗费以万亿计。源源不断的国家经费投入到天堂工程，府库为之耗竭，但武后毫不吝惜。只要薛怀义开口，朝廷马上拨款，确保工程进展。由于薛怀义在建设明堂、天堂时表现优异，武后特意提拔他担任左威卫大将军，晋封梁国公。

明堂、天堂建好之后，成为武后最为重视的都城空间，尤其是明堂，王朝最高规格的政治、礼仪活动都在此举行。明堂建成后的6年内，武后每年正月都在此举行大规模的亲飨、亲祀大礼，从未缺席。明堂不仅是祭祀之宫，而且是布政之宫。武后曾在明堂亲自颁布一个有9条指导意见的文件，训诫百官，并在此举行大型宴会。天授元年（690），武后称帝之时，群臣曾给她奏上一个尊号——圣神皇帝。为了增加接受尊号的仪式感，武后特意等到第二年正月，在明堂祭祀大礼之前，先在此举行了受尊号的活

第六章 跳出关中：武周的霸业

动。

明堂作为神都最为重要的政治空间，其中发生的一举一动，都会传递出丰富而清晰的政治信号。比如，武后第一次在明堂举行大飨之礼时，亚献是当时的皇帝睿宗李旦，终献则是皇太子李成器。长寿二年（693），武后第五次大飨明堂时，亚献、终献则分别变成了魏王武承嗣、梁王武三思。这种人选上的变化非常重要。第一次大飨明堂时，武后还是临朝称制的身份，尚未改唐为周。武后主持大飨，虽未有天子之名，但行天子之实。李旦、李成器作为李唐皇帝与储君担当亚献、终献，表明在武后心目中，儿子、孙子是最重要的人，是王朝的继承人。武后建周称帝后，封大量武家子侄为王，比如武承嗣被封魏王，武三思被封梁王，武攸宁被封建昌王，武懿宗被封河内王，武嗣宗被封临川王，武攸宜被封建安王，武攸望被封会稽王等。武承嗣、武攸宁还以亲王身份出任宰相，成为炙手可热的风云人物。随着武家子侄"皇室"成员身份的确认，他们开始蠢蠢欲动，浮现了继承武周天下的想法。这种向最高权位冲击的小火苗，一旦燃起，就无论如何也压制不下去了，其中最为躁动的就是魏王武承嗣。

武承嗣作为武家子侄的代表，在武敏之流放被杀后，成为

147

武周霸业：唯一的女皇

武后的重点培养对象。武后把他从岭南召回，让他进入尚辇局担任奉御，主管天子舆辇、繖扇制度，然后步步晋升，最终在武后临朝称制时进入宰相班子，成为武后的得力助手。在武后改唐为周的过程中，武承嗣是重要的背后推手之一，他甚至建议把那些不配合的李唐宗室以及公卿大臣，统统杀尽，以除后患。可能是对自己的"功劳"非常有信心，武承嗣觉得姑姑肯定会立自己为太子，传承武氏大统。有了这样的"责任心"，武承嗣开始积极营求太子地位。为了显示自己有广泛的"群众基础"，武承嗣私下安排凤阁舍人张嘉福，组织洛阳人王庆之等数百人，请求立自己为太子。由于当时从皇帝位子上退下来的李旦仍为皇嗣，是东宫之主，宰相岑长倩、格辅元认为这样的话题就不应该拿出来讨论，请求武后切责王庆之，并饬令聚集请愿的百姓立即散去。武后召见王庆之，问曰："皇嗣我子，奈何废之？"王庆之明显早有准备，理直气壮地搬出《左传》中的话："神不歆非类，民不祀非族。"意思是说武后当皇帝，太子不应再从李家产生，而应选择一个真正的武姓后人。鉴于朝堂上的反对声音，武后并没有马上答应，而是让王庆之及其纠集之人暂且退去。

武承嗣自导自演的闹剧，虽然没有成功，却成功激起了武后

第六章 跳出关中：武周的霸业

内心的波澜。此时的武后已经68岁，虽然平日里注意化妆与保养，外貌看不出衰老迹象，但确实应该考虑传武还是传李的问题了。此次风波后不久，武后便让武承嗣退出了宰相班子。这一举动名义上是一种贬责，实际却是让武承嗣暂时远离舆论焦点，对他是一种保护。在此背景下，武后亲飨明堂之时，让武承嗣、武三思出面充当亚献、终献，明显是在向外界传递自己的政治倾向。为了提升文武百官对此次大飨的重视，武后还特意创作了神宫乐章，演奏时动用了一支900人组成的舞队，规模庞大，气势恢宏。略带讽刺意味的是，武后在乐章中特意写了一首《皇嗣出入升降》。换句话说，皇嗣也参加了大飨之礼和明堂乐章的演奏，却只能眼睁睁地看着武承嗣承担起亚献的角色，自己还要被迫在群臣面前强作欢颜，进行"政治表演"，其实内心深处，五味瓶早已打翻。

武后不断地开发着明堂的新功能。证圣元年（695），武后有了一个新的尊号——慈氏越古金轮圣神皇帝。为了纪念这一尊号，武后决定在明堂举行盛况空前的无遮大会。为了产生轰动效应，筹办典礼的官员们费尽了心思。他们用彩绸编成宫殿台阁，又制作大型的佛像，然后在明堂地面深挖5丈大坑，把造好的东西全部放进去。无遮大会举办当天，让人把这些宫殿台阁、佛像等从坑中牵出，号称是从地面自涌而出。无遮大会举办的同时，筹办者还用牛血画了一幅高达 200 尺的大像头，号称是用薛怀义的膝盖血而画，并把它张贴在洛河上的天津桥之南，引发观者如堵。正当洛阳城陷入狂欢之时，一场突如其来的大火却让宫城之内陷入一片混乱。起火之地正是紧邻明堂的天堂，放火之人出人意料，竟是一手打造明堂与天堂的薛怀义。

薛怀义的作案动机是什么呢？原来武后近来开始宠幸一位名叫沈南璆的御医，导致薛怀义恩宠衰减。薛怀义心生醋意，趁着众人欢庆之时，利用夜色掩护，一把火点燃了天堂。天堂中的夹纻佛像属于易燃品，火势由此迅速蔓延。明堂由于毗邻天堂，也未能幸免于难。一时间火光冲天，洛阳城亮如白昼。大火甚至殃及宫中的金银库。库中金银受热熔化为液体，不知情者一旦踏入，立即被烤得焦烂。受损最严重的是天堂，几乎焚毁殆尽。武后怕这种事情传出去有损脸面，便对外宣称是工作人员不小心烧着了佛像，引发了宫内大火，并立即下令重修明堂、天堂，工程仍然由薛怀义负责。这种名义上的谅解与和解，并没有消解两人间的隔阂。明堂大火让薛怀义彻底失去了武后的信任。一个月以后，武后就命建昌王武攸宁率领壮士，将薛怀义围殴致死，送尸白马寺。武后也把"慈氏越古"四个字从尊号中删除，算是对明

第六章 跳出关中：武周的霸业

堂大火的自我反思。

万岁登封元年（696）三月，新明堂建成。明堂顶上仍然装饰一只铁质涂金的凤凰，高度由原先的一丈增加为两丈。凤凰后被大风吹倒，改为一个由群龙所捧的铜火珠。四月，新明堂内部又多出了9个铜鼎。九个铜鼎象征九州，每个铜鼎上刻有各州的山川物产。九州铜鼎各有名号，其中象征神都洛阳的豫州鼎高一丈八尺，容量为1800石，其余八鼎高一丈四尺，容量为1200石，铸造九鼎共耗用铜560712斤。武后对九鼎的规格表示满意，但觉得铜器发出的光泽过于朴素，不够耀眼，所以一度想用黄金千两给九鼎加抹涂层，后在姚璹谏止下作罢。九鼎规格高，重量大，为了顺利把它们运到明堂，武后命令宰臣、诸王率领10余万禁军，动用了仗内大牛、白象等动物，费了九牛二虎之力，终于把九鼎从玄武门拖曳到了明堂。武后还专门为此创作了《曳鼎歌》，供众人拖曳铜鼎时唱和。九鼎之外，武后还命人新铸十二生肖神像，按照各自方位排列于明堂之内。新明堂虽然比起旧明堂略显逊色，但高度、面积仍旧，依然是洛阳宫中最为高大的建筑。武后把新明堂改称"通天宫"，大赦天下，改年号为万岁通天，纪念洛阳宫中的第二座明堂。

圣历二年（699），已经76岁的武后考虑到自己去世后，武、李两家可能彼此为敌,互相残杀。为避免这种局面的出现,武后把当时已经是太子的李显、相王李旦、太平公主等李家后代与武攸暨等武家子侄,共同召集到明堂之内,让双方订立誓约,约定彼此友好,不相攻伐,并且上告天地神明。为了确保誓约的有效性,武后命人把誓约刻在铁券之上,藏于史馆。可能在她看来,"通天宫"能够上通天意,自己的子女与子侄们在此铭誓,肯定能够遵守信约。明堂此时成了武后调和李、武矛盾的见证,也成了武后寄托身后愿思的空间。武后肯定希望明堂永存,李、武后人站在堂前,即可想起自己的拳拳苦心。她肯定也明白,人心最难测,这些信誓旦旦的李、武后人,能否遵守约定,其实是个未知数。她肯定还清楚,现实是残酷的,今后的政治局势会朝哪个方向发展,自己根本无法掌控。但她肯定想不到,等到自己的孙子李隆基上台后,先是在开元五年(717)把明堂的称号改回乾元殿,至开元二十七年(739),又把明堂的上层毁弃,把下层拆改为乾元殿。明堂伴随着李唐天下的回归与稳定,逐渐在世人的视野中消失。

明堂因武周而兴,至李唐而毁,带有强烈的武后色彩,代表了武周的政权形象。明堂的出现,让洛阳的城市面貌更加立体,神都的称号更加响亮,也让世人见识了武后的勇毅果敢与开拓创新。明堂虽然被毁，但幸运的是，明堂遗址却在1986年被发现。考古发掘的成果表明，明堂的夯土台基呈八边形，中央有一个巨大的圆形中心柱坑。坑口直径9.8米，向底逐渐内收，底径6.16米。坑底是由4块大型青石构成的柱础，距离台基夯土面4.06米。这应该就是明堂中心柱所在地。徘徊在明堂遗址进行观赏的今人，站立在巨型柱坑之侧，就能够遥想千年前明堂的盛丽与洛阳的繁华。

二、嵩山封神岳

高宗生前东封泰山，就是在武后的请求下完成的。借助封禅典礼，高宗纪念了自己的帝王功业，武后完成了人生中第一次亚献。封禅带给两人的成就感与满足感，让他们产生了遍封天下五岳的想法。这个宏阔而伟大的构想，首先从中岳嵩山开始。上元三年（676），高宗在武后的劝请下，下诏前往嵩山封禅中岳，后因吐蕃寇边而暂停。调露元年（679），高宗再次决定前往嵩山封禅，又因突厥犯边而搁置。永淳元年（682），高宗第三次决定封禅中岳，并命人在嵩山之南置崇阳县，建奉天宫。由于两京地区发生水旱灾害，监察御史李善感建议高宗停止修建奉天宫，但不为高宗采纳。永淳二年（683），高宗把留守京师的太子李显召来洛阳，以便参加封禅大礼，还命国子司业李行伟、考工员外郎贾大隐及太常博士韦叔夏、裴守贞、辅抱素等制定了详细的封禅仪注。遗憾的是，马上就要成行的中岳封禅，又因高宗病重被取消了。由此可见，高宗生前曾三次计划封禅中岳，但终未成行。

武后临朝之后，忙于勘定各种反叛，应对朝中乱局。直到证圣元年（695），也就是武周建立5年以后，她才决定再启中岳封禅。她先是派遣使臣前往嵩山代为祭祀，为即将举行的封禅大礼提前热身。嵩山原有夏启及启母、少室阿姨神庙，令使臣一并代为祈祭。与此同时，武后下制封嵩山为神岳，尊嵩山神为天中王，夫人为灵妃。如此一来，神岳陪侍神都，再加上之前建成的万象神宫，共同成为武后沟通上天神灵的媒介。

天册万岁二年（696）腊月一日，武后率领文武百官、四方酋帅，在仪仗旌旗的簇拥引导下，从神都出发，前往神岳。遥想当年封禅泰山之时，为了能够在正月到达泰山，高宗与武后的车驾从前一年的二月就从长安出发，先至东都驻留至十月，然后再从洛阳启程，取道濮阳，到达泰山。从东都洛阳走到泰山，就花费了两个月左右的时间。相比而言，前往神岳封禅，实在是轻松多了。

腊月二日，武后便到达嵩阳，先在嵩阳斋宫斋戒。腊月九

第六章 跳出关中：武周的霸业

日，武后在神岳山南的封祀坛祭祀昊天上帝，由显祖立极文穆皇帝武华、太祖无上孝明高皇帝武士彟配享。十一日，武后身穿大裘之服，乘坐玉辂，在群臣陪同之下，登临神岳峰顶，举行规模盛大的封礼。登封坛在这之前已经搭建好，是一个圆形祭坛，直径5丈，高9尺，最上面涂成黑色，其余按照东南西北方位分别涂以相应的颜色。武后用的册文刻在金策之上，封于玉检之中，再缠以银绳。封礼举行后，武后宣布大赦天下，改元万岁登封，改嵩阳县为登封县，阳成县为告成县，同时免除天下百姓当年的租税，并命天下宴饮9天，以示庆祝。封祀坛南有一棵槲树，宣布大赦之时，就把金鸡树安在了这棵槲树的树梢之上。十四日，在少室山下东南的降禅坛祭祀皇地祇，配享神位为显祖妣立极文穆皇后、太祖妣无上孝明高皇后。十六日，武后御朝觐坛接受文武百官朝贺，内外官三品以上赐爵二等，四品以下加两阶。为了缓解百姓因封禅带来的负担，武后又特命免除洛州百姓租赋2年，免除登封、告成两县百姓租赋3年。二十日，车驾还宫。二十一日，祭告太庙。前后21天，封禅神岳之礼就圆满完成了。

封禅神岳进行得非常顺利，武后认为这是嵩山神祇在保佑。为表达对神灵的谢意，武后特意尊神岳天王为神岳天中皇帝，灵妃为天中皇后，夏后启为齐圣皇帝；封启母神为玉京太后，少室阿姨神为金阙夫人，又以王子晋为升仙太子，为之立庙祭祀。如此重要的典礼，当然不能少了文人墨客的记载与颂扬。武后率先垂范，御撰《升中述志碑》，由李旦书丹后，命人刻立在登封坛东南。由"升中述志"之名可以想象，武后在完成高宗未竟之事业时，内心是如何的志得意满、豪情万丈。武三思、李峤、崔融按照封禅大礼的顺序，分别撰写《大周封祀坛碑》《大周降禅碑》《朝觐坛碑》，分别刻立于封祀坛、降禅坛、朝觐坛边。

武后为什么一定要封禅神岳，而不是像前代帝王一样，封禅东岳呢？除了乾封年间，武后已经参与过东封大礼，没有必要重复再封泰山外，还有一些更深层次的原因。

首先，嵩山有地理位置上的优势。嵩山在五岳之中，距离洛阳最近，而且古人认为嵩山地处六合之中，洛阳位居天地之中，若政权定都于洛阳，前往嵩山进行封禅就是一个很好的选择。从秦始皇、汉武帝封禅泰山以后，帝王们就认为应该跟随他们的脚步，选择东岳进行封禅。西晋以来，已经有人对此提出质疑。袁准就说洛阳位居天地之中，嵩山乃六合之中，完全可以封禅嵩山，没有必要一直盯着泰山不放。唐太宗李世民也有过这样的疑惑：为什么嵩山号称中岳，但我们一定要去东岳封禅呢？确实如此，嵩山之所以被称中岳，就是因为它位置居中，中国古代有以

第六章 跳出关中：武周的霸业

中为尊的文化传统，所以完全有理由选择嵩山作为封禅之地。从高宗遍封五岳的规划，可以看出他已经有打破东岳封禅这一惯例的想法。武后则大胆实践，勇于突破，终于改变了男性帝王们定下的传统。

其次，嵩山与武后有着千丝万缕的联系。武后建立的武周政权，自认为上承西周而来，所以她追尊周文王为始祖文皇帝，妣姒氏曰文定皇后，周平王少子为睿祖康皇帝，妣姜氏曰康睿皇后。在周人的天神崇拜之中，嵩岳崇拜占有重要地位。武后建立的周朝若上承西周而来，自然也应该继承对嵩山神的信仰。在高宗、武后时期，还曾流行一本叫《秘策》的书，这本书中记载中岳之神姓武。用时人崔融的话说：这简直就是天意！

武后封禅神岳之时，很多礼仪都是模仿乾封年间的封禅东岳，不同的是，她已经由亚献晋升为初献，配享的先祖也已经由李氏变为了武氏。武后的威名、武周的功业也借助神岳的封禅得以传播。封禅之后的大赦以及免除整年租赋的德音，也让武周百姓获得了切身实利。

武后作为中国历史上第一位女皇帝，她突破常规的封禅选择，让嵩山成为泰山之外，中国历史上第二座举行过封禅大典的名山，大大提高了嵩山的地位，也为嵩山留下了大批历史文化遗产,至今犹存。

三、人才稳江山

武后从不掩饰自己对人才的欣赏,也从不吝啬对人才的拔擢。武后把人才比喻成渡河所需之舟,飞空所需之翼,并以访求俊贤为帝王之道,为了搜罗天下英才,她往往打破陈规,大胆革新人才选拔方式。

武后临朝称制时,就曾下令要求九品以上的内外官员以及百姓有才能者自我荐举。后来她又在制书中屡屡表示自己虽然夙夜求治,广求人才,但仍担心屠沽之夫中有贤才遗漏,山林丘泽中有高士隐逸,一再要求地方官员尽心搜求,一旦发现奇俊之才,不问士庶老幼,一律上奏。她还要求地方官员抱着"三人行必有我师"的态度对待人才,不得以"野无遗才"为由搪塞责任,不行荐举。若所举得人,即行褒奖;所举非人,即行科罚。

除了全国范围的大规模荐举外,武后还会指定官员推荐特殊人才,比如她曾让宰相各举尚书郎一人。长安四年(704),宰相姚崇出任灵武道行军大总管,兼任灵武道巡抚使。临行前,武后

第六章 跳出关中：武周的霸业

甚至令他从外朝官员中荐举能够胜任宰相职务的人选。姚崇推荐了秋官侍郎张柬之。张柬之是襄州襄阳（今湖北襄阳）人，深沉有谋，能断大事，曾经应贤良科考试，在1000余人的对策者中，力压群雄，拔得头筹。唯一的不足之处在于，张柬之是大器晚成型人才，此时已经80岁高龄。有鉴于此，姚崇建议武后尽快启动任用程序。武后马上提拔张柬之进入宰相班子。同一年，武后又要求宰相推荐能够胜任员外郎的人选。韦嗣立推荐时任广武令的岑羲。岑羲的伯父岑长倩，因不同意立武承嗣为太子而得罪诸武，被诬陷参与谋反而被诛杀。岑羲受此牵累，久沉下僚。韦嗣立虽力荐岑羲，但也担心他因岑长倩之累而身份敏感。没想到武后却说只要岑羲是人才，这点儿事情拖累不了他！于是岑羲很快被召入京，出任天官员外郎。在岑羲效应的带领下，很多因缘坐被贬的官员，开始重新得到任用。

武后还会因为某些特殊任务，要求官员荐举能够胜任之人。长安三年（703），桂州始安獠欧阳倩聚众闹事，攻略州县，武后希望朝廷能够推荐合适的人才，前往勘定乱局。宰相朱静则推荐司封郎中裴怀古，称他有文武之才，定能不辱使命。武后便以裴怀古为桂州都督，充任招慰讨击使。裴怀古还没到达桂州，便命人修书一封，飞递与欧阳倩，劝他弃暗投明。欧阳倩回应称自己被手下人架空,所以打算举兵来降。裴怀古听后,轻骑前往,招降欧阳倩。左右之人都认为欧阳倩反复无常,不可轻信,劝他不要掉以轻心。裴怀古毫不畏惧,径往叛獠营地,成功招抚欧阳倩及诸洞酋长。

在武后的引领下,武周政坛中出现了很多以推荐人才而著名的官员。宰相朱静则先后推荐裴怀古、魏知古、张思敬等人,有知人之誉。狄仁杰则"内举不避亲",推荐自己的儿子狄光嗣出任地官员外郎,被赞有"祁奚内举"之遗风,后又推荐桓彦范、敬晖、窦怀贞、姚崇等人,其中"至公卿者数十人"。雍州长史薛季昶推荐了卢怀慎、李休光、李乂、崔湜、倪若水、田崇辟、崔日用等人,"后皆至大官"。

武后为了网罗全国人才为己所用,积极主动地改革人才选拔制度,推出了很多新的人才任用措施。人才选拔制度方面,武后开创了殿试与武举。天授元年(690),武后在洛阳城洛城殿,亲自策问天下贡士,先后持续数日,由此开创殿试。殿试不仅能够更好地选拔人才,而且能让贡士感念武后恩典,更好地为武周统治服务。长安二年(702),武后开设武举,令天下诸州教习武艺,每年选拔合格之人,随科举之例,贡送到兵部进行考试。武后还改革了科举考试的内容,她要求举子停习老

第六章 跳出关中：武周的霸业

子《道德经》，改为习考《臣轨》。《臣轨》由武后亲撰，集中体现了武后的君臣伦理思想。在武后看来，君臣同体，"臣以君为心，君以臣为体"，心安则体安，心忧则体忧，君臣同甘共苦，休戚与共。治理国家就好比修建高楼大厦，栋梁栌栱等不同的部件，所需的木材大小、长短、宽窄、方圆各不相同，人才也都有文武仁智的区别。君主必须把各种各样的人才拢到一起，充分发挥每一个人的长处，才能治理好国家。武后对臣下如何处理与君主的关系，也有深入的思考。她明确要求臣下事君以忠，同时，她认为臣下必须有养人之德、恤下之心，一个忠臣，必须首先做到为百姓谋福利，然后才有资格忠于君主。武后还要求臣下守道为公，先公后私，以国家大利为上，私家小利为下，执法不阿亲，举贤不避仇。总而言之，《臣轨》是武后以儒家思想为指导，杂以道家学说而形成的臣子行为规范。武后让举子们学习《臣轨》，当是希望他们日后做官要以此为行动指南，更好地履行臣子职责，处理好君臣关系。武后为了吏部选人的公平，还推行过一段时间的糊名制度，要求举子考试时自糊其名，通过"暗考"的方式确定选人等第。

武后对人才的任用，敢于打破常规，尝试新的方法措施。天授元年（690），武后命宰相史务滋等10人担任巡抚使，分道巡抚天下，访求贤良。巡抚使回京后，奏上贤良名单。武后亲自接见，不问贤愚，全部擢用。这批人才中可能存在从政经历为零者，所以武后别出心裁，让这批人担任"试官"。级别高的可以试凤阁舍人、给事中，级别低的可以试员外郎、侍御史、补阙、拾遗、校书郎等。所谓"试官"，就是试任某官，并不正式任命的意思。武后让这批人留在神都，表示自己对人才的高度重视，同时又让他们担任试官，先"实习"锻炼，体现出了相对谨慎的用人思维。即便如此，武后的行为还是引起时议的不满。民间流行起了一首打油诗讥讽这种现象：

补阙连车载，拾遗平斗量。
欋推侍御史，碗脱校书郎。

当时有一个名为沈全交的举人，正在洛阳参加科举考试，觉得这种不经科举直接授官的做法，有失公平。沈全交本来就恃才狂傲，平日里最喜欢头戴高巾，身着长衫，高谈阔论。有一次，他在吟诵完这首打油诗后，觉得不过瘾，就在后面添了四句：

评事不读律，博士不寻章。

第六章 跳出关中：武周的霸业

面糊存抚使，眯目圣神皇。

打油诗本为坊间流传，不知原作者是谁，而且诗句是在讥讽武后授官伪滥，导致补阙、拾遗等官员数量过多的政坛乱象，这是一种客观存在的现实情况，武后及其支持者听后虽然不太满意，但也无可奈何。沈全交续补的四句就有点儿自作聪明了。尤其是最后两句，不仅明显对人不对事，具有人身攻击的倾向，而且直接攻击巡抚使，甚至把矛头指向了武后。果然，御史纪先知以诽谤朝政的名义把沈全交擒拿归案，并请求在朝堂之上，公开杖责，然后依法处置。武后听后却淡然一笑，摆摆手说："只要你们这些人不滥竽充数，就不用害怕别人说什么，所以沈全交不须治罪，应该放还。"由此可见，武后对这种授官行为的弊端，心中早有预期，但她也相信自己的做法能够寻找到武周政权所需的真正的人才。

武后不遗余力地网罗天下英才，肯定会导致官员冗多。史书中记载，唐高宗乾封以前，每年到吏部参加铨选之人不过数千，但从武后临朝时的垂拱年间开始，这一人数增加到了5万，官阙余额与参选人数严重不匹配。为了解决这一矛盾，武后只能不断增加员外官、检校官等名目。神功元年（697），凤阁舍人李峤主持铨选，竟然一下奏置员外官2000余人。这些人中有很多出身权势之家，利用各种关系侵夺正员官的职责，甚至有人因与正员官争夺话语权而大打出手。获嘉县主簿刘知幾就曾上疏提醒武后取士太广，导致六品以下职事清官多如土芥沙砾，若不加简汰，恐怕会影响武后清誉。这说明，冗官的严重性已经引发时人关注，但刘知幾的奏言并没有引起武后足够的关注。刘知幾还关注到武后时期赐"泛阶"导致的不良风气。所谓泛阶，就是朝廷在某些特殊节点给文武百官普遍赐予散阶。这一做法始自高宗时期，武后时期更加频繁地使用。每逢朝廷大赦，武后便授泛阶，官员便能不断累积散阶，这导致很多人职事官仅为九品，散阶却已高达五品。唐制规定，散阶九品穿青色官服，用木笏；五品穿绯色官服，用象笏。如此一来，朝野宴集、公私聚会之时，着绯服执象笏之人，远远超过着青服执木笏之人。绯服象笏之人虽然品阶高，但都是得益于大赦时武后遍赐之官阶，并非因为他们德望才高，这导致官员不以政绩为重，也不在意考核结果的好坏。他们只需"躺平"，不犯错误，靠朝廷恩赐，便能官至高阶。刘知幾希望武后控制泛阶赐予次数，营造能者脱颖而出、劣者勉励自诫的官场风气。

武后不加拣择的引人政策，还会导致不学无术之人堂而皇之

第六章 跳出关中：武周的霸业

地得升朝列，官场内部贤愚并存，鱼龙混杂。前文提到的侯思止，原以卖饼为生，后因告密被擢授游击将军。游击将军为从五品下的武散官，是当时告密者经常得到的赏官。没想到侯思止竟然不满意，大言不惭地要求御史之职。武后以他不识字为由加以拒绝。侯思止却说："獬豸兽亦不识字，而能触邪。"武后听后大喜，即授其为朝散大夫、侍御史。朝散大夫是从五品下的文散官，侍御史则是御史台职事官，虽然品级只有从六品下，但属于清官之列。大字不识的侯思止竟然出任清官，真是清浊不分。还有一位靠拍马屁上位的朱前疑，愚钝无学识，容貌极丑陋，就因为梦见武后活了800岁，便被授以拾遗之官，后因出使回朝，声称自己听到嵩山唱喊万岁，又被赐绯鱼袋。这些毫无才能而被擢升朝列的官员，有时会被正式的官员拿来讽刺。《朝野佥载》记载，武周时有一名御史台的令史骑着驴去上班，有几名里行御史正站在御史台大门内。这位令史不仅没有下驴，反而直接从这群里行御史中间横冲过去。里行御史们大怒，扬言要杖责令史。令史为自己辩解说："今天的过失，全怪这头驴，待我先把驴骂一顿，然后再受罚。"令史转身对驴说："你就是一头笨驴，又没什么能耐，作为一个畜生，竟然胆敢从御史里行！"里行御史又称御史里行，是一些非正式的御史。这群里行御史明知道令史是在骂自己，但也无可奈何，深感羞愧。

面对官员冗多、素质参差的情况，武后的做法是牢牢掌握刑赏大权，加强对官员的监督，对那些不称职的官员，要么贬黜，要么诛杀。为了加强对官员的掌控管理，武后把原先负责监察百官的御史台改为左肃政台，同时增置右肃政台。左台负责监察京师百司官员、诸军，并负责承诏出使；右台负责监察地方州县官员。后来，武后又赋予了左台监察州县的权限。两台每年在春、秋两季派出8名御史，前往全国巡察，春曰"风俗"，秋曰"廉察"。他们在巡察过程中，依据武后颁定的"四十八条"对官员的不法行为进行纠察。对那些有名无实、尸位素餐、贪赃枉法的官员，武后会及时贬黜。苏州人陆余庆年少成名，能言善辩，多与陈子昂、宋之问等人交游。武后任命他为凤阁舍人，召他入宫草拟诏书。陆余庆却因为紧张过度，一直到晚上都没憋出一个字。武后大失所望，将其贬为左司郎中。据说陆余庆的儿子曾作诗嘲笑亲爹："陆余庆，笔头无力嘴头硬。一朝受词讼，十日判不竟。"武后表姐的儿子宗秦客，与兄弟宗尽卿等人贪赃受贿。事发之后，武后法不阿亲，坚决将他们发配流放岭南。至于那些有才情、有能力、有善政的官员，武后则会奖擢拔用。广州都督王方庆治理有方，境内清肃，被誉为有唐以来治理广州最有成效的地方官员。

第六章 跳出关中：武周的霸业

武后听后，下制褒奖，赐杂彩60段，并瑞锦等物。万岁通天元年（696），契丹骚乱扰边，退休赋闲的王及善临危受命，出任滑州刺史。临行前，武后按照惯例接见王及善，并询问朝政得失。王及善思路清晰地罗列10余条建议，提出自己对理乱之道的认识。武后听后，大为受用，认为让王及善出任滑州，抵抗契丹，是大材小用，应该让他留任朝中，辅佐自己治理国家，遂拜其为相。

武后手下有一批执法严正、刚正不阿、用法平恕的法官与御史。司刑丞徐有功面对不公正的司法案件，敢于当廷顶撞武后，即便惹得武后震怒，他也面不改色，据理力争，避免了很多冤假错案。当时酷吏横行，罗织成风，徐有功执法平直，从酷吏手下解救了很多人。由于徐有功判案公正，务从宽简，他手中的刑杖甚至成为判定一个人品德好坏的标准。若有人吃了徐有功的刑杖，就会成为众矢之的，所有人都会避之唯恐不及。时人将徐有功与西汉文帝时的著名廷尉张释之相比，认为两人在守法公正方面可作类比，但徐有功身处革命维新之时，政治形势远比汉文帝时险恶复杂，所以徐有功的坚持更加难能可贵。另一位司刑丞杜景俭也以平恕著称。徐有功、杜景俭与来俊臣、侯思止等酷吏共理制狱，时人皆曰："遇徐、杜者必生，遇来、侯者必死。"这批用法公正的法官，成为抗衡酷吏们的重要力量。他们的职业道德就像天平的砝码，维护着武周政权的律法尊严，让当时的法律环境没有彻底滑向酷吏引导的严酷深渊。法官之外，御史们也发挥着他们维护公平正义的职能。监察御史严善思曾受武后之命，审查告密者所告内容的真实性，结果查出弄虚作假者850多人。严善思的公平正直，引发了"罗织党"的不满。"罗织党"充分利用《罗织经》的指导，群起诬陷告发严善思，逼迫朝廷将其流放。武后内心知道严善思被冤枉，所以很快又把他召回洛阳出任京官。酷吏们不仅工于罗织罪名，而且善于严刑逼供。他们不仅有各种令人闻风丧胆的刑具，而且有各种常人难以忍受的酷刑。比如连续几天白昼、黑夜轮番审问，不让被告人吃饭睡觉，一旦睡着，马上摇醒，号之曰"宿囚"。人非铁石，面对这种轮番轰炸式的审讯，根本撑不了多久，即便自己没有谋反，也会尽快自诬以免受毒打。侍御史周矩坚决上疏揭露这种狱中乱象，希望武后缓刑用仁，受到武后赞许。先后担任过监察御史、殿中侍御史、御史中丞的魏元忠，曾在与酷吏的斗争中，先后被流放贵州、岭南，但仍不为所屈。武后也觉得诧异，不知为何总是魏元忠被冤枉。魏元忠回答道："我好比是一头鹿，酷吏们就好比是猎手。他们总是想用我的肉做肉羹吃，我有何罪呢？"

第六章 跳出关中：武周的霸业

武后对朝臣的控制，还体现在她对官员的训诫之上。武后临朝之初，遭遇李敬业之乱，宰相裴炎与左武卫大将军程务挺也牵连其中。武后自认为无负于天下，无负于群臣，却遭到大臣的背叛，于是在朝堂之上大发雷霆，并借机对满朝文武进行了严厉的训诫。她指出，裴炎乃先帝指定的顾命大臣，倔强难制；李敬业乃将门之后，能够纠合亡命之徒；程务挺手握重兵，攻战必胜。这三个人都享有盛望，但与武后为敌，先后被杀。文武百官若自认为能力、威望有超过三人者，不妨也起来发动叛乱，挑战武后；若认为自己不具备这样的能力，就乖乖服从武后的统治，以免事败被杀，沦为天下笑柄。面对震怒的武后，已经吓破胆的文武百官，连头都不敢抬，全部顿首拜谢，齐呼：唯太后所使！严肃的宫廷训话以外，武后对官员也有一些春风化雨式的提醒。天授二年（691），武后赐给所有的朝集使、都督一袭绣袍，绣袍后背有八字铭。从天授三年（692）开始，所有的新授都督、刺史，都会被赐一袭绣袍。袍上刺绣呈山形，围绕绣山有回文铭曰："德政惟明，职令思平。清慎忠勤，荣进躬亲。"山形刺绣代表的可能是新出现的庆山，铭文则是希望所有的都督、刺史能够恪守德政、公平、清忠、亲民等为官之道。延载元年（694），武后又赐绣袍给三品以上的文武官员。此次绣袍所绣图案，根据官员的职

169

责,进行了别出心裁的设计。诸王之袍绣以盘龙及鹿,宰相之袍绣以凤池,尚书之袍绣以队雁,左右卫将军之袍绣以对麒麟,左右武卫之袍绣以对虎,左右鹰扬卫之袍绣以对鹰,左右千牛卫之袍绣以对牛,左右豹韬卫之袍绣以对豹,左右玉铃卫之袍绣以对鹘,左右监门卫之袍绣以对狮,左右金吾卫之袍绣以对豸。绣袍之上的文字仍是八字回文,但是内容增改为:"忠贞正直,崇庆荣职。文昌翊政,勋彰庆陟。懿冲顺彰,乂忠慎光。廉正躬奉,谦感忠勇。"袍上所绣图案寓意着官员的职责,铭文内容则兼涉文武,传递着武后对官员的训诫之意。由此可见,武后通过恩威并施、宽严有度的方式,实现着对群臣的有效管控。

武后一朝,虽有滥授禄位以收人心的嫌疑,而且官员数目急剧增长,导致官员冗多,但由于武后控臣有术,明察善断,所以天下英才,仍会争相为其所用。除去上文提及的徐有功、杜景俭等人外,武周政坛上还活跃着一批忠正耿直、名实皆具的贤良之臣。狄仁杰就是其中的代表人物之一。

狄仁杰在高宗生前即已担任大理丞,以断案快速无冤滞著称。武后临朝初,担任豫州刺史,后又出任复州刺史、洛州司马等职。武周建立后,出于对狄仁杰的信任,武后让其进入宰相班子。狄仁杰在豫州刺史任上本有善政,却遭人诋毁。武后问狄

第六章 跳出关中：武周的霸业

仁杰是否想知道诋毁之人为谁，出人意料的是，狄仁杰的答案是否。在他看来，武后若觉得自己有过错，自己就会改正；武后若觉得自己无过错，那说明武后英明，也是为人臣者的幸运，所以他并不想知道是谁在背后诋毁。武后对狄仁杰的大度，感到由衷的佩服。狄仁杰后来被酷吏诬陷，出贬彭泽县令，后又被任命为魏州刺史，抵抗来犯的契丹。狄仁杰到任后，把天天缩守在城内的百姓，全部放归田亩，从事生产，豪言若贼来，刺史自当之，必不扰乱百姓。契丹服其胆识，百姓叹其担当，自发刻石立碑纪念狄刺史的统治。神功元年（697），狄仁杰再度入相。在狄仁杰入朝为官的过程中，宰相娄师德多有推荐之功。狄仁杰不知内情，反倒看不起娄师德，屡屡找借口排挤娄师德。武后发现两人的矛盾后，有意探问狄仁杰对娄师德的看法。狄仁杰也不含糊，脱口点评道："娄师德守边有功，是一个好的将领，却算不上贤能之臣。"武后又问狄仁杰是否听说过娄师德有发掘人才的本领，狄仁杰更直接地回答："我曾经与娄师德共事过，从来没听说过他会发掘人才。"武后听后，拿出了娄师德当年的推荐奏表。狄仁杰这才发现娄师德一直在包容自己，自己不但不感恩，反而与之为敌，一时间惭愧得无地自容。

久视元年（700），武后命天下僧尼每人每日捐资一钱，以便制作一尊大像。狄仁杰上疏力谏，认为僧尼的资助，不过占大像营造经费的百分之一，况且大像造好后还需建设百层楼阁加以保护，这不仅需要役使人力，而且虚耗国家财政，最终还要由百姓买单。不仅如此，近来水旱灾害频发，边境屡受侵扰，若因修大像征发人力，广费国财，万一边境出现警情，拿什么来救援？武后听从狄仁杰的建议，不再修造大像。由于狄仁杰在朝中威望高、资格老，就连武后都不会直呼其名，而是尊称他为"国老"。狄仁杰在晚年屡屡以衰老为由，请求退休，但均被武后驳回。为了爱护狄仁杰的身体，武后特意允许他入朝时不用参拜，并特许他不用值夜班，同时告诫他的同事：若非军国大事，不要麻烦狄公。狄仁杰薨逝后，武后泣不成声，认为朝堂从此空矣！一旦遇到难以解决的军国大事，武后更是无比怀念狄仁杰，每每悲叹曰："天夺吾国老何太早邪！"由此可见狄仁杰在武后心目中的重要地位。

狄仁杰之外，武周时期尚有很多政坛明星。他们不仅让武后的统治充满朝气，而且为之后开元时期盛世的出现带来了曙光。众所周知的开元名相姚崇、宋璟、张说、张嘉贞等人，都是在武后的赏识下，被提拔起来的。

姚崇年轻时风流倜傥，注重气节，以飞鹰走马为乐，后来发奋读书，成功入仕。万岁通天元年（696）契丹叛乱，军务信息如雪片一样从前线汇集到洛阳。时任夏官郎中的姚崇，临危不乱，有条不紊，剖断如流。武后爱惜人才，将他提拔为夏官侍郎，并很快让他进入宰相班子。

宋璟耿介正直，工于文辞，举进士中第，累迁至凤阁舍人。武后非常看重宋璟的人品与才能，提拔他进入左肃政台工作。武后晚年，张易之与张昌宗兄弟二人恃宠擅权，朝野侧目，都尊敬地称张易之为"五郎"、张昌宗为"六郎"。宋璟却看不惯二张的飞扬跋扈，直接喊张易之为"张卿"。有人善意提醒他，用"张卿"这个称呼不礼貌。宋璟却认为若按所任职官论，应该称他为"张卿"；若按亲疏行辈论，应该称他为"张五"；若是张易之的家奴，才会称他"五郎"。朝中文武都是张易之的同事，不是他的家奴，称其为"张卿"最合适。张易之表面上不敢与宋璟争论，但私底下却用各种阴招陷害他，多亏武后明察内情，多加护佑，才确保宋璟平安无恙。

张说颇具才识，工于诗文。武后革命之初，搜求天下贤才，四方前往洛阳应制举的士子多达万人。武后亲临洛阳城南门，对他们进行考察。张说对策脱颖而出，高居榜首。武后对张说的策文评价极高，只是苦于当时尚未有甲等先例，所以只能让张说屈居乙等。喜于得人的武后，让张说把策文再写一通，放到尚书省内，展示给来自全国各地的朝集使以及四方番客们，着实让张说彻底被人熟知。武后的欣赏与提携，无疑对张说是一种极大的认可与鼓励，也让他逐渐在政坛站稳脚跟，并成功在唐睿宗时期登上宰相之位，后又成为开元时期的著名宰相之一。

长安年间，侍御史张循宪为河东采访使，推荐因事被免的前平乡县尉张嘉贞，甚至建议把自己的官职让给张嘉贞。武后觉得好奇，就召张嘉贞入宫，亲自面试他。张嘉贞凭借出色的才能，成功引发武后的爱才之心，立即被授以监察御史之职。张嘉贞也从此在政坛崭露头角，并在开元时期，继宋璟之后，出任宰相。

武后爱惜人才，能够通过各种制度与手段的创新，搜求天下英才；武后珍惜人才，能够在关键时刻以君主的大度包容保护他们；武后善于用才，能够用人之所长，根据人才的特点，充分发挥他们的价值。武后对人才的拔举与控制，是武周天下稳定的重要基石。同时也要看到，武后与人才的良性互动，以健康向上的君臣关系为前提，一旦臣下有僭越之举，就会受到武后坚决而无情的打压。武后的人才观，在后世多受肯定。中唐时期著名的政治家陆贽认为，武后虽然打开"汲引之门"，但能够对他们进行严格的考课监督，"不肖者旋黜，才能者骤升，是以当代谓知人之明，累朝赖多士之用"。

第六章　跳出关中：武周的霸业

四、国本在于农

中国古代是小农经济为主导的社会，农业的发展不仅事关百姓的日常生活，而且事关王朝的社会稳定。武后对农业的重视，早在她给高宗所上的十二条建议中，就有所显示。"十二条"中的第一条就是"劝农桑、薄赋徭"，体现出农桑在武后政治理念中的首要地位。在后来撰写的《臣轨》中，武后对农业的重要地位，有了更深入、更系统的认识。她先是提出"衣食者，民之本""民者，国之本"的理念，强调衣食在治理百姓以及国家中的重要性。接下来，她又引用《管子·治国》中的话，认为自古以来能够成就霸业者，无一不是因为国家富强、粮储丰实，而粮食的生产来自农业，所以历代先王都非常重视农业。统治者为了发展农业，需要引导百姓以务农为本，务农就会垦辟田地，垦辟田地就有利于粮食增产，百姓才会富裕。百姓富足了，就更容易教化，国家才更容易治理。在此基础上，武后把农业的重要性总结为一句话："建国之本，必在于农。"

为了鼓励地方官员劝课农桑，武后一直把农业的发展作为考核地方官员的重要依据。她在临朝之初，就下制诫励天下风俗，要求地方官员纠防百姓舍本逐末,若能做到所辖境内土地垦辟面积增加,百姓家给人足,则会在年终考核时,加以奖励升擢;若为政苛滥,导致户口流移,轻则年终贬考,重则立即撤职。垂拱年间,山东、关内等地发生饥荒,武后在改元载初的赦文中,要求适当减免遭灾州县的庸课,勿使百姓饥馑,同时强调州县官员要压制富商大贾的奢侈风气,以免影响农业生产。

为了指导全国的农业生产,武后还组织人撰写过《兆人本业记》,并亲自进行了删定。即位后,她把《兆人本业记》颁行全国,指导天下百姓的农耕工作。不管是在武周时代,还是在中晚唐时期,《兆人本业记》都成为备受统治者重视的农业生产指导手册。直到唐宪宗时期,还命令百官每年于二月一日,农务方兴之时,抄写《兆人本业记》奉进,以劝导他们重视农业。唐文宗大和二年(828),李绛搜集到《兆人本业记》三卷进上,文宗命令天下州县抄存副本并分发配送到全国乡村,指导农户日常生产。武后会出于对农业生产的重视,调整自己的工作计划。圣历二年(699),武后打算在冬天举行讲武之礼,但由于负责组织的部门一再拖延,大礼只能改到第二年的春天举行。在中国古代政治文化中,孟冬讲武符合"三时务农,一时讲武"的传统月令要求。由于兵在五行中属金,春之盛德在木,按照"金克木"的五

第六章 跳出关中：武周的霸业

行理论，春季时不可以讲武称兵。如果执意在孟春行冬令，则会导致阴阳失调，产生洪涝灾害，还会出现大规模的雪霜寒冻，伤害农作物。麟台监王方庆以此为由，上疏切谏，希望武后顺应时令，继续在孟冬讲武。武后看完奏疏后，深感王方庆所言不仅符合礼仪月令要求，而且有利于避免自然灾害影响农业收成，所以下制同意其建议，取消了这次孟春讲武的计划。

为了保障农业生产的发展，武后统治时期，在全国境内推动了多项水利工程的兴建。光宅元年（684），朗州刺史胡处立在武陵县（今湖南桃源）北开凿永泰渠，沟通漕运的同时，用于消防储水，防备火灾。垂拱四年（688），武后在泗州涟水（今江苏涟水）开凿了新漕渠，沟通了海、沂、密等州。这条漕渠起始于涟水县以南的淮河，北经涟水县城后一直到达海州（今江苏连云港），然后往西北行通向沭水。沭水发源于沂州沂水（今山东沂水），向南会流经密州莒县（今山东莒县），所以新漕渠的开凿，把淮河与海、沂、密三州连通起来。这条新漕渠直至唐宪宗元和年间，仍然发挥着重要的航运作用。同一年，绵州长史樊思孝、巴西县令夏侯奭在巴西县南开广济陂，灌溉农田百余顷。载初元年（690），武后开通湛渠，引汴水入白沟。湛渠起自开封，向东经过曹州（今山东曹县）延伸至巨野泽，

武周霸业：唯一的女皇

从而把汴水与巨野泽周围的曹、兖等州联系起来。曹、兖等州是当时北方的重要产粮区，湛渠的开通便利了两州租赋的运输。载初年间，冀州衡水（今河北衡水）县令羊元珪修羊令渠，引漳水北流入城。延载元年（694），武后在冀州南宫（今河北南宫）修通利渠，有效地改善了河北地区的灌溉条件。证圣年间，楚州安宜（今江苏宝应）西南开白水塘、羡塘，扩大灌溉面积，同时在此推行屯田。万岁登封元年，杭州富阳（今浙江富阳）县令李濬在阳陂湖南60步筑堤，用于抵挡水患。圣历年间，朗州武陵（今湖南桃源）县令崔嗣业在县城之北、东北两个方向，各开津石陂、槎陂，用于灌溉农田。圣历年间，湖州安吉（今浙江安吉）县令引天目水入城北的邸阁池、石鼓堰，灌溉农田百余顷。长安年间，青州北海（今山东潍坊）县令窦琰在故营丘城东北开凿窦公渠，引白浪河水30里，灌溉周围农田。另有彭州长史刘易从开决唐昌县沲水，与堋口埌歧水相合，灌溉九陇县、唐昌县附近的农田，当地民众受惠颇深，立祠纪念其恩德。武周时期水利设施的兴建在敦煌文书中也有反映。P.2005号文书中记载武周时期的沙州刺史李无亏，在城东北170里阶亭驿附近，修筑长城堰。该堰高一丈五尺，长三丈，阔二丈，用于蓄水灌溉农田，百姓大受其利。由于李无亏被武后封为长

第六章　跳出关中：武周的霸业

城县开国子，所以该堰被称为"长城堰"。另外，敦煌、吐鲁番出土的武周时期文书中，经常出现各种渠的名字，可见在西北地区也形成了一定规模的灌溉网。这些大大小小的水渠、堤堰遍布全国各个地区，为农业生产提供着切实的保障，稳定着民心与社会。

武后还注意调节户口与土地的矛盾。武后时期，由于关中地区开发日久，户口滋多，但土地数量有限，导致该地区人多地少，营种辛苦。武后东移政治中心于洛阳的同时，发布政策吸引关中百姓前往洛阳附近的河南道落籍。只要有意向移贯的百姓，政府会免除3年的赋税徭役，没有田地的百姓，也鼓励他们移贯。政府派专人负责押领移贯百姓，允许他们携带家口，并安排车船等交通工具，分批次前往洛阳等地安置。这一次官方移民，前后迁移户多达数十万，不仅有助于缓解关中地区土狭人稠的矛盾，而且为洛阳地区的开发提供了充足的劳动力。

武后对逃户的处理，也更加宽松。武后统治时期，由于土地兼并、灾荒战争等影响，导致部分百姓失去土地。无以为生的百姓只能选择逃离家乡，或投奔亲属，或到土地富余的地区，私下垦辟荒地。这些逃户游离于政府管理之外，不纳赋税，不担徭役，影响国家财政收入，而且不易控制，很容易成为社会动乱的不稳定因素。武后在采取措施禁止人户逃移的同时，推出一些优惠政策，引导逃户返回家乡。武后规定，逃户逃离期间所欠的租赋，可以免除；家庭困难的逃户，政府可以资助他们返乡费用。吸引逃户回原籍之外，武后还采取了更加宽松灵活的政策。她规定，允许那些已经在他乡开垦荒地、生活稳定、不愿回乡的逃户就地落籍，纳入当地政府管控的户口之列，甚至引导他们前往洛阳以及周边州县落籍，并给出免除一年赋税徭役的优待政策。不管是引导逃户回籍，还是就地落籍，都缓和了政府与逃户的矛盾，推动逃户安于田亩，从而有利于农业发展。

农业生产的发展，保障着武周时期的粮仓储备。陈子昂在给武后的上书中声称"太原蓄钜万之仓，洛口积天下之粟"，太原、洛口等地的国家粮仓，库藏丰盈。神都洛阳作为天下之中，是诸州租赋集中之地，每年仅从江南、淮南等地前来的诸州租船就有千余艘，运来百余万斛粮食。洛阳城中的粮食堆若山丘，积年充实。为了安置诸州租船，武后在洛阳立德坊引漕渠，开新潭。1971年、1988年，考古学者曾两次发掘洛阳含嘉仓。他们发现了带有"光宅""天授""长寿""圣历"等武后年号的铭砖，记录了来自苏州、德州、邢州、濮州、魏州、沧州等地的入仓租赋数量，其中多者一次性就缴纳了13000多石糙米，少者也有600石粟米。考

第六章 跳出关中：武周的霸业

古工作者在160号仓窖还发现了大半窖已经炭化的谷物，按照测算，这些谷物入窖时应有50万斤。由此可见，含嘉仓粮食储藏非常丰富。不仅如此，通过对含嘉仓的发掘，我们可以清晰地看到当时粮食存储技术的进步。含嘉仓的仓窖不是口小底大的袋状窖，也不是口底大小略等的竖井形窖，而是口大底小的缸形窖。这种形制的仓窖可以有效地防止窖壁塌陷，而且可以通过在窖壁铺设木板，分散下层壁板的负荷与压力，非常符合力学原理。土窖挖好之后，为了防止窖底潮气上升，导致粮食变质，所有的仓窖都进行了防潮处理。第一步，修建者会夯实窖底，既能防潮又能防止窖底下沉。第二步，修建者会对窖底进行火烧处理。第三步，修建者会铺设由红烧土碎块和黑灰组成的混合物层，起到更好的防潮效果。第四步，在混合物层之上铺设木板，或者木板与干草的混合层。第五步，铺设草席。不管是仓窖的窖形，还是内部的防潮技术，都体现出中国古代劳动人民的伟大智慧。

农业的发展还带来了人口的增长。唐高宗即位之初的永徽三年（652），官方统计的全国户数为380万。武后去世的神龙元年（705），户部统计的全国户数为615万，口数3714万。50年间，户数增加235万，全国人口保持稳定增长。

第七章

"神功"定边疆：武周的国防与边疆

唐王朝自从建立以来，就面临着来自周边民族政权势力的威胁。唐太宗时期，唐王朝渐趋强盛，周边民族政权势力走向衰落。双方力量的此消彼长，成就了唐太宗"天可汗"的地位与声誉。唐王朝的边疆形势，从唐高宗统治的后期开始，重新遇到了吐蕃以及东突厥的强力挑战。高宗驾崩后，灵柩西返安葬时，陈子昂曾上《谏灵驾入京书》，其中说当时"燕、代迫匈奴（指东突厥）之侵，巴、陇婴吐蕃之患"，这正是武周建立前国防形势的写照，也是武后必须面对并解决的问题。

第七章 "神功"定边疆：武周的国防与边疆

一、安西四镇定西域

李唐王朝的建立者在起兵反隋时，曾选择称臣于突厥。李唐王朝建立之初，西域地区最主要的威胁，就是来自东突厥。贞观四年（630），唐太宗派出的军队大败东突厥颉利可汗，从此东突厥对王朝边境的威胁基本解除。贞观十四年（640），唐太宗灭高昌国后，以其地为西州，并设置安西都护府于西州交河城，管理西域地区事务。贞观二十二年（648），唐太宗破龟兹，移安西都护府于此，统辖龟兹、焉耆、于阗、疏勒四镇，谓之安西四镇。安西四镇的设立，对于保障丝绸之路的畅通，巩固西北边防具有非常重要的作用。

唐高宗永徽元年（650），西突厥阿史那贺鲁反叛，自称沙钵罗可汗，称兵数十万，尽占西域之地。时值高宗即位之初，尚未有精力开拓边地，也不希望劳民伤财地发动战争，便于永徽二年（651）下令，放弃安西四镇，将安西都护府治所迁回西州。与此同时，唐高宗开始抽调兵力平叛阿史那贺鲁，但直至永徽六年（655），唐廷仍未取得决定性胜利。永徽六年（655）五月，唐高宗以左屯卫大将军程知节为葱山道行军大总管，继续发兵讨伐阿史那贺鲁。程知节的军事行动最初取得一定成效，先是在榆慕谷之战大败西突厥歌逻禄、处月二部，斩首2000余级，后又在咽城之战中大败突骑施、处木昆等部，斩首3万级。显庆元年（656）十二月，程知节的军队进至鹰娑川，与西突厥2万骑兵短兵相接，双方互有胜负。就在此时，西突厥别部鼠尼施率领2万骑兵前来增援。程知节手下的前军总管苏定方刚想让战马歇息一下，就远远望见鼠尼施骑兵飞奔时扬起的沙尘。来不及禀报的苏定方带上五百兵马，前往拦击，大败鼠尼施。苏定方追出去20里地，斩杀1500多人，俘获2000匹战马。鼠尼施军队被杀的马匹以及逃跑时丢弃的甲胄、武器，绵亘山野，数都数不清。面对一片大好的讨伐形势，程知节本应该一鼓作气，乘胜追击，但唐廷军队却因将领争功，贻误了战机。

葱山道行军副大总管王文度，嫉妒苏定方立下奇功，于是私下劝程知节放缓进军速度，并建议让军队摆成方阵，把粮草等行军物资放在方阵内保护起来；士兵、战马则披挂战甲，贼来即战。王文度为了争夺头功，甚至假传圣旨，以程知节恃勇轻进为由，解除了他的军事指挥权。王文度掌握了节制军队的权力后，命令军队放慢行军速度，绝不可冒进深入。这一"奇葩"战术，不仅给阿史那贺鲁以喘息之机，而且导致唐军疲惫，战马羸瘦，

第七章 "神功"定边疆：武周的国防与边疆

不堪迎敌。苏定方认为王文度的做法怯懦怕敌，无法立功，并劝程知节不可轻信王文度所传之旨，应该把指挥权收回，并将王文度囚禁起来，然后飞表入京，求验真伪。面对苏定方苦口婆心的劝说，程知节不为所动。

程知节率领的大军进至恒笃城下时，有数千胡人出城投降归附。这本是一个招抚叛军、体现信义的好机会，但王文度看到这些胡人携带的金银财宝后，却动起了坏心思。他建议把这些胡人全部杀掉，瓜分他们的财产。王文度为了掩盖自己的贪心，还想好了一整套说辞：这些胡人只是为了保命，暂时假装投降，等唐军撤退后，他们就会重新反叛。面对王文度继"奇葩"战术后，再次提出的"奇葩"建议，苏定方一眼就看穿了他玩的把戏。苏定方善意地提醒王文度，唐军出兵是为了讨伐叛贼，如果杀人取财，与贼何异？王文度已经被金银冲昏了头脑，根本听不进任何意见。他拿出指挥官的军威，强令斩杀这些胡人。为了堵住众人之口，王文度把抢来的财产与将领们集体分赃，唯独苏定方坚辞不受。阿史那贺鲁借此机会，成功摆脱唐军追击。眼看煮熟的鸭子飞走了，唐军只能无功而返。回朝后，王文度犯矫诏等罪，按律当死，但高宗网开一面，免其死罪，除名为民。程知节也因延误战机而被免官。

武周霸业：唯一的女皇

回到京师的程知节、王文度、苏定方等人，发现在他们远征突厥期间，朝中发生了翻天覆地的变化。顾命大臣褚遂良已被外贬，"笑里藏刀"的李义府当上了宰相，太子由李忠换成了李弘，淑妃萧氏也已不再是皇帝身边的红人。更为重要的是，皇后由王氏换成了武氏。他们也发现，与王皇后更加关心妃嫔间的勾心斗角不同，新皇后更加关心外廷朝政。就在他们回京后的第三个月，也就是显庆二年（657）的闰一月，皇帝与新皇后第一次离开长安，前往洛阳。在东去洛阳途中，高宗与武后决定以苏定方为伊丽道行军总管，率领燕然都护任雅相、副都护萧嗣业，联合回纥兵，再次讨伐阿史那贺鲁。为了确保此次军事行动的成功，高宗与武后命苏定方与回纥联军沿金山山脉，从北道往西进军；又以归附唐廷的前西突厥酋长阿史那弥射、阿史那步真沿南道进军，同时又任命他们为流沙安抚使，利用他们的突厥身份，招抚叛乱的突厥人。苏定方大军临行之前，右领军郎将薛仁贵指出泥孰部并非真心拥护阿史那贺鲁，他们被阿史那贺鲁打败，妻子、孩子都被掳走，逼不得已才被迫归降。所以，他建议大唐军队进攻阿史那贺鲁时，如果虏获泥孰部人的妻子、孩子，就归还泥孰部。如此一来，泥孰部就会明白阿史那贺鲁是他们的敌人，大唐才是他们的再生父母。泥孰部得知此消息后，非常高兴，主动请

第七章 "神功"定边疆：武周的国防与边疆

缨与大唐共同发兵，讨击阿史那贺鲁。

苏定方所率大军首先击败处木昆部与突骑施部。处木昆部的俟斤（酋长）孄独禄亲率万余帐来降。苏定方对其进行安抚，并从中挑选千骑精兵，整编进入西征大军。阿史那贺鲁纠集了所统各部兵，号称10万之众，坐待唐军的到来。双方的决战发生在曳咥河西岸。

由于苏定方率领的军队仅有万余人，又跋山涉水远途而来，以众待寡的阿史那贺鲁内心轻敌，未加思考，便下令军队进攻，并试图包围苏定方的军队。苏定方则不慌不忙，根据地势，摆好阵法。他令步兵、骑兵分为两个集团军。步兵军团在南，占据南方高地，所有人持长枪，组成密集阵形。他自己带领骑兵军团居北，占据北方高地。

交战开始，阿史那贺鲁首先进攻南方高地的步兵，先后发起三波攻击，均未能冲垮步兵阵形。所谓"一鼓作气，再而衰，三而竭"，在北方阵地严密观战的苏定方，看到阿史那贺鲁军队的士气有所减弱，立即抓住战机，指挥骑兵冲击而来，很快把阿史那贺鲁打得溃不成军，弃械逃跑。苏定方乘胜追击30余里，击杀各部落首领200余人，先后斩获数万人。获此大胜的苏定方吸取王文度缓兵养患的教训，在整顿好队伍后，决定第二天继续发兵追击，不给阿史那贺鲁任何喘息的机会。面对唐军的穷追不舍，五弩失毕首先放弃抵抗，率众来降。五咄陆则向沿南道进发的阿史那步真投降。只有处木昆屈律啜跟随阿史那贺鲁，带着数百残兵败将，狼狈向西逃回牙帐。苏定方命令萧嗣业、回纥婆闰率领所统胡人军队为前锋，直驱邪罗斯川，追击阿史那贺鲁，自己则与任雅相率领新归附的军队，紧随其后。

追击途中，暴风雪忽然而至。积雪深达两尺，行军困难，很多战士产生畏难情绪，纷纷请求待雪停天晴后，再向前进发。苏定方却拒绝了这一看似合理的要求。在他看来，兵贵神速。眼前的暴风雪会让阿史那贺鲁觉得追击的军队无法前行，就会放松警惕，放慢逃跑的脚步。唐军应该抓住敌军这种侥幸心理，克服困难，急速前进，才能出其不意，打敌军一个措手不及。苏定方做好战士们的思想工作后，命令军队继续开拔，踏着厚厚的积雪，昼夜兼行。行军途中，苏定方不断收服沿途部落，壮大自己的力量。至双河时，唐廷派出的南、北两军胜利会师。胜利在望的唐廷军队士气大涨，带着不破突厥誓不还朝的气势，向阿史那贺鲁的大本营发起进攻。在距离突厥牙帐 200 里处，苏定方布好阵法，然后长驱直入，很快打到牙帐附近。果如苏定方所料，阿史那贺鲁根本没想到唐军会在这么短的时间内兵

第七章 "神功"定边疆：武周的国防与边疆

临城下，竟然还要带着随从前去打猎游玩。苏定方攻其不备，斩获数万人。阿史那贺鲁与儿子咥运、女婿阎啜等人，率领部分漏网之鱼逃往石国。苏定方继续追击，并在伊丽水上再获大胜。阿史那贺鲁再次侥幸逃脱，但仅剩10余骑追随。苏定方打下突厥大本营之后，暂停军事进攻，把精力转移到安抚百姓之上。他派人修道路，置驿站，掩埋战争中去世之人的骸骨，询问民间生活疾苦，划定疆界，让百姓恢复生产。所有被阿史那贺鲁强掳而来的部落成员，全部放还，让他们与家人团聚。安定好边境形势后，苏定方率领部分军队先行回朝，萧嗣业则带领一支军队前去追击阿史那贺鲁。

阿史那贺鲁一行人逃至位于石国西北的苏咄城时，马匹体力不支，于是派人前往城中买马。城主伊沮达官得知消息后，便假装欢迎他们，备好酒肉，邀请他们入城休整。阿史那贺鲁等人以为得到庇佑，满心欢喜地入城以后，城主使出一招"瓮中捉鳖"——命人关闭所有城门，然后抓捕阿史那贺鲁等人，并械送至石国。萧嗣业等人到达石国后，石国人非常配合地交出阿史那贺鲁。至此，持续6年之久的西突厥反叛被平定。随着西域的再次安定，高宗与武后在显庆三年（658）决定，把安西都护府迁回龟兹，并恢复安西四镇。

武周霸业：唯一的女皇

随着西突厥势力的瓦解以及西北边防压力的暂时缓解，唐廷把边防关注的焦点转移至东北的朝鲜半岛。东北战事的紧张，让吐蕃看到了北上侵扰西域的机会。龙朔三年（663），吐蕃入侵吐谷浑。吐谷浑可汗曷钵弃国逃奔凉州，并请徙居内地。唐廷受东北战事所累，无暇过多关注吐蕃扩张，只能派出使臣，降国书对其进行谴责。吐谷浑失国，意味着唐与吐蕃间的战略缓冲地带消失，双方将面临直接的冲突。咸亨元年（670），吐蕃发动战争，先后攻陷西域18个州，又与于阗合力攻陷龟兹的拨换城，迫使唐廷再度罢弃安西四镇。

高宗与武后派出右威卫大将军薛仁贵为逻娑道行军大总管，副以左卫员外大将军阿史那道真、左卫将军郭待封，率领10万大军攻讨吐蕃，并打算援送吐谷浑返回故地。薛仁贵军队前进至大非川后，计划往乌海方向进攻。薛仁贵认为乌海险远，行军不易，若带辎重前行，容易延误战机，于是做出兵分两路的战略部署。郭待封率领2万人马留守大非岭，看护辎重物资。在大非岭之上修筑工事，把器械、粮草等行军物资置于工事之内，加强守护。薛仁贵则率领轻锐先锋队，倍道兼行，攻下乌海，然后再把物资运往前线，双方会合。薛仁贵按照战略计划，先行出发，战事进展比较顺利，大败吐蕃军队，然后在乌海地区屯驻，坐待郭

第七章 "神功"定边疆：武周的国防与边疆

待封前来。此时郭待封的留守部队却出现了问题。郭待封自恃乃名将郭孝恪之子，之前又与薛仁贵平级，对自己只能担任薛仁贵的副手并不服气，所以他没有按照薛仁贵的安排行事，而是擅自率领军队携带辎重进发。还没等郭待封赶到乌海，就遭遇了吐蕃的20万大军。面对10倍于自己的敌军，郭待封的军队很快溃败，所有的物资全部被劫掠而去。粮草补给的断绝，让薛仁贵无法坚守乌海，只能退守大非川。吐蕃的40万大军在论钦陵的指挥下，与唐军展开决战，并取得决定性胜利。薛仁贵、郭待封、阿史那道真三人与论钦陵约和而还，皆免死除名。从此以后，吐蕃连岁寇边，成为唐王朝的边防大患。

仪凤元年（676）到仪凤二年（677）之间，吐蕃先后侵扰鄯州、廓州、芳州、叠州、扶州等地，甚至生擒扶州临河镇守将杜孝昇。面对如此频繁的挑衅，唐廷决定起用宰相刘仁轨出任洮河军使，镇守鄯州，并在仪凤二年（677）十二月，决定再次发兵讨伐吐蕃。刘仁轨推荐宰相李敬玄出任行军大总管。李敬玄为文臣，不懂军事，也非将才，只是因为他一直与刘仁轨政见不合，利用自己的宰相身份给刘仁轨穿小鞋，所以刘仁轨故意推他为帅，等着看他出糗。李敬玄深知自己不会带兵杀敌，固辞不往。高宗却非常相信刘仁轨的眼光，而且对李敬玄不以家国为忧的表现很不满意，撂下狠话说："刘仁轨若需朕，朕都要前往，何况是你！"李敬玄只能硬着头皮出任洮河道大总管兼安抚大使，检校鄯州都督，代刘仁轨镇守洮河军。仪凤三年（678）九月，李敬玄与工部尚书刘审礼率领的18万大军与论钦陵率领的吐蕃军队，在青海之上展开大战。刘审礼为先锋，率军深入敌营，被吐蕃军队包围。已经吓破胆的李敬玄不敢前去救援，眼睁睁看着刘审礼兵败被俘。唐军大败，逃到承风岭安营，以泥沟为阻，加强防御。吐蕃军队则屯兵高冈，居高临下，呈压迫之势。就在李敬玄不知所措之时，左领军员外将军黑齿常之站了出来。他利用夜色掩护，带领一支500人的敢死小分队，突袭吐蕃军营，解除了高冈上的威胁。李敬玄收拾余众，逃回鄯州。

先后两次大败，让高宗意识到，唐军暂时不具备战胜吐蕃的实力，这引发了他对河陇边防的忧虑。高宗为此特意召开一场御前会议，与侍臣商讨应对之策。与会大臣纷纷发表了自己的观点，这些意见可以分为两派。一派主张采取攻势，一举灭之。持此意见者以中书侍郎薛元超为主。薛元超认为边防大务，绝不可纵敌，纵敌就会产生边患，希望高宗精择良将猛士，一举灭之，以绝后患。另一派主张采取守势，遣将镇守。持此意见者有给事中刘景先、皇甫文亮，中书舍人郭正一，其中以郭

第七章 "神功"定边疆：武周的国防与边疆

正一的意见最具代表性。郭正一认为吐蕃为患作梗，年岁已深，朝廷发兵讨伐，所费亦多。如果只是在双方势力交界处小打小闹，只会有损大唐兵威；如果深入吐蕃势力范围，又没有必胜的把握。他希望朝廷在边境地区明立烽候，派驻兵力，防备吐蕃骚扰。除以上持明确态度的朝臣外，还有一些人发表了意见。中书舍人刘祎之认为边境之患，历朝有之，希望高宗不要以此为意。黄门侍郎来尝则认为若要攻打吐蕃，需要良将，但朝堂之上，缺少能当此任者。也就是说，参与讨论的侍臣们，除了薛元超明确支持主动进攻外，其他人基本都持守御防边的意见。此次会议虽然最终并未形成一致意见，但镇守防御实际上成为唐廷今后的边防政策。黑齿常之由于此前的战功，被提拔为河源军经略大使。面对吐蕃的侵扰，黑齿常之在河源军附近设置70余所烽燧，命军士屯田五千余顷，已解决因转输经费过高而导致的军粮不足问题。这种驻军屯守的边防军事体制，就是后来节度使体制的滥觞，对唐王朝的历史进程产生了重要的影响。

以上就是高宗驾崩之前，唐朝在西域的边防形势，也是武后临朝之初面对的边防挑战之一。其实，苏定方征讨阿史那贺鲁之时，武后即已主政后宫，只是其时为后日浅，对军国大事的关注度与参与度可能并不深。薛仁贵讨伐吐蕃之时，已经是咸亨元年

(670),其时武后已经登临皇后宝座15年,对朝政的参与程度已渐深,她应该会在边防问题上,为高宗提供不少意见,对吐蕃为患日深的经过并不陌生。临朝之初,武后把主要精力放在镇压内部叛乱、稳定政局之上,暂时未对西域采取军事行动。垂拱二年(686),武后接受高陵县主簿达奚思敬的建议,发兵拔取安西四镇。吐鲁番阿斯塔那100号古墓出土过一件轻车都尉氾德达的告身,其中有这样的内容:

> 准垂拱二年十一月敕,金牙军拔于阗、安西、疏勒、碎叶等四镇,每镇酬勋一转。

由这份珍贵的资料可知,氾德达曾经参加过垂拱二年(686)攻取安西四镇的战争。遗憾的是,武后此次攻取四镇,并没有取得预想中的结果。相反,她很快就再次放弃了安西四镇。永昌元年(689)五月,武后又任命文昌右相韦待价为安息道行军大总管,安西大都护阎温古为副,往征吐蕃。韦待价乃唐初名臣韦挺之子,武职出身,曾与薛仁贵经略朝鲜半岛,立下战功,还曾出任兰州刺史、萧州刺史、检校凉州都督等职,立有守御边境之功。韦待价是一名优秀的战士,也非常擅长守

第七章 "神功"定边疆：武周的国防与边疆

边，但作为统帅，领兵出征的能力还是有所欠缺。他率领的唐军到达寅识迦河后，逗留不前，并与吐蕃正面交锋。唐军先胜后败，狼狈而逃，退屯高昌。由于遭遇风雪，天寒地冻，后勤补给无法及时送达，导致士卒多被冻死、饿死。武后听到前线再败的消息，异常愤怒，将阎温古处斩，韦待价除名并流放绣州。第二年，武后又以文昌右相岑长倩为武威道行军大总管，西征吐蕃。由于岑长倩反对立武承嗣为太子，深受诸武忌恨。岑长倩率领军队在前往吐蕃的路上，就在朝中武氏的中伤打压下，被召回下狱，导致此次征讨无果而终。

武后发动正面进攻的同时，还想从雅州方向开辟进攻吐蕃的新路线。具体做法是征发梁州、凤州、巴州等地的蛮民为兵，自雅州开辟山路，先出击生羌，后掩袭吐蕃。时任麟台正字的陈子昂上书，力陈此举不可行。陈子昂是四川人，对当地的风土民情有着切身的了解。他认为雅州地区的生羌部落，自李唐建国以来未尝盗乱，若兴无名之师，对其大加杀戮，无异于把他们逼上反叛的道路。一旦生羌乱起，巴蜀沿边城邑就必须连兵守备，巴蜀地区将永无宁日。不仅如此，吐蕃早已垂涎于巴蜀的富饶，但苦于山川阻隔，道路不通，势不能入蜀。若朝廷开山路，相当于给吐蕃提供了入侵的通道。因乱逃亡的羌人，也会充当吐蕃入蜀的向导。如此一来，巴蜀地区门户大开，很快就会被吐蕃占领。陈子昂分析完开山路攻生羌的弊端后，又从起兵兴役的角度进行劝谏。他指出君主之盛德"务在养人，不在广地"，国家之大忌在于穷兵黩武，希望武后不要"动甲兵，兴大役"。陈子昂上书前后，李唐境内接连发生旱灾，山东、关陇等地饥荒尤甚，在此情况下再兴兵役，确实会损害民心，损伤国力。因此，武后决定接受陈子昂的建议，放弃从吐蕃东面开辟新战线的规划。

永昌元年以后，武后忙于称帝建周，无暇再与吐蕃争战。与之相对，吐蕃所统部落反而出现了主动归附武周的现象。长寿元年（692），吐蕃酋长曷苏率部落请降。武后命右玉钤卫将军张玄遇为安抚使，率领2万精兵，前往迎接。张玄遇军至大渡水西岸时，曷苏因密谋归附的消息泄露，不幸被抓。此时，又有另外一位吐蕃酋长昝捶率其所统的羌蛮部落8000余人，请求内附。张玄遇以其地为莱川州，并由昝捶担任刺史。为了纪念这一事件，张玄遇在大度西山勒石纪功，回朝复命。与此同时，西州都督唐休璟上表请求收复四镇。唐休璟在韦待价征讨吐蕃时，官任安西副都护。韦待价兵败后，被武后任命为西州都督，负责收集余众，安抚西土。经过4年的观察，唐休璟认为征讨吐蕃、收复四

第七章 "神功"定边疆：武周的国防与边疆

镇的机会已经成熟。

长寿元年（692），武后决定再次发兵吐蕃，以张武周国威。李敬玄与韦待价的教训，让武后更加清醒地认识到行军统帅的重要性。高宗组织的那场御前讨论，想必武后也有参与。会上君臣对朝中无良将的感慨，也让武后更加谨慎地思考统帅人选。经过甄选后，武后把目光锁定在右鹰扬卫将军王孝杰的身上。王孝杰曾随刘审礼西征吐蕃，兵败被俘，后因相貌与吐蕃赞普之父相似，受到吐蕃礼遇，并最终免死而归。武后认为王孝杰身在吐蕃多年，必知吐蕃虚实，于是任命他为武威军总管，副以武卫大将军阿史那忠节，将兵西征。王孝杰不负众望，打败了吐蕃，收复安西四镇。安西四镇自贞观年间设置以来，屡屡失守。高宗生前，一直致力于收复四镇而无功。王孝杰此番称功西域，再取四镇，无疑是武周的重大军功。武后为之大悦，拜王孝杰为左卫大将军，并在第二年提拔他进入宰相班子。与此同时，武后在龟兹设置安西都护府，派兵驻守，确保安西四镇掌控在朝廷手中。

证圣元年（695），吐蕃再次扰边，进攻洮州。武后命王孝杰为肃边道行军大总管、娄师德为副总管，率军击吐蕃。双方在素罗汗山展开决战，唐军败绩。王孝杰因此被免官，娄师德被贬为

武周霸业：唯一的女皇

原州员外司马。万岁通天元年（696），吐蕃突然派出使臣前来请和。面对这一突如其来的请和，武后觉得其中必有猫腻，派出右武卫胄曹参军郭元振前往吐蕃，探其虚实。果然不出武后所料，论钦陵见到郭元振之后，提出了罢四镇守兵、分十姓突厥之地的要求。郭元振面对这种无理要求，不卑不亢地予以回应，认为吐蕃这是在觊觎武周国土，意欲骚扰武周边境。看到无法说服武周使臣，论钦陵便决定派人随郭元振入朝再请。回朝复命后，郭元振上疏分析了吐蕃请和的利害。郭元振指出，如果断然拒绝吐蕃的主动请和，就会给论钦陵以口实；如果直接答应吐蕃的要求，则会让朝廷再度失去对西域的控制。为此，他建议武后应该使用缓兵之计。具体做法是告知论钦陵，驻守四镇的目的是分散吐蕃兵力，让吐蕃不能形成东侵武周之合力，所以罢守四镇的前提是吐蕃必须表态无意东侵。既然无意东侵，那就请吐蕃把侵占的吐谷浑以及青海故地都归还武周。郭元振提出的是一种与吐蕃进行利益交换的方案。若吐蕃同意，武周可以收回更为重要的吐谷浑、青海等地；若吐蕃不同意，则说明他们缺乏请和的诚意，从而把难题抛给了吐蕃一方。郭元振通过在吐蕃的观察走访得知，吐蕃百姓普遍厌战，大都希望与武周讲和，只有论钦陵为了统兵专制，迟迟不愿归附。为此，他还建议武后摆出讲和的姿态，每

第七章 "神功"定边疆：武周的国防与边疆

年都派出和亲使前往吐蕃。若论钦陵一直拒绝和亲，则会引发吐蕃百姓不满。长此以往，吐蕃境内必定上下猜阻，民众与统治者离心离德，也就无法再对武周构成实质性威胁。武后采纳了郭元振的建议，以退为进地保住了安西四镇。

神功元年（697），宰相狄仁杰针对边防问题上了一封奏疏，建议武后放弃安西四镇。狄仁杰认为镇戍西域，征发百姓，劳民伤财，虚名大于实利，不若"捐四镇以肥中国"，如此一来，既能节省军费，又能抵御吐蕃。狄仁杰的建议遭到了右史崔融的反对。崔融提醒武后，高宗生前就是因为放弃四镇，才导致吐蕃彻底为乱西域，甚至兵临敦煌城下。若按狄仁杰的意见，对四镇弃而不守，不仅是"弃已成之功，忘久长之策"，而且是在重蹈覆辙，终将使西域再陷吐蕃之手。双方都能拿出说服武后的理由。

其实，罢废军镇，采取守势，并非狄仁杰一人有此想法。蜀州刺史张柬之此时也上疏，要求罢废姚州。该州设置于麟德年间，治所位于云南弄栋川，可以用来加强对云南西部的统治，并抵御吐蕃南下的进攻。为加强姚州防御力量，需要每年从蜀州调发五百兵力前往戍守。由于从蜀入姚，路途险远，戍守之兵多有亡于途中者。张柬之认为姚州本为古哀牢国之地，属于荒外绝域之地。国家在此建立州县以来，未尝从此地获得赋税收入，也未尝从此地征发兵役，反而为了维持姚州建制，先后投入了大量经费，征发大量人力。所以，张柬之建议罢废姚州，以其地隶属其北的巂州，同时把泸水之南所有的镇戍全部撤销，将防线撤至泸水之北，在水北置关守御。细读可知，狄仁杰与张柬之的建议实际是高宗之时郭正一等人建议的翻版，都是希望朝廷在边防上采取退守之势。如果从节省军费开支、减少劳役征发的角度来看，两人的建议有一定道理。尤其是张柬之站在蜀州父母官的立场上，有着爱惜巴蜀子民的考虑。但事实证明，高宗时期执行的退守之策，不仅导致西域地区屡遭侵扰，边防永无宁日，而且征发大军前往平叛，涉远西征，所费亦广。自从王孝杰攻取安西四镇以来，吐蕃侵边次数明显减少，甚至主动入朝请和，希望武周弃守四镇。四镇的戍守，相当于在吐蕃之北悬挂一把利剑，使其不敢放手攻击甘、凉等地。四镇在武周边防稳定中的战略价值，已经得到事实验证。所以，武后没有采纳狄仁杰与张柬之的建议。

就在武周君臣讨论安西四镇的废留之时，吐蕃内部的统治形势出现了变化。吐蕃赞普器弩悉弄与权臣论钦陵之间产生了矛盾冲突。赞普与大臣论岩谋划诛除论钦陵及其兄弟等人组成的势力

第七章 "神功"定边疆：武周的国防与边疆

集团。赞普利用论钦陵外出之机，诈称外出畋猎，聚集兵力围剿论钦陵亲党2000余人，并遣使召回论钦陵兄弟等人。论钦陵称兵拒命，后来兵败自杀。其弟赞婆率所部千余人、其子弓仁率吐谷浑7000帐，归降武周。武后大喜，命时任左武卫胄曹参军郭元振与河源军大使夫蒙令卿前往迎之，以赞婆为特进、归德王，弓仁为左玉铃卫将军、酒泉郡公。久视元年（700），吐蕃再次派出大将麹莽布支入侵凉州，并一度围困凉州之北的昌松县城。陇右诸军大使唐休璟率军与吐蕃军队决战于洪源谷。吐蕃甫经内乱，久经沙场的老将多被清洗。麹莽布支乃战场新手，只关注军队仪表的整齐以及器甲的光鲜，并无多少实战经验。唐休璟一眼就看穿了吐蕃军队的实力，率先披甲上阵，六战皆捷，大败吐蕃。没能在陇西地区占到便宜的吐蕃并不甘心，他们在长安二年（702）把进攻的方向转移至剑南地区的悉州。这次入侵的军队由万人组成，赞普亲自督率。茂州都督陈大慈领兵应战，四战皆捷，成功击退吐蕃军队，并斩杀千余人。由此可见，吐蕃的内乱大大消耗了自身实力，他们已经无法组织起对武周的有效进攻。郭元振的分析最终得到了应验。

无法与武周抗衡的吐蕃，只好再次派出使臣论弥萨入朝请和。武后其时西返长安，在大明宫麟德殿设宴款待论弥萨一行。

武周霸业：唯一的女皇

时任凉州都督唐休璟因事入朝，得以与宴。由于论弥萨曾参加洪源谷之战，对唐休璟的勇猛印象深刻，所以屡屡偷窥唐休璟。武后得知原委后，大喜，擢升唐休璟为右武威、金吾二卫大将军。第二年，吐蕃又遣使进献马千匹、金2000两以求婚，并得到武后应允。不过时值武后统治晚年，周唐政权再更，双方的和亲要待唐中宗即位后才最终实现。

吐蕃之外，武后在西域还需要安抚西突厥势力。阿史那贺鲁反叛被平定后，朝廷在其地设置濛池、昆陵二都护府，以阿史那步真、阿史那弥射为都护，同时，以步真为继往绝可汗，弥射为兴昔亡可汗，分别押统西突厥的五弩失毕部落、五咄陆部落。西突厥的威胁虽然暂时消除，但步真却一直希望吞并弥射所统部落，实现内部统一，双方之间的矛盾一直存在。龙朔年间，朝廷命飓海道大总管苏海征讨龟兹，要求步真、弥射带领各自的部族，从军出征。步真认为这是一个利用苏海政除掉弥射的好机会。待苏海政行至弥射之境时，步真瞅准时机告发弥射意图谋反。苏海政听后，大惊失色，仅凭他手头上的数千兵力，根本无法与弥射抗衡，何况此时还处在弥射地盘之内。为了防止成为网中之鱼，苏海政决定先发制人。他诈称接到皇帝敕令，要求大总管拿出数万段布帛，赏赐给可汗以及各个部

第七章 "神功"定边疆：武周的国防与边疆

落酋长。弥射等人前来领赏之时，苏海政将他们全部收斩。西突厥各部族知道弥射是被步真陷害，纷纷为其喊冤，并不拥护步真的统治。步真不久后去世，十姓部落群龙无首。阿史那都支与李遮匐趁乱收拢各部，依附于吐蕃。这为西突厥势力的复叛，埋下了隐患。

调露元年（679），阿史那都支与李遮匐在吐蕃支持下，进攻安西。面对西突厥的扰乱，朝廷上下一致决定发兵讨之。吏部侍郎裴行俭则建议不要直接与其交锋，可以借波斯王新逝之机，以护送其在长安的质子泥洹师归国的名义，经过西突厥之地，然后出其不意，兵不血刃而擒之。朝廷听从了他的建议，令裴行俭册立波斯王，充任安抚大食使，以肃州刺史王方翼充当副手。

裴行俭一行途经西州，由于他曾经为官西州，颇有人望，所以受到当地官员百姓的热烈欢迎。裴行俭招募当地豪杰子弟千余人，并声称天气炎热，不宜远行，打算等到秋凉后再动身。阿史那都支派人打探到上述情报，心想时间还很充裕，便不急于着手防备。裴行俭又以打猎为名，召集安西四镇的部落酋长们。这些酋长率领部族子弟前来，竟然组成了一支近万人的队伍。裴行俭以打猎为名，带着这支队伍日夜兼行，浩浩荡荡地朝阿史那都支的营地进发。距离阿史那都支部落10多里处，裴行俭先派与他亲近之人前去问候，让他放松警惕，然后又派人通知他前来拜见裴行俭。裴行俭这一招兵从天降，让阿史那都支措手不及，只能率领子弟随从前往拜谒，并被裴行俭拿下。在这之前，阿史那都支派人前往李遮匐处，约定秋天联合对抗裴行俭。收到约定后，李遮匐也派遣使臣与阿史那都支的使臣一同复命。两位使臣在返程途中遇到了裴行俭派出的军队。裴行俭让李遮匐的使臣返回，让他告知阿史那都支已经就擒的消息。李遮匐心知单凭自己的力量无法对抗裴行俭，便主动投降。裴行俭将阿史那都支、李遮匐囚禁回朝，让波斯王自还其国。王方翼则留在安西，修筑碎叶城。

　　武后临朝之初，十姓部落的无主状态已经延续数年。为了加强对西突厥的控制，武后任命弥射之子阿史那元庆袭任兴昔亡可汗，押五咄陆部落；步真之子阿史那斛瑟罗袭任继往绝可汗，押五弩失毕部落。这种分而治之的政策明显袭自高宗朝，但元庆与斛瑟罗的威望已非其父辈可比，对十姓部落亦无恩威可言，难以服众。如意元年（692），元庆被来俊臣诬陷谋反而被害。至长安三年（703），元庆之子阿史那献袭为兴昔亡可汗，但由于其部落已经被默啜以及乌质勒侵夺，遂不敢还国。斛瑟罗则由于用刑严

第七章 "神功"定边疆：武周的国防与边疆

酷，导致诸部不服。出身于突骑施的乌质勒原本臣服于西突厥，此时迅速崛起，并受到诸部拥护。离心离德的斛瑟罗只能入朝，不敢还国，其地盘全部落入乌质勒之手。为了分担安西都护府的压力，武后在长安二年（702）在庭州设立北庭都护府。安西、北庭分治天山南北，共同维护西域的稳定。

二、突厥契丹乱于北

武后遇到的边防挑战不仅在西域，北边的东突厥、契丹等势力的崛起，也让她倍感压力。

东突厥势力自从唐初颉利可汗破亡之后，势力渐衰。贞观末年，车鼻可汗有再叛之心，太宗派高侃前往讨伐，并在高宗即位后的永徽元年（650）将其俘获，献于京师。高宗将车鼻可汗余众安排在郁督军山，并置狼山都督以统之。高宗东封泰山之时，狼山都督葛逻禄社利等首领30余人入朝参加封禅大礼。车鼻可汗之后，东突厥未再兴兵，唐王朝北境保持了30年的安稳局面。在此期间，唐廷先后在东突厥之地设置单于、瀚海二都护府。二都护府以大碛为界，碛南属单于，碛北属瀚海。单于都护府领狼山、云中、桑乾三都督，苏、农等二十四州；瀚海都护府领瀚海、金微、新黎等七都督，仙萼、贺兰等八州。都督、刺史皆由突厥部落首领为之。

调露元年（679），单于都护府管内的突厥首领阿史德温傅、奉职二部落突然反叛，拥立泥孰匐为可汗，二十四州全部起来响应。高宗命鸿胪卿萧嗣业、右领军卫将军花大智、右千牛将军李景嘉率军讨伐。萧嗣业的军队在最先的几场战役中全部取胜，渐有轻敌之意。突厥则趁天降大雪，夜袭唐营，萧嗣业狼狈而逃，唐军随之溃败。前线失败的消息让高宗君臣非常紧张，先后在井陉、龙门等地派驻军队，加强守备。突厥甚至成功煽动奚、契丹等部族，从东北方向进攻营州，牵制唐廷的平叛军力。高宗迫不得已，再度起用刚刚在西北前线击败阿史那都支后回朝的裴行俭，任命他为定襄道行军大总管，与检校丰州都督程务挺、幽州都督李文暕一起，共率30万大军，前往平叛突厥。裴行俭先是以计谋击败了突厥袭断唐军粮草的计划，然后在黑山一战中大破突厥军队。泥孰匐可汗被部下所杀，余党走保狼山。

永隆元年（680），突厥又拥立阿史那伏念为可汗，与阿史那温傅共同扰乱北境。高宗再命裴行俭率军讨之。阿史那伏念为求自保，将阿史那温傅擒拿，亲自送到裴行俭营帐请降。回到长安后，阿史那伏念、阿史那温傅以及被俘而归的54人全部被斩于

第七章 "神功"定边疆：武周的国防与边疆

东市。阿史那伏念是主动请降，又有擒温傅之功，所以裴行俭曾许以不死。宰相裴炎却认为伏念乃被逼而降，力主杀之。裴行俭无能为力，哀叹朝廷此举让人心寒，并认为伏念的下场，只能让突厥余众心生怨戒，今后不会再有降者了。事实证明，东突厥带来的问题绝非不再有降者这般简单，而唐王朝的北部边防即将面临前所未有的巨大挑战。

阿史那伏念败亡后，阿史那骨咄禄以总材山为根据地，先后纠集散亡的5000余人，势力渐盛，于是自立为可汗，是为突厥第二汗国，又称北突厥、后突厥。永淳元年（682），也就是高宗去世的前一年，阿史那骨咄禄与阿史德元珍以黑沙城为据点，再度反叛，入寇并州以及单于都护府北境，杀岚州刺史王德茂。第二年二月，突厥先后进攻定州、妫州。三月，阿史那骨咄禄、阿史德元珍围困单于都护府，抓获并杀害司马张行师。五月，突厥又进攻蔚州，杀刺史李思俭。丰州都督崔智辩发兵救蔚，结果在朝那山兵败被擒。六月，突厥把进攻方向转至岚州。此时的唐高宗已经病重，甚至不能履行计划之内的嵩山封禅之礼，唐王朝正处在高层政局变动的关键时刻。突厥可能得到消息，所以频繁骚扰北部边境。不仅如此，绥州境内还出现了白铁余自称光明皇帝，聚众为乱之事。整个唐王朝的北部边境面临的压力可想而知。在丰州都督崔智辩被俘后,朝中甚至出现了废弃丰州,将其百姓迁居到灵、夏等州的建议。丰州紧邻黄河,易守难攻,居南北之要冲。若舍弃丰州,相当于将突厥南下的通道打开,灵、夏等州将直接面对突厥兵锋,不得安宁。丰州司马唐休璟以此为由坚决反对迁州,朝廷方才作罢。丰州具有如此重要的战略地位,但朝中仍然出现了丰州迁移与否的争论,说明突厥给唐王朝带来了非常紧张的边防压力。高宗在驾崩前夕,派出右武卫将军程务挺讨伐阿史那骨咄禄。此次军事行动的结果不得而知,但由于高宗随后驾崩,朝廷当无心无力分散于此,程务挺很大程度上当无功而返。

以上就是武后临朝之初面临的北境形势。北边的国防压力,明显比西域方向来自吐蕃的挑战更加棘手。突厥的势力已经直接侵入唐朝本土。文明元年(684),突厥又寇朔州。武后顾不上临朝之初复杂的国内形势,再次派出程务挺为单于道安抚大使,防备突厥进攻。同年,裴炎因徐敬业案牵连下狱,程务挺上表为其求情,因此被人诬告与裴炎、李敬业通谋。武后派左鹰扬将军裴少业入军中斩之。程务挺是当时不可多得的良将,在军中威信很高,善于抚御,军士无不为之尽力。突厥非常忌惮程务挺的军队,不敢与之正面交锋。听闻程务挺被杀的消息后,突厥部

第七章 "神功"定边疆：武周的国防与边疆

族大松一口气，纷纷举行宴会进行庆祝，甚至为程务挺建立祠庙，每次战前进行祭拜。在如此关键的时刻，阵前斩将，对边防的稳定是极其不利的。镇守夏州的都督王方翼也因为与程务挺关系亲善，被征下狱，流放崖州而死，这对已经满目疮痍的北边防线而言，无异于雪上加霜。垂拱二年（686），阿史那骨咄禄再侵犯朔、代等州，武后派出左玉钤卫中郎将淳于处平为阳曲道行军总管，副以中郎将蒲英节，率兵前往增援。淳于处平在忻州遭遇突厥军队，大败而归。垂拱三年（687），突厥进攻昌平，黑齿常之率军将其击退。同年八月，突厥再次起兵，进攻朔州，武后再命黑齿常之担任燕然道行军大总管，副以左鹰扬大将军李多祚出征。唐军在黄花堆一战中大败突厥，乘胜追击40余里。右监门卫中郎将爨宝璧为抢立战功，主动请缨穷追突厥败兵。武后令其与黑齿常之做好准备，互为声援，然后追击。急于立功的爨宝璧，不等黑齿常之准备好，就率领一支13000人的精锐部队，提前出发。爨宝璧可能是被胜利冲昏了头脑，也可能是为了展示自己的实力，凸显自己的军功，竟然在到达突厥军营之前，主动派人告知突厥，让他们做好防备，然后交战。过度自信就是盲目自大，爨宝璧不仅大败，而且几乎全军覆没。武后盛怒之下，诛杀爨宝璧，改骨咄禄姓名为不卒禄。

武周霸业：唯一的女皇

永昌元年（689），武后第一次大飨明堂，周唐革命马上就要来临。为彰显军功，增加称帝砝码，武后决定在五月任命刚刚在明堂建设工程中大出风头的薛怀义为新平军大总管，北讨突厥。薛怀义率军一直行进至紫河，未见突厥踪影，在单于台刻石纪功而还。既然未与突厥交战，又有何功可纪呢？大概在薛怀义看来，频频跳梁的突厥，在武后称帝前夕，却突然不见踪影，可以表明武后盛德之大吧。与此同时，武后派往西域平定吐蕃的韦待价却大败而归，丝毫没给武后赚取脸面。为了再次验证"突厥消失术"，武后在九月再次任命薛怀义为新平道行军大总管，率领20万大军，讨伐突厥。此次出征结果为何，史书中没有明确记载，但从薛怀义回朝后升任右卫大将军、赐爵鄂国公来看，第二次出征很有可能也是未见突厥，然后以此为功回朝复命。武周建立以后，阿史那骨咄禄在天授年间病卒。在此之前，阿史德元珍也在与突骑施的战争中阵亡。突厥在北境的侵扰活动暂时进入低潮。

阿史那骨咄禄去世后，其子尚幼，弟弟默啜篡位，自立为可汗。默啜上台后，直至长寿三年（694）才首次南侵，进攻灵州。在这之前，武后顺利建立了大周政权，对内平定了各种叛乱，并成功将武承嗣、武三思带入明堂祭祀大典，担任亚献、终

第七章 "神功"定边疆：武周的国防与边疆

献；对外成功复置安西四镇，加强了对西域的控制，武周政权实现了平稳过渡，一切都向着武后规划的方向前进。默啜此时在北境再兴战事，志得意满的武后立即派出薛怀义为代北道行军大总管，后改为朔方道行军大总管，率契苾明、曹仁师、沙吒忠义等18位将军讨伐默啜。武后为了长薛怀义兵威，特意在发兵前任命李昭德、苏味道为宰相，并以李昭德为行军长史，苏味道为行军司马。以两位宰相为行军僚属，一方面可以看出武后对此次出征的重视，另一方面可以看出薛怀义的受宠程度。薛怀义也毫不客气，经常要一下总管的威风。

有一次，李昭德找薛怀义讨论军情，回答失旨。薛怀义也不顾及李昭德的宰相身份，竟然命人在军中鞭打他。李昭德震惊之余，慌忙向薛怀义谢罪。巧合的是，就在薛怀义大军准备出发前，默啜竟然主动退兵，薛怀义再一次与突厥"失之交臂"。连续三次不战而屈突厥之兵，再次验证了武后兵威之神奇，让武后与薛怀义的"北征组合"充满了神圣的光环。此后，由于明堂遭火被焚，薛怀义奉命再修明堂，朔方道行军总管一职转由王孝杰担任。令人意外的是，默啜突然在天册万岁元年（695）十月，遣使请降，这无疑为武后马上要举行的嵩山封禅大典提前送上了一份厚礼。天册万岁二年（696）腊月，武后从洛阳出发前往嵩山封禅，大赦天下，改元万岁登封。武后功业因封禅而达到新的高度，随后她将远在长安祭祀武氏祖先的崇尊庙，升级为太庙。此前，武后仅在洛阳设有太庙，长安仅有一座武氏崇尊庙。崇尊庙虽然也由国家祭祀，但规格比太庙要低。长安武氏太庙的建成，标志着武周"双太庙"体制的正式确立。这一体制在中宗复唐后得以延续，并成功引发李唐君臣的热议，成为武后留给李唐后代的重要遗产之一。

万岁登封元年（696）三月，洛阳城内的第二座明堂顺利建成，武后大赦天下，改元万岁通天。从腊月封禅大典到三月明堂再造，短短数月内，武后改了两次年号，发布了两次大赦，武周的统治笼罩在一片歌舞祥和之中。然而，国内的升平气象掩盖不住边疆暗含的隐忧。就在明堂建成以前，王孝杰、娄师德率领的西征大军在素罗汗山完败于吐蕃。如果说与吐蕃的战争尚属武周君臣可以想见的困难，那么明堂建成两个月后，契丹的反叛就完全是意料之外的突发情况。

契丹主要活动在潢水以南，最初臣服于突厥。唐初，契丹曾屡侵边境，甚至在武德二年袭击过平州。贞观二年（628），契丹首领摩会率其部落归降李唐。贞观二十二年（648），契丹首领窟哥申请内附。太宗在其地设松漠都督府，以窟哥为松漠都督，并

第七章 "神功"定边疆：武周的国防与边疆

赐姓李氏。至武周时期，窟哥一系传至李尽忠，一直担任松漠都督。此外，契丹还有一支别部，首领孙敖曹在武德四年与靺鞨酋长突地稽共同申请内附，高祖将其安置在营州城旁，授云麾将军，行辽州总管。从内附以来，契丹一直处在李唐的羁縻统治之下，未有叛乱迹象。至武周时期，孙敖曹一系传至曾孙孙万荣，担任归诚州刺史。李、孙两家同出契丹，彼此交好。孙万荣将自己的妹妹许配给李尽忠，两家通婚后，关系往来更加密切。其时的营州都督赵文翙刚愎自用，为人悭吝，不仅把契丹的部落酋长当作奴仆一样驱使，而且也不在灾年赈济契丹，这引发了契丹部属的强烈不满。

万岁通天元年（696）五月，李尽忠联合自己的大舅哥孙万荣，共同举兵而反，攻陷营州，杀赵文翙。李尽忠自称无上可汗，任命孙万荣为大将，充当前锋攻略州县，所向披靡，旬日之间，兵至数万，并一路往西南而来，进围檀州。这场突如其来的反叛，让武后大为光火，她下令将李尽忠改名李尽灭，孙万荣改名孙万斩。盛怒之余，武后还是很理智地意识到契丹之乱的严重性。首先，契丹自唐初即已归顺，若在武周时复叛并陷入失控状态，将会大大损害自己的威信；其次，默啜为首的突厥势力已经复兴并屡扰北边，万一契丹与突厥形成合力，则武周北境将永无宁日；最后，吐蕃、突厥的侵扰，已让武后疲于应付，若东北再乱，则意味着东北到西北的反叛将会连成一个包围圈，武周将面临更大的边防压力。为此，武后必须迅速平定契丹的叛乱。她组织了左鹰扬卫将军曹仁师、右金吾卫大将军张玄遇、左威卫大将军李多祚、司农少卿麻仁节等28位大将，前往平定契丹。不久，武后又以春官尚书武三思为榆关道安抚大使，以姚璹副之，以防备契丹。

契丹起兵后，在营州俘虏了周兵数百人，将他们囚禁在地牢之内。面对武周大军压境，契丹首领决定以诈取胜。他们安排看守地牢的契丹人故意向这些俘虏诉苦，声称契丹部属忍饥受寒，无法生存，只要官军一到，他们马上投降。待这些俘虏相信之后，契丹首领把他们从地牢中放出，喂以米糠煮成的粥，以示军中已无足够的粮食储备。契丹首领还假惺惺地表示自己不想杀害俘虏，但城中又无粮供养，于是决定把他们全部释放。这群俘虏回到军中，把所见所闻上报之后，诸位将领以为契丹羸弱可图，于是急速行军，争取抢立军功。为了把戏码做足，契丹又派出老弱病残前往迎接官军，而且故意把一些老牛瘦马遗落路旁，这让武周的将领们更加自信，进一步加快行军速度。契丹看到计谋已成，便在平州硖石谷设下埋伏，待周军入谷，伏发击之。周军

第七章 "神功"定边疆：武周的国防与边疆

无路可退，死伤无数，填满山谷。周将张玄遇、麻仁节被契丹活捉。契丹搜得周军印信，伪造一份牒书，让张玄遇等人签署后，送至负责殿后的总管燕匪石、宗怀昌处。牒书诈称官军已胜，催促他们快速行军。燕匪石等人收到军书后，卸下防备，昼夜兼行，往营州进发。契丹以逸待劳，于中途设好埋伏，击杀周军。硖石谷一战让周军损伤惨重，兵力捉襟见肘，武后便下令从天下囚徒以及家奴当中，挑选出骁勇善战之人，征发入军。为了更好地阻挡契丹南下，武后还令山东近边诸州设置了民兵组织武骑团兵。在此基础上，武后命建安王武攸宜为清边道行军大总管，再讨契丹。

就在契丹让武周边防苦不堪言时，武后最不想看到的事情发生了。突厥、吐蕃看到武周窘境，纷纷跳出来闹事。默啜兵寇凉州，抓获凉州都督许钦明，然后又派遣使臣入朝，提出以归还河西降户为条件，协助武周讨平契丹。吐蕃则遣使入朝，以请和为名，要求武周放弃安西四镇，并向武后索要西突厥十姓之地。武后只能见招拆招，一方面接受郭元振的意见，采取拖延战术与吐蕃周旋，另一方面答应默啜的请求，并派豹韬卫大将军阎知微、左卫郎将摄司宾卿田归道入突厥，册授默啜为左卫大将军、迁善可汗。默啜则遵守承诺，出兵契丹。与此同时，李尽忠去世，孙万荣成为契丹首领。默啜乘此机会，袭击松漠，尽掳契丹家口而去。武后又册其为特进、颉跌利施大单于、立功报国可汗。

突厥的进攻让契丹势力小有消沉，这本是武周军队打击叛军的绝好战机，但没想到孙万荣收拾残众，在短时间内军势复振。孙万荣还派出奇兵，命骆务整、何阿小二将攻陷冀州，杀刺史陆宝积，屠杀军民数千人，之后继续威胁瀛州，史称"河北震动"。不敢大意的武后立即起用之前被贬彭泽的狄仁杰担任魏州刺史，以安稳河北局势。万岁通天二年（697）三月，武周将领王孝杰、苏宏晖率领的17万大军与孙万荣在东硖石谷展开大战。王孝杰亲率精兵冲锋，契丹力战而退。王孝杰追击时，不小心行军至悬崖边上。契丹见势回追，苏宏晖见形势不妙，先行逃跑，王孝杰坠崖而死。契丹大败周军，武周将士死亡殆尽。时在王孝杰军中担任管记的张说奔驰回朝，奏明战况。武后褒赠王孝杰官爵，同时派出使臣斩杀苏宏晖，后因苏宏晖立下战功而免除一死。清边道行军大总管武攸宜兵驻蓟州渔阳，军中听到王孝杰兵败而死的消息，不敢继续进发。契丹则绕过蓟州，乘胜进攻幽州，攻克并占领幽州城池，武攸宜力不能克。

面对节节败退的河北战局，武后只能咬紧牙关继续派兵增

第七章 "神功"定边疆：武周的国防与边疆

援。为了保证战马供应，武后甚至以捐一匹马，就可以官升五品为奖励条件，发动在朝京官捐献马匹。这虽然暴露出武周的战马供应已经捉襟见肘，却也体现出武后对待契丹叛军的强硬态度。万岁通天二年（697）四月，右金吾卫大将军武懿宗被任命为神兵道行军大总管，与右豹韬卫将军何迦密率军开赴河北战场。五月，娄师德被任命为清边道行军副大总管，沙吒忠义被任命为前军总管，二人率领20万大军增援武攸宜。武懿宗军至赵州，听说骆务整率数千契丹军队将至冀州。如此一来，双方军队将会直接交锋。军中有人建议武懿宗按兵不动，做好防务，待其前来，从而击之。武懿宗惧怕契丹兵锋，毫无抵抗之念，率军南逃，退保相州。为了避免契丹轻骑紧追，武懿宗的军队抛弃军粮器械等随军物资，快速撤军。契丹兵过冀州，军临赵州，很快攻陷赵州并大肆屠城。

就在武懿宗军与冀、赵等州的契丹军对峙之时，在幽州与契丹主力激战的武攸宜军传来了战局扭转的利好消息。幽州战场的契丹军由孙万荣亲自指挥。孙万荣在进攻幽州之前，吸取之前默啜偷袭松漠老巢的教训，特意在柳城西北400里，挑选一块易守难攻之地修筑城池，将部族内的老弱妇女、虏获的器甲资财全部收纳于此。为了确保大本营稳定，孙万荣安排妹夫乙冤羽守卫此城。即便做了如此准备，孙万荣还是不能完全放心。为了彻底消除默啜偷袭的可能性，孙万荣决定派人至黑沙城游说默啜，劝突厥趁武周边防虚弱之机，与契丹一起发兵，共取幽州。孙万荣的游说小团队一共有5个人，却不知为何分成了两拨。第一拨三人先至黑沙，默啜听后大喜，赐其绯袍。第二拨两人后至，他们的延误稽缓让默啜大为生气，甚至扬言要杀掉两人。两人为求保命，主动出卖了孙万荣的老底，把契丹修筑新城的情况，一五一十全部告诉了默啜。默啜转怒为喜，斩杀先至的三人，赐后至二人绯袍，并让他们做向导，引突厥军队发兵进攻契丹新城。由于契丹主力全在河北战场，新城即便地势险要，也未能久支。突厥围困新城三天，成功攻克，把城内人口物资全部运走，然后把乙冤羽放归，让他给孙万荣通风报信。孙万荣此时正与周军相持，军中听闻新城已破，顿时军心涣散。奚族人首先背叛孙万荣，与周军前后夹击契丹军队。契丹军队大溃，孙万荣率数千轻骑向东逃窜，中途被神兵道前军总管张九节邀击。孙万荣只能继续往东逃跑，越过潞水，在潞水东岸暂歇。穷途末路的孙万荣投靠无门，投降无路，最终被家奴所杀。张九节将其首级传至东都，枭于四方馆门。

孙万荣虽然被杀，但冀州仍有契丹残军守卫。武懿宗得知幽

第七章 "神功"定边疆：武周的国防与边疆

州战场大胜的消息后，底气大增，开始排兵布阵，准备进攻冀州。武懿宗派兵守住井陉，断绝契丹西逃之路，又在赵州虚张声势，实际上主要从邢州方向发起进攻。契丹军队在何阿小的带领下，顽强抵抗周军。双方从寅时一直战到午时，先后交战9次，周军才取得此次战役的胜利，俘虏契丹大小将领共300余人。冀州之战后，河北战场悉平。为此，武后特意在通天宫举行大飨仪式，大赦天下，改元神功。"神功"年号表明在武后眼中，此次契丹叛乱造成的挑战前所未有，能够将其顺利平定，实为伟大神奇之功业。

契丹虽平，但突厥仍在，而且变得更加强大。默啜借助契丹叛乱之机，一方面乘武周不备，屡屡侵扰沿边州县；另一方面又利用武后急于平叛的心理，以牵制契丹为条件，向武后邀功劳、求利益。前文已言，默啜以出兵契丹为条件，索要河西降户。武后同意，并派出阎知微、田归道入突厥册封其为迁善可汗。"迁善"就是改过自新、变得温善之意，可见武后同意默啜之请，虽有迫不得已的成分，但对由于默啜能在关键时刻伸出"橄榄枝"，武后还是对其抱有幻想的。默啜在偷袭松漠老巢成功后，武后又册封其为立功报国可汗。"立功报国"更是武后一厢情愿的"单相思"，因为就在此后不久，默啜就率军寇扰灵州。为了显示军威,默啜让之前俘获的武周凉州都督许钦明随军而行。至灵州城下,许钦明向城内大呼,要求给他美酱、粱米及墨三种东西,意思是希望城中选派良将、率领精兵,趁夜出城袭击突厥军营。许钦明不能明言授以战术,只能打此哑谜,但遗憾的是,灵州城内无人参透他的良苦用心。此后,默啜又发兵寇扰胜州,被平狄军副使安道买击退。由突厥侵扰之州来看,他们的主攻方向已由之前的东北,逐渐向西北转移,甚至兵临甘肃境内的凉州城下。突厥寇扰方向的变化,一方面是因为河北战场被契丹占据,另一方面也说明他们控制的势力范围更加庞大。前文所言西突厥可汗阿史那献之所以不敢归国,就是因为其所统部族与地盘已被默啜与乌质勒所占。

由于默啜势力强大,武后派出的册封使臣在突厥的日子也不好过。阎知微胆小卑微,毫无大国使臣风范。为了讨好突厥,他在前往黑沙城的路上,只要遇到突厥派往中原的使臣,就把绯袍、银带等官服赏给他们,而且向他们保证到达洛阳后,必定受到高规格接待。相比而言,田归道更加识大体。他认为阎知微擅自赏给他们袍带,会导致朝廷无以为赏,是在抢朝廷风头,所以他建议让这些使臣换上自己的服装,接受朝廷恩赏。不仅如此,田归道还认为突厥蕞尔小国,他们的使臣来到中原,

第七章 "神功"定边疆：武周的国防与边疆

不应大肆铺张，给予高规格接待。田归道的意见明显更能体现武周格局，所以多被武后接受。到达突厥治所后，阎知微拜见默啜，行舞蹈大礼，跪下去鼻嗅其靴。田归道则只是作了一个长长的揖，不行拜礼。默啜大怒，囚禁田归道，并欲杀之。田归道毫无惧色，大骂默啜贪得无厌，并劝他认清形势，好自为之。突厥大臣以"大国使者，不可杀"为由劝说默啜，方才保住田归道性命。

默啜自认为突厥突袭契丹新城，成功帮助武周平定契丹叛乱，所以在圣历元年，再次向武后提出一系列要求。第一，默啜认武后为母，两人结为母子关系。第二，默啜有女未嫁，要求与武周诸王结婚，以行和亲。第三，把丰、胜、灵、夏、朔、代六州的突厥降户，连同单于都护府之地一并给予突厥。第四，要求武周给予谷种、缯帛、农器、铁等物资。第一项要求比较怪异，较难理解。即便武后认默啜为干儿子，可能在时人看来也未尝不可，所以该要求并未引发君臣讨论。第二项要求，表面看起来默啜是在求婚，实现和亲，进而促进双方关系的缓和。但中国古代的和亲，多为中原政权的公主远嫁绝域，充当和亲的角色，很少有宗室诸王迎娶周边政权首领之女的情况。时任中书舍人张柬之就提出异议："自古未有中国亲王娶夷狄女者。"不仅如此，武周

武周霸业：唯一的女皇

统治时期虽然士族门阀观念已经淡化，但婚姻门第仍不可儿戏，更何况还是宗室诸王的婚姻。默啜之女，出身突厥，完全不符合王妃的选纳标准。默啜提此要求，不仅罔顾中原政权的文化观念，而且完全颠倒了彼此的宗藩关系，是可忍孰不可忍！第三项要求中提到的六州降户，自唐高宗咸亨年间便已归附，受唐恩日深，对武周的认可度也很高，若不顾民情所向，断然将其遣回突厥，容易让他们离心离德，且不利于以后降户的处置。至于单于都护府，是高宗在位期间所设，具有重要的战略地位，若彻底放弃，意味着武周北边丧失缓冲地带，直接与突厥相接。第四项要求涉及粮食种子、耕种技术、铁器等的北传，以及战略物资的北输，不仅如此，默啜口气很大，索求甚多。时任麟台少监、知凤阁侍郎的李峤认为这是"借寇兵资盗粮"。总而言之，默啜的四项要求中，除第一项无伤大雅外，其余三项都有损武周的大国体面与边防安稳，所以武后初看后，未加思索，断然否决了默啜的要求。

默啜看到自己的要求没有得到满足，异常愤怒，甚至开始出言不逊。与武后的决断不同，朝中大臣在此事之上的意见却有所分歧。李峤、张柬之分别就第四项与第二项要求提出否定意见。李峤还认为默啜贪得无厌，反复无常，毫无信用，所以建议武后

第七章 "神功"定边疆：武周的国防与边疆

盛治兵事，提高军事实力，加强对突厥的防备，而不应该助长其气焰。宰相姚璹、凤阁侍郎杨再思等人却害怕默啜兴兵，惧其入侵，所以建议答应默啜的请求。在姚璹、杨再思等人的一再奏请下，武后态度发生转变。于是，朝廷把六州降户数千帐、谷种4万斛、杂彩5万缎、农器3000事、铁4万斤，一并送给突厥。默啜势力由之大长。不仅如此，武后放下宗主国的身段，硬着头皮同意了与默啜的和亲。不过，令武后没有想到的是，她一再地退让，却换来了默啜对武周更大的羞辱。

武后挑选出来的和亲人选是淮阳王武延秀。武延秀之父武承嗣是武后最为看重的武家子侄，是预计中的武家接班人，所以由武延秀迎娶默啜之女，应该是武后精心挑选的结果，充分体现出了武后的诚意。圣历元年（698）六月，武延秀入突厥，迎纳默啜之女。为了让纳妃之礼顺利完成，武后命豹韬卫大将军阎知微摄春官尚书、右武卫郎将杨齐庄摄司宾卿一同前往。迎亲大队携带巨额聘礼前往突厥领地。八月，"准新郎"到达黑沙城。默啜看到自己的"准女婿"后，面色铁青，毫无喜色。他对阎知微等人表达了强烈的不满：我女儿想嫁的是李家天子的儿子，为啥来迎亲的却是一个姓武的？姓武的难道是天子的儿子吗？这不是在欺骗我、侮辱我吗？原本笑脸相迎的阎知微等人，吓得神色慌张，不知如何应答。默啜盛怒之下，声称突厥自从依附李唐以来，世代享受李氏皇恩，但听说李家皇室的后代，几乎要被武后杀光了，现在只剩下李显、李旦两个儿子，实在令人痛心！为此，他决定出兵南下，攻打武周，辅立李家子孙。

默啜难道是待武延秀到达后，才知道武后挑选的和亲人选是武家子侄吗？肯定不是。武延秀的和亲队伍，已经在路上浩浩荡荡走了一两个月，默啜肯定早就探知。那他为何不提早把自己的要求反馈给武后，或者在申请和亲之时就把条件讲清楚？还是默啜真的对李唐皇恩感念颇深，对武后残害李氏后人的行为深恶痛绝？肯定也不是。武后早在临朝之初就开始诛杀李唐宗室，默啜不可能现在才知道。默啜到底为何在此时突然悔婚呢？这应该与该年年初李显被召回有关。

圣历元年（698）三月，被贬房州的庐陵王李显结束流放生涯，重新回到洛阳。作为"前皇帝"，李显回归传递出的政治信号再明显不过，他就是为继承皇位而来的。在李显回归三个月后，武后才命武延秀入突厥纳妃，消息应该早就传到了默啜耳中。若李显即位，默啜又把自己的女儿嫁给了武延秀，那结局可想而知。如果天下不再姓武，那"和亲"的意义何在？所以在默啜看来，武后明确了武周政权的走向后，仍执意派武氏亲王迎

第七章 "神功"定边疆：武周的国防与边疆

亲，不仅置自己女儿的安危于不顾，而且置双方的政治信义与政治合作于不顾。这应该是默啜不能接受武延秀做自己女婿的深层原因吧。武后无论如何也想不到，默啜翻脸如翻书。她冒着大国脸面尽丢的风险，顶着国内官员百姓的冷嘲热讽，最终敲定的婚事，竟然遭到了突厥的拒绝！

默啜不仅是打打嘴上官司，他下令将武延秀拘禁起来，又任命阎知微为南面可汗。所谓"南面可汗"，就是等默啜南下攻灭武周后，将原属李唐的天下交由阎知微统治。这一称号的提出，体现出默啜极大的政治野心，他已不再满足于称雄漠北，而是要把中原地区纳入自己的控制之下，他还把五品、三品之服，赐予所有与阎知微一起入突厥迎亲之人，俨然一副天下共主的做派。把迎亲之人安排妥当后，突厥发兵进攻武周北部边防沿线的静难军、平狄军、清夷军等军镇。清夷军使慕容玄崱不仅没有"清夷"，反而率领五千士兵主动投降。默啜还给武后下了一封战书，历数武周做的"缺德事"：第一，送给我的谷种，都是蒸熟的，根本无法生根发芽；第二，送给我的金银器物，都是小商小贩制作，掺杂很多杂质；第三，我赐给使者的绯袍，全部被夺走；第四，送给我的缯帛，夹杂伪滥，质量不精；第五，我身为可汗，女儿应该嫁给天子之子，武氏乃寒门

武周霸业：唯一的女皇

小姓，门不当户不对，竟然想骗婚。在默啜看来，以上五件事情深深伤害了突厥部族的感情，所以他要让武周为此付出代价。河北诸州听到突厥来寇的消息，征发民众修缮城墙，加强守备。由于时值秋收时节，很多百姓来不及收获地里的粮食。卫州刺史敬晖认为，充足的粮食储备才能让城池固若金汤，百姓应该首先收获秋粮，而不是修城筑墙，于是将他们全部放归田里。百姓为之大悦。

　　武后没想到自己的一片苦心，竟成了突厥的起兵借口。她把默啜改名为斩啜，希望将其斩杀万遍。面对来势汹汹的突厥军队，武后命司农卿武重规为天兵中道大总管，右武卫将军沙吒忠义为天兵西道总管，幽州都督张仁愿为天兵东道总管，将兵30万迎讨之。为了加强西线攻势，武后又命左羽林卫大将军阎敬容为天兵西道后军总管，率兵15万增援沙吒忠义。突厥先是进攻妫州、檀州，后又出恒岳道，进攻蔚州，攻陷飞狐县，然后由此向南进攻定州。定州刺史孙彦高，愚昧无识，不知守城之术，唯求自保。突厥很快攻陷定州，杀刺史，焚民屋，掳男女，不问少长老幼，全部杀之。突厥继续一路南下，进攻赵州。默啜令"南面可汗"阎知微招降赵州守将。阎知微与突厥派出的代表手牵着手，踏地为拍，在赵州城下合唱一首《万岁

第七章 "神功"定边疆：武周的国防与边疆

乐》。赵州大将陈令英驻守城墙之上，看到阎知微小丑一般的表演，大骂曰："你作为大周任命的春官尚书，职高位重，竟然不要脸面，给默啜唱歌跳舞，不觉得惭愧吗？"阎知微内心尚存一丝不安，但又不敢大声辩解，以免引发默啜不满，只能轻轻地说自己是迫不得已，才唱《万岁乐》的。默啜很快围困赵州，长史唐般若首先放弃抵抗，翻墙外逃，投奔突厥。城破之后，刺史高叡与妻子秦氏假装吞下毒药诈死。默啜拿出金狮子带、紫色官袍对他们进行诱降，并称投降即可当官，不降就只有死路一条。高叡与秦氏二人闭上眼睛，不作回应，以此表达不合作的态度，遂遇害。

武后需要继续往河北战场增派兵力，但连年征战，百姓疲惫不堪，能够募集的士兵越来越少，一个月下来竟然不满千人。在这关键时刻，皇嗣李旦表态要退出储君的位子，让被召回朝的兄长"前皇帝"李显来担任。武后决定尽快完成这一交接。圣历元年（698）九月，李显被立为皇太子。为了发挥李唐宗室的号召力，武后马上任命李显为河北道元帅，讨伐突厥。这一调整让久思唐德的百姓为之振奋，纷纷站出来应募入军，很快就募满了5万人。为了保护储君，武后并没有让李显亲赴前线，而是任命狄仁杰为河北道行军副元帅知元帅事，配以右丞宋元

227

爽、右台中丞崔献、左台中丞吉顼，率军前往平叛。武后史无前例地亲自饯送军队出征。由于李显刚出任太子，地位能否稳固，尚不可知，军中情绪并不稳定。临行前，左威卫将军、安东道经略薛讷劝谏武后，切不可再换储君，以免导致军心动摇，并认为只要确保李显的太子之位，那么此次出征必将平突厥而回。武后深以为然。

默啜在攻陷赵州、定州等州后，决定北撤。为了不影响撤军速度，突厥把所虏获的万余人口，全部杀尽。突厥北撤并没有再走飞狐道，而是走五回道。五回道需要经过易州，突厥南下之时尚未侵扰此州，所以他们从此而过，让易州惨遭兵燹。天兵西道总管沙吒忠义、后军总管李多祚等人率兵尾随突厥，但不敢进逼，只能放任默啜杀掠而去。狄仁杰作为太子行军军营的负责人，乘新军锐气，带兵10万追击，但默啜早已不见踪影。对突厥的征讨，再一次以"未见突厥"的形式结束。默啜此次发兵入寇，与之前最大的不同之处在于，他开始有兼并中原土地之心，甚至署命官员，挑战武后的天子权威。

另外，河北再遭涂炭，起于武家子侄前往和亲而被拒婚。默啜对"武家儿是天子儿否"的质疑，相当于狠狠打了武后一耳光。为此，武后对此次陷于突厥且接受突厥官爵的武周使臣们，

第七章 "神功"定边疆：武周的国防与边疆

进行了毫不留情的打击。在所有使臣之中，表现最恶劣、情形最严重的当数阎知微。作为默啜任命的"南面可汗"，阎知微在赵州围解后，被突厥放还。武后恨到牙痒，命人把他捆绑至天津桥南，在众目睽睽之下，让百官用箭射之，然后斩杀。武后感觉仍不解恨，又令百官脔割其肉，最后锉骨扬灰，夷灭阎氏三族。与阎知微一起被杀的还有摄司宾卿杨齐庄。作为与阎知微一起入突厥的迎亲大使，杨齐庄也被默啜扣押。默啜进攻赵州时，一同陷没的段瓒曾力邀杨齐庄与他一起逃走。杨齐庄胆小懦弱，不敢行动。段瓒于是先行逃回，并受到武后奖赏。当杨齐庄鼓起勇气逃回洛阳之时，他的犹豫不决已经传到武后耳中。杨齐庄没能获取武后的谅解，一起被杀。对陷伪官员严肃处理之外，武后对主动逃回的官员进行奖擢。监察御史裴怀古拒不接受默啜之官，主动逃回洛阳，武后授以祠部员外郎。为了加强北部边防，武后以魏元忠检校并州长史，充任天兵军大总管，并命相王李旦遥领安北大都护。

默啜经此一役，掠夺粮草财帛无数，进一步壮大了自身力量。由于在契丹败亡之后，原先附属于契丹的部族全都转投突厥帐下，加上诸州降户的归还，默啜此时已经拥兵40万，占地万里。为了加强管理，返回漠北的默啜安排儿子匐俱为小可汗，主掌处木昆等十姓兵马4万余人，又号拓西可汗，负责向西拓展疆土。他还安排弟弟咄悉匐为左厢察，骨咄禄之子默矩为右厢察，分别主掌2万兵马。这些军政建设与分工，让默啜对部族的管理更加有序，成为不折不扣的漠北霸主，甚有轻视中原之心。此后，连年入寇就成为突厥的"常规操作"，且攻击的方向再次偏向西北。

久视元年（700）十二月，突厥出陇右，掠去陇右诸监数万匹马。次年八月，再度侵边。武后先以魏元忠为灵武道行军大总管，防备突厥；后又命相王李旦为天兵道元帅，统军征讨。长安二年（702）正月，突厥再寇灵州、夏州，并在三月突然把攻击方向东移，从忻州石岭关突破，自北而南入侵并州。武后不敢掉以轻心，毕竟河北甫经大战，元气未复。她立即命雍州长史薛季昶摄右台大夫，充山东防御军大使，节制沧州、瀛洲、幽州、易州、恒州、定州等河北诸州军队。后又把幽州、平州、妫州、檀州的防御任务交给幽州刺史张仁愿，让其与薛季昶互相配合，共防突厥。相王李旦也在此时出任并州牧、安北道行军元帅，共保河东、河北地区的安全。果然，突厥又先后寇扰代州、忻州。面对这种小股的随机骚扰，武后只能继续加强防卫。她把魏元忠调往东北，出任安东道安抚大使，又从中央禁军中选中羽林卫大将

第七章 "神功"定边疆：武周的国防与边疆

军李多祚检校幽州都督，并以右羽林卫将军薛讷、左武卫将军骆务整副之。武后甚至一度想以武三思为大谷道大总管，李旦为并州道元帅，出击突厥，但终未成行。由此可以看出，随着吐蕃对西域的威胁逐渐减弱，武后对突厥的防备变得更加游刃有余。

看到武周的边防力量逐渐增强，默啜也不敢轻举妄动。他决定故技重施，再请和亲。长安三年（703）六月，默啜派出使臣莫贺达干，前往长安，要求把自己的女儿嫁给皇太子的儿子。面对默啜的请婚，武后内心的情绪非常复杂。上次战端即因和亲而起，武延秀被扣押突厥已近5年，仍不得回。因此，从主观意愿而言，武后并不想同意此次和亲。但不巧的是，吐蕃在两个月前刚刚遣使请婚，并得到武后应允。若只同意与吐蕃和亲，不同意与突厥和亲，默啜肯定会以此为由，再起边衅。因此，从客观形势与可预想的后果而言，武后又必须同意默啜的请求。再进一步思考，若武后同意和亲，会不会又有什么地方考虑不周到，再次引发默啜起兵？武后仔细思考了第一次和亲的失败，其中最大的问题在于武延秀的武氏身份。默啜此次对和亲对象提出了明确要求，若按他的要求来做，突厥应该就没有理由再寇周土了。经过周详思考，武后决定再次同意默啜嫁女的要求，并从皇太子之子当中选择一人，迎纳默啜之女。皇太子李显其时已经育有四子：

武周霸业：唯一的女皇

李重润、李重福、李重俊、李重茂。李重润在大足元年（701），因为与其妹妹永泰郡主、妹夫武延基私下议论武后男宠张易之兄弟，已被武后下令自杀。李重茂出生于圣历元年（698），当时年仅6岁，尚属孩童。武后便让李重福、李重俊兄弟二人，立于殿廷之上，与莫贺达干相见，意即将从两人之中，挑选一个完成双方和亲。默啜知道"准女婿"会是李显之子后，非常满意，再次派出使臣移力贪汗入朝，献上宝马千匹以及漠北土产，感谢武后不计前嫌，再许和亲。武后在宿羽亭宴请移力贪汗，命太子李显、相王李旦以及来自全国各地的朝集使们参加宴席。如此高规格的国宴，体现出武后对突厥来使的重视程度。既然"准新郎"将从李重福、李重俊当中选出，前任"准女婿"武延秀的存在就比较尴尬了。默啜决定将他放还。长安四年（704）八月，离开洛阳8年之久的武延秀，再次踏上了武周的土地。武延秀久在突厥，学会了突厥话，能唱突厥歌，会跳胡旋舞。他的这些"特长"成功引起了李显之女——李裹儿的喜欢。李裹儿就是后来的安乐公主，她的丈夫乃武延秀的堂兄武崇训。武崇训去世后，李裹儿便再嫁与武延秀。没能娶到突厥公主的武延秀，后来竟然娶到了大唐公主，真是人生无常，命运多变。

就在默啜兴高采烈地准备女儿的嫁妆时，洛阳城内发生了政

第七章 "神功"定边疆：武周的国防与边疆

治巨变。张柬之、崔玄晖、敬晖、桓彦范、袁恕己五人发动政变，逼迫年迈病重的武后传位给皇太子李显。李显即位后，复国号为唐。默啜竟趁李唐新君立足未稳，在神龙二年发兵入寇灵州鸣沙县。灵武军大总管沙吒忠义率领唐军迎战，但终被打败，死者6000余人。突厥接着进攻原、会等州，从陇右诸监掠走牧马万余匹。既然武后已经答应与突厥的婚事，为何默啜还要在此时扰边呢？一方面，婚事为武后所许，新君能否继续履约，有所疑问。另一方面，李显由皇太子变为皇帝，他的儿子们的身份与处境也发生了变化。先看李重福。李重福并非皇后韦氏所生，乃庶出之子，而且娶了张易之的外甥女为王妃，受到韦后嫌弃。中宗即位不久，韦后就把陷害嫡子李重润的罪名，扣在了李重福头上，并把他贬为濮州员外刺史，后又改为均州刺史。再看李重俊。随着李重福被贬，能够与默啜和亲者就只剩李重俊一根独苗。问题在于，李重俊在神龙二年七月被中宗立为太子。中宗恐不能让大唐的太子妃出身突厥，所以李重俊升为储君，基本意味着他也不可能再娶默啜之女。如此一来，两位"候选人"都退出了这场婚约。在默啜看来，中宗虽未悔婚，但实际上已经把和亲之路封死了，还不如趁李唐新复，无暇顾边之时，寇掠马匹等战略物资。中宗则认为自己并未放弃和亲之议，这位"准亲家"却不顾信义，突生边事，这是在给自己这位新皇帝一个下马威。当然，这个下马威也给中宗提供了借口，他下令明确拒绝默啜的请婚，并命文武百官商议破突厥之策。至此，武后与默啜的第二次和亲，再度告吹。不过，突厥再也不会给武后带来烦恼了，因为她已经在退位的当年就病重驾崩了。

三、外交国防得与失

武后统治时期，虽然面临着来自上述边疆少数民族势力的一再骚扰，但她从未改变唐太宗以来形成的对周边民族势力以及藩属政权的开放态度与包容精神。这种开放与包容，也体现出武周边防虽然遇到了前所未有的挑战，但武后从未放弃中原大国的气度与格局。

武周革命前夕，在劝进武后的群体中，除了百官、宗亲、百姓之外，还有四夷酋长。四夷酋长的态度不可或缺，因为他们代表了周边民族与藩属政权对武后的拥护，也代表着武后有资格接管李唐的天下秩序。继承着太宗"天可汗"精神的武后，对来自周边各族、各国之人毫无偏见，他们可以在武周境内居住、生活、为官。《朝野佥载》记载，武后朝，番人上封事者，多加官

第七章 "神功"定边疆：武周的国防与边疆

赏，甚至有官至右台御史者。其时胡元礼也在左台为御史，时人张元一喜好戏谑嘲讽，想出一句"左台胡御史，右台御史胡"来打趣这种现象。番人出任御史，在武周时期属于特殊现象，但出任诸卫将军、从军征战者，却是屡见不鲜。出身高句丽的泉献诚于垂拱二年（686）充神武军大总管，率军出征。垂拱三年（687），西突厥濛池都督继往绝可汗斛瑟罗入居内地，就被授以右卫大将军。前文屡屡提及的黑齿常之、李多祚均为少数民族出身的将领。万岁通天二年（697），武懿宗与契丹在冀州进行的战斗中，前线作战之人，大量是少数民族出身的将领。我们能够看到的名字包括但不限于阿史那毗伽、俱罗罹淮、苏达俟斤度施、苏农娑罗、哥咄施注比、阿史皎、阿史德奉职、业怵啜剌侯斤、吐火罗决斯、执失守直、阿所那、金元济、僧伽杖摩、仆固郡骨支、阿康地具、阿史德伏麾支、路驴驹、阿史德伏麾支、路欲谷、葛罗枝延、契苾木昆、车鼻施俟斤等，这些将领的族属来源非常复杂，涵盖了东西突厥、吐火罗、铁勒、新罗、天竺等。此外，还有何义本、何利深、康戢诞、康景休、康戍子、康元寂等出身昭武九姓的胡人，以及白善德等龟兹人。孙万荣被杀后，将领李楷固、骆务整来降。李、骆二人骁勇善战，屡破周军。尤其是李楷固，骑射之术精良，善于用槊，又练得一手好绳索，每次冲锋陷阵，好比鹰鹘飞入鸟群，无不取胜。由于二人屡屡对抗周军，有人建议将其斩杀。狄仁杰却认为两人乃不可多得的良将，不如让其为武周效力。武后听从狄仁杰建议，以李楷固为左玉钤卫将军，骆务整为右武威卫将军，命其将兵清理契丹残余势力，取得良好效果。此外，在乾陵的番臣石像中，还能看到阿史那盏路、吐屯社利、仆固乞突等少数民族将领的名字。据学者统计，武后当政期间，番人出身的文武官员，其数甚巨，仅出任武职者，就有千人，其中有姓名可考的番人将军、郎将，多达百余人，为武周的统治做出了重要贡献。

延载元年（694）八月，诸族酋长在波斯人阿罗憾的组织下，计划向朝廷奏请建造天枢，以纪念武后黜唐兴周之功，表达他们对武后的拥护之情。阿罗憾在高宗显庆年间来到中原，留朝宿卫，曾充任拂林国诸番招慰大使，并于拂林西界立碑。武后时，阿罗憾在华已久，很有可能在诸番酋长中颇具威望，所以由他牵头组织此事。阿罗憾找到梁王武三思，请他出面向武后奏请。武后曾通过明堂、天堂的修建，重塑了神都洛阳的天际线，但这些建筑都位于宫城之内。百姓曾在开放日一睹明堂风采，但之后便再无机会入宫近距离观赏这些巍峨的建筑。酋长们希望他们对武后的拥戴能够被人日常感知，所以将天枢

第七章 "神功"定边疆：武周的国防与边疆

的建造地点选择在端门之外。端门是洛阳皇城正南门，北与宫城正南门应天门相对，南与外郭城的定鼎门遥遥相望。也就是说，天枢坐落在皇城之外，且位于洛阳城的中心轴线之上，可以与宫城之内的明堂遥遥相望，可以起到内外交辉、相得益彰之效。另外，在酋长们的规划中，天枢是一根铜柱，是在模拟印度阿育王建造的石柱，这对尊崇佛教的武后而言，非常具有吸引力。果然，武后对酋长们的规划非常满意，下令以姚璹为督作使，在端门外开工修铸天枢。

第二年四月，天枢建成。建好后的天枢是一座八棱铜柱。铜柱下有铁山为底座，底座四周有狮子、麒麟环绕，皆铸以铜。铜柱之上为云纹承露盘，盘上有蛟龙立捧火珠，远远望去，犹如初升之朝阳，光彩夺目。天枢不仅造型奇特，而且形制高伟。天枢整体高150尺，径12尺，每面各径5尺。底座周围170尺，顶盘径3丈，蛟龙高1丈2尺，火珠高1丈。如果换算成现在的单位，天枢总高约32.55米，底座铁山周长52.7米，承露盘直径9.3米，蛟龙高3.73米，火珠直径3.1米。据学者估算，若造如此规模的天枢，需要用铜1399199公斤，铁7574703公斤。实际情况是，武后为天枢的修筑先后筹集了铜50万余斤，铁330万余斤，另有钱27000贯。如此一来，天枢及其构件只能是中空结构。即便如此，天枢也是一个耗费极大的工程。据史书的统计，唐宪宗元和年间，全国全年产铜26.6万斤，铁207万斤。若按此数据计算，天枢耗费的铜大约相当于全国两年产量，所费之铁大约相当于全国一年半产量。还有学者统计，唐代长安周边五口之家的农户，每年的收入大约为0.8贯。若按此标准计算，天枢所费之钱需要33750户的年收入。如此大规模的铜铁消耗与经费投入，是超乎想象的。不仅如此，天枢修建时，明堂遭遇火灾。天枢与新明堂的重修工程同步进行，朝廷的财政压力可想而知。武后在修新明堂时，还用铜铸九州之鼎，所耗铜量也不在少数。那么，修建天枢的铜铁以及经费，到底是如何保障的呢？

天枢是在阿罗憾等人的请求下修建的，需要诸族酋长自筹经费。为了确保天枢顺利建成，洛阳城内富裕的胡人胡商们，先后集资百万亿钱，从全国各地购买铜铁。铜铁不足之时，甚至把老百姓的农具收来熔化冶炼。除了经费的投入之外，诸族之人还亲自加入到天枢的修建工程中。工人毛婆罗，出身不详，由其名推测可能来自印度。同出高句丽的泉献诚、高足酉参与了天枢的修建工作，其中泉献诚担任天枢子来使。高足酉的墓志铭中赞扬天枢的雄壮："明珠吐耀，将日月而连辉；祥龙□游，凭烟云而矫首。壮矣哉！"泉献诚可能也为天枢工程捐献了不少钱财，并由

第七章 "神功"定边疆：武周的国防与边疆

此引起了酷吏来俊臣的关注。来俊臣竟然私下向泉献诚索贿，遭到拒绝后，竟然诬告泉献诚谋反。整体而言，天枢从提议，到筹钱，到建设，主要是由诸族酋长们推动的。所以，武后命毛婆罗为模，武三思为文，将诸族酋长之名，全都刻在天枢之上，并且亲自题写天枢榜名"大周万国颂德天枢"。从此以后，端门之外，高大的铜柱与泱泱洛水相映生辉，成为四方诸族支持拥护武后的象征，也成为武后开放的民族政策的象征。

武后的民族政策吸引着边疆少数民族的内附，武后对于来附之人，都采取措施妥善安置。永昌元年（689），浪穹州酋长傍时昔等25部来降，武后以之为浪穹州刺史。天授三年（692）二月，吐蕃党项部落万余人申请内附，武后令其散居于10州之地。同年，吐蕃曷苏请内附，武后遣张玄遇率军迎之。神功元年（697）七月，昆明内附，武后置窦州以处之。圣历二年（699）七月，吐谷浑部落1400帐内附。八月，突骑施乌质勒遣其子遮弩入见，武后命侍御史解琬出使安抚乌质勒及西突厥十姓部落。

抚慰、安置边疆少数民族之外，武后还与周边国家保持了良好的互动往来。天授三年（692），东、西、南、北、中五天竺王摩罗枝摩、尸罗逸多、遮逻其跋逻婆、娄其那那、地婆西那，并来朝贡。长安三年（703），日本派遣大臣朝臣真人前来朝贡。武

239

后时在长安，于大明宫麟德殿设宴接待，并授之司膳卿一职，遣其回国。为了招徕异域诸国来朝，武后在证圣元年（695），公布了周边国家前来朝贡时，朝廷给予的资助标准。南天竺、北天竺、波斯、大食等国的使臣，资助6个月粮；尸利佛誓、真腊、诃陵等国使臣，资助5个月粮；林邑国使臣，资助3个月粮。圣历三年（700），武后再下敕规定：东至高丽国，南至真腊国，西至波斯、吐蕃及坚昆都督府，北至契丹、突厥、靺鞨，并为"入番"，以外为"绝域"。"入番"者入朝之使，全部按照令式规定的标准，给予经费资助。能够专门为他国来使报销沿途经费，在当时是非常先进的对外交往理念。这一政策的出台，表明武周张开怀抱，欢迎来自世界各地之人。

武后不仅大胆留用周边民族来附之人，而且会在需要之时，放任他们返回故土。临朝之初，武后就曾表示，寻找周边属国的后裔，令其归国还番，"继绝兴亡"。这样的政策引发了部分大臣的担忧。左补阙薛谦光认为，夷狄之人，躁动无信，所以古来圣王允许他们向慕朝化，但朝贡之后，就放他们归国。现如今，来自突厥、吐蕃、契丹之人，入侍之后，久留中土，或执戟丹墀，出任宿卫，或入学校，学习汉法。他们熟悉中原礼乐朝章，知晓治国经邦之术，对边塞盈虚、山川险易了如指掌。回归部落之

第七章 "神功"定边疆：武周的国防与边疆

后，由于仰慕中原文化，他们就会萌发窥边之意，于是借助对中原政权的了解，尤其是对山川地形、边防部署的了解，称兵入寇。万一国家守备不严，边防失图，则会让战火烧至国境附近，使中原直接面临战争威胁。为此，他建议武后禁绝周边族属再派质子入朝，也不要继续任用四夷之人，已在中原者，则放之归番。事实证明，他的建议并非杞人忧天。后来辅佐东突厥骨咄禄的阿史德元珍，就曾在单于都护府工作，负责处理突厥降户，并由此熟知中原风俗、边塞虚实。他的投奔，让骨咄禄如虎添翼，成功推动了东突厥的复兴。对此深有体会的武周宰相李峤，在后来给唐中宗的上书中，也强烈建议将在中原定居的"远方夷人"放还归国。薛谦光的建议虽有一定道理，但并不符合李唐建国以来的传统，也不符合武周处理民族关系、对外关系时的基本理念，所以并没有被武后采纳。

武后统治时期，边疆形势与边疆地区的军事管理体制也经历着变化。武后在王孝杰取重安西四镇之后，将安西都护府移往龟兹，并安排一支3万人的军队，长期驻守。军队驻扎边疆，需要从内地转运衣粮，劳费甚广，所以有很多大臣建议罢废四镇守军，但都被武后否决。李唐建立之初，对边疆地区的征战多采取行军作战体制。行军体制是一种战时出征制度，多在战争即将爆发或已经爆发的情况下，从内地抽调兵力，整编成军队前往征伐。战事结束，除留下少量兵力镇守之外，行军随即解散。所以，行军不是常备军，而是一种临时的野战军。在唐初对边疆地区采取攻势战略时，行军不失为一种有效的作战组织形式。从高宗仪凤年间开始，以吐蕃为代表的少数民族势力迅速崛起，唐王朝的边防战略由攻势转为守势。临战整编、战后即散的行军作战体制，已经无法适应新的边防形势需求，必须派驻一定规模的军队，长期戍守边疆，才能有效抵挡周边少数民族的攻击。于是，长期屯驻的镇军逐渐取代临战出征的行军，成为唐王朝应对周边侵扰的主要国防战略。武后上台后，曾经试图放弃沿边军镇，将都护、汉官以及镇军，全都放还，但事实证明，行军向军镇屯防、戍守备边军事管理模式的演进趋势，已经不可逆转。武后坚持以兵驻守安西四镇，当是认清上述边防形势的变化之后，做出的顺应时势之举。四镇之驻兵不可罢，肯定会带来驻兵轮戍与军粮供应两个方面的问题。武周时期镇军的屯防期限，史料中并未见到明确记载，很有可能是按照唐代防人上防期限执行，亦即一年放还。但由于边疆屡遭侵扰，兵力征募频繁，很难保障镇兵按期轮番，唐高宗时期留守百济的镇兵就已经出现了三年仍未放还的情况。这些镇兵中既有府兵又有募兵，其中以募兵为主。府兵

第七章 "神功"定边疆：武周的国防与边疆

平时为农，战时为兵，出征时需要自备物资，同时享受免除租役等方面的优待。募兵则不同，属于临时征募而来，国家除为其提供兵器等物资之外，还需向其发放军饷。若按一年的镇守期限来算，府兵与镇兵的待遇基本能够持平。一旦不能按期轮换，府兵的待遇则会大打折扣。唯一的办法就是，对这些超期服役的府兵，按照镇兵的标准发放军饷。如此一来，沿边镇戍的军队必然会转成以募兵为主，与之相应，国家的军费开支必然会随之增加。虽然武后统治时期，镇兵尚未完全募兵化，但这种趋势已经出现。狄仁杰主张罢守四镇的理由之一便是"费用不支"。军费开支以外，镇兵驻守期间的军粮供应，也是一大问题。行军体制下，仅留少数兵力镇守，军粮消耗量少，从内地调拨即可解决。转入镇军之后，留戍兵力增多。唐高宗总章元年平高丽之后，命薛仁贵检校安东都护，统兵2万镇抚。武后在安西都护府安置的镇军更是多达3万人。随着镇守军队人数的增长，军粮消耗量也成倍增加。如此一来，从内地调拨转输军粮的人力、物力成本大大增加。为了解决这些问题，武后鼓励边将大力开展屯田。武周建立之初，娄师德以左金吾将军兼任检校丰州都督，负责营田事务。在娄师德努力下，灵、夏等地的屯田开垦规模逐渐扩大，收获的粮食很好地保障当地驻军的需求，进而大大减少了军粮的运

武周霸业：唯一的女皇

输耗费，武后对娄师德的屯田成绩非常满意，特意下制褒奖。娄师德后来入朝为相，武后仍让其检校边境地区营田事务。娄师德之外，郭元振任凉州都督时，也让甘州刺史李汉通开垦屯田。这一举措大大提升了凉州等地的粮食产量，降低了粮食价格，而且为军队提供了充足的军粮。屯田政策的推行，不仅促进了边境地区农业的发展，而且提升了边防力量，有利于边境地区的稳定。

武后统治时期，边疆战事屡兴，但高宗统治时期开始出现的国无良将之窘境，仍在延续。仪凤年间，在李敬玄兵败青海后，太学生魏元忠就曾上书表达了对良将缺乏的担忧。他认为"兵无强弱，将有巧拙"，选将应该优先考虑智略，而不是勇力。高宗选派之将，多出自将门之后或死士之家，这些人勇武有余，但谋略不足，难堪大用。高宗自己也发出过自"李勣以后，实无好将"的感慨。武后对军事将领的重要性有着自己的认识。她在《臣轨》中，单列"良将"一章，专论良将对君主的重要性，并且提出了良将的重要标准。在武后看来，良将需要具备"五材""四义"。"五材"涉及智、明、信、廉、直，即"知不可乱，明不可蔽，信不可欺，廉不可货，直不可曲"。"四义"则指"受命之日忘家，出门之日忘亲，张军鼓宿忘主，援枪合战忘身"。良将还必须有战略眼光，掌握攻守之法，做到我攻则敌不

第七章 "神功"定边疆：武周的国防与边疆

可守，我守则敌不可攻，进退由己，方能游刃有余。除此之外，一名优秀的军事将领还不能犯骄贪轻敌之大忌，否则下场只有一个，那就是兵败被擒。基于以上认识，武后一直非常重视将领之选任，前文提及的程务挺、王方翼、黑齿常之、王孝杰等，都是武周时期的著名军事将领。比如王方翼，在西北地区为政多年，熟悉西域军情。曾任肃州刺史，后随裴行俭讨西突厥，并留在碎叶修筑城池。碎叶城每面三门，门呈曲折隐伏之状，西域诸族见后，觉得高深莫测。永淳元年（682），王方翼与西突厥阿史那车薄、三姓咽面在碎叶城东的热海大战之时，胳膊被箭射穿。王方翼抽出佩刀，将箭砍断，左右之人都不知道他已受伤。这一举动既是王方翼铮铮铁骨的表现，也是他注意细节，不以此扰乱军心的表现，毕竟主将阵前负伤，会大大影响军队的士气。再比如黑齿常之，不仅作战勇猛，而且颇有大将之风。他爱护将士，每次因战功所获之赏，总是分散给诸位将士，从不独享。有一次，一位军士损伤了一匹黑齿常之的好马，有关部门认为应该行笞责之军法。黑齿常之却说："为什么为了一匹私马笞打一名官员呢？"这些都是作为将帅风度的体现。遗憾的是，程务挺、王方翼、黑齿常之等人都在武周革命前后被杀或被构陷致死，均属非战斗性减员，导致朝中更加无将可用。在与默啜、契丹的战争中，武后甚至以薛怀义、武攸宜、武懿宗等人为统帅。薛怀义为武后男宠，毫无沙场经验，竟然也堂而皇之地挂帅出征，真是让人惊掉下巴。多亏薛怀义没有与突厥军队正面相遇，否则后果如何，不堪设想。武氏诸王凭武后暴贵，并无真才实学，遑论领兵征伐。当年裴行俭在世之时，曾根据自己的战场经验，撰写一本兵书，称之为《四十六诀》，其中记载了如何安置军营、行军布阵、预判胜负、甄选猛士等行军要诀。裴行俭去世后，武后曾经让武承嗣前往裴宅取走《四十六诀》。所以，武家子侄很有可能看过此书，也学过一些沙场点兵之术，但估计不得其门而入，只学了一点儿皮毛。他们在河北战场上的表现，真是一言难尽。武攸宜军驻渔阳不敢进，武懿宗军至赵州不敢前，终致幽州、赵州惨遭屠掠。王孝杰也坠崖而亡，将星陨落。若不是默啜突袭契丹后方，武周与契丹的战争要延续至何时，尚未可知。

　　朝廷缺将的问题，其时早已引发朝臣关注。天授三年（692）一月，左补阙薛谦光就已上疏，再度提出魏元忠当年关心的问题。他举例称，古来猛将，即便勇如周勃、赵云，也需要陈平、诸葛亮等人从中指挥，运筹帷幄，因此，将帅不一定勇于骑射，但必须善于料事，建议朝廷重视对将帅的甄选。但这一奏疏并未引起武后的太多重视。直到武周军队在河北战场与契丹久战不胜

第七章 "神功"定边疆：武周的国防与边疆

之后，武后才彻底意识到这一问题的严重性。契丹平后，武后在某一年的科举考试中，出了一道策问。她围绕边疆地区遇到的问题进行反思，认为朝中缺乏良将，边地治理缺乏良策，导致国家"辽水东西，城池不复；丸山左右，职贡犹迷"，要求应试者提出自己的应对之策。也是在这之后，武后决定设立武举，选拔军事人才。武举的考试内容包括：射长垛、骑射、马枪、步射、材貌、言语、举重。这些内容除了武艺、兵器、身高、力量之外，还有"言语"。所谓"言语"，即考查应试者是否有神采，是否堪任统领，这说明武举注重考查应试者的综合素质。在此背景下，武后愈加着意于提拔优秀的将相人选。前文所言出使吐蕃，与论钦陵成功斡旋的郭元振，在大足年间，被任命为凉州都督、陇右诸军州大帅。郭元振吸取突厥等频频侵至城下的教训，分别在凉州以南、以北分置和戎城、白亭军，大大拓展凉州所控范围。其中白亭军位于大碛之中，在凉州城北500里，大大削弱了突厥军队对凉州城的直接威胁。他还广开屯田，增加粮食产量，让凉州米价由最高时数千钱一斛，降至一匹绢可以买数十斛。屯田种粮大大增加了凉州的军粮储备，多至可供数十年之用。郭元振对凉州的治理，成效显著。曾在西域经略多年的唐休璟，不仅英勇善战，而且对西域的山川要害了如指掌。长安年间，西突厥乌质勒与其他部落间发生军事冲突，安西道绝，表奏相继。武后令唐休璟与宰相商量讨论应对之策。10余日之后，安西诸州上表请求兵马支援，时间与唐休璟预计的完全一致。武后大加叹异：恨用卿晚！又对魏元忠、杨再思等人说："唐休璟熟悉边疆事务，一人相当于你们十人。"于是提拔他为夏官尚书、同凤阁鸾台三品，进入宰相班子。契丹被平定后，先后出任检校幽州都督、并州大都督府长史的张仁愿，以及先后出任幽州都督兼安东都护、并州都督府长史的薛讷等人，不仅是武后依赖的边防大将，而且都成长为后世的著名将领。其中，张仁愿在开元年间于黄河以北修筑的三受降城，成为遏制突厥南侵的重要军事堡垒，对保障唐王朝北境安稳做出了重要贡献。

武周名相狄仁杰，在契丹之乱被平定后，由幽州都督一职入朝为相。有感于安西四镇、安东都护府的戍守并没有给武周带来边防的稳定，反而爆发了契丹的大规模叛乱，狄仁杰上疏建议捐弃四镇、罢守安东。狄仁杰罢守四镇、安东的理由，已见前文所述。那么，罢守之后，在边疆地区应该实行何种民族政策、执行何种边防策略呢？狄仁杰认为应该恢复各个区域原先的统治状态。具体而言，西域方面，放还阿史那斛瑟罗，立其为可汗，负责统领西域诸部，讨伐叛乱，安抚降服。高句丽方面，复立高氏

第七章 "神功"定边疆：武周的国防与边疆

为君，恢复高氏统治，命其守卫辽东。狄仁杰认为这样做一方面可以节省军费开支，另一方面可以减轻百姓劳役负担，起到"捐四镇以肥中国，罢辽东以实辽西"的效果，达到"国家有继绝之美，荒外无转输之役"的目的，可谓名实双收。至于武周的边防国策，狄仁杰建议采取边城警备、以逸待劳、坚壁清野的防御政策。这种政策一旦推行，必定会涉及武后的颜面问题，对武周的形象与地位也可能带来一定的影响。狄仁杰也考虑了这一问题。在他看来，四方诸族本就在先王封疆之外，他们生活于荒外绝域，活动区域多为不毛之地，得之无益于国，只能博取虚名。不仅如此，边鄙安宁之国，由于把过多的精力放在边疆，往往忽视内政建设，容易导致境内患生。所以他希望武后不要以绝域未平为念，只要四夷不侵扰边境即可，实在没有必要与他们计较一时之长短，必要时可平其老巢而后快。狄仁杰的这些建议，并没有被武后采纳。一方面，西突厥阿史那步真、阿史那弥射的教训殷鉴不远；另一方面，安西四镇的戍守，明显牵制了吐蕃侵扰，保证了西域的安宁，保障了丝绸之路的畅通。还有更重要的一点，武后希望通过镇守边疆维持李唐三圣（太祖、太宗、高宗）的武功大业，维护武周的大国地位与对外尊严，所以她直到圣历三年（700），还在扩大周边诸国"入番"的范围。狄仁杰希望放弃边地、内缩防线的提议,明显与武后的边防理念背道而驰,他对占领四夷之地只能博取虚名的辩解,也显得苍白乏力。不过,狄仁杰的这些建议是结合自身的边疆治理经验,从宰相角度出发,围绕纾解民困、减轻负担等目的,对武周边防外交政策得失的一种反思。这种反思切中了武周边防外交政策的关键问题,不失为解决边疆困境的方法之一,所以引发了有识之士的共鸣。也就是说,狄仁杰的奏疏虽不能行之于当时,却是时人对武周边防外交得失的共同思考。

第八章

鹦鹉的翅膀：武周晚年返政李唐

武后作为女性帝王，身份具有双重性：既是武家之女，又是李氏之妇。作为武周政权的开创者，武后身份的双重性决定了武周王朝自诞生之日起，便有着武、李二氏的双重性格。早在武后称帝之初，时为楚王的李隆基有一次在府僚的簇拥之下，前往朝堂拜见武后。金吾将军武懿宗看不惯李隆基车骑严整的威风样子，便对他大声呵斥。李隆基生气地还击道："这是我们李家的朝堂，你一个武姓之人，胆敢在这里放肆！"武懿宗与李隆基的朝堂争锋，其实暴露了武周政权必须要面对的一个问题：传武还是传李！随着武后年龄的增长，这一问题的解决变得越来越迫切。

一、鹦鹉折翼梦

武周政权的传承问题，不仅让武后劳心费神，而且是满堂朝臣都在关心的问题。武后曾经做过一个"鹦鹉折翼梦"。在梦中，武后见到了一只鹦鹉，毛色伟丽，非常漂亮。可惜的是，这只鹦鹉的两只翅膀全都折断了，飞不起来。她把宰臣们和武承嗣、武三思召集起来，把梦境讲给他们听，希望他们讨论一下梦境的寓意。问题抛出之后，宰臣们感到很惊讶，没想到武后大费周折，把他们召集起来，原来是为了解梦。他们又看了看身边的武承嗣和武三思，基本就能猜出武后的心思了，但谁都不想先回答，就装傻充愣地你看看我，我看看你，最后索性全都沉默不语。过了一会儿，狄仁杰接过了话题。他解释道，"鹉"就是"武"，所以这只美丽的鹦鹉，代表的就是武后自己；两个翅膀，代表的是武后的两个儿子，李显被外贬，李旦被幽禁，相当于翅膀被折断。所以，他建议武后扶立支持李显与李旦，鹦鹉的翅膀就又能飞了。狄仁杰对"鹦鹉折翼梦"的解释

第八章 鹦鹉的翅膀：武周晚年返政李唐

分为两个层次：第一，确定鹦鹉代表的是武后；第二，指出鹦鹉翅膀代表的是李显与李旦。

第一层次的解释，应该比较符合武后内心所想，也是宰相们都能想到的答案。由于"鹉"的发音与"武"相同，鹦鹉这种鸟类在武周革命前后，就已经被当作武后的代表与象征。薛怀义在注疏《大云经》之时，曾经引用过当时流行的谣谶，其中就有"西山飞一能言鸟""戴冠鹦鹉子""赖逢鹦鹉扶"等。"能言鸟"意即会说话的鸟，也就是鹦鹉。鹦鹉除了发音与"武"相同之外，还有其他鸟类不具备的另一种优势，那就是它在佛教经典中的存在。《杂宝藏经》《佛说长者音悦经》等佛经中，佛祖都说过自己往生曾是一只鹦鹉。所以，在佛教语境之中，鹦鹉是佛祖的化身。武后信奉佛教，利用佛教理论寻找女性称帝的依据，自然对佛经中鹦鹉的形象也不陌生。她把鹦鹉当作自己的化身，也有可能是在把自己比附成佛祖的化身。其实，在武周时期，不仅是鹦鹉，只要跟"武"沾边的天地万物，都可以跟武后联系起来。夏官侍郎姚璹曾因堂弟叛乱受牵连，被贬到桂州任长史。为了能够回朝做官，姚璹把桂州境内的山川草木调查一番，把名字之中带"武"字的，全部找出来，列了一个表单。他在给武后的奏疏中，把这个表单作为附件一并呈上，并声称这是他在遥远的桂州找到的能够证明武后享有天命的证据。武后看后大喜，调姚璹入朝担任天官侍郎。总之，在时人看来，鹦鹉代表的就是武后。狄仁杰对武后梦中鹦鹉的解释，是大家都能想到的，因此也是比较稳妥的。

第二层次的解释，是不是武后想听到的结果呢？从武后特意召武承嗣、武三思二人与会来看，这个解释可能并不符合武后的初衷。鹦鹉的翅膀有两只，完全可以代表在场的武承嗣与武三思二人。武后很有可能是在借此机会，为这两位武家子侄寻求宰相们的支持。宰相们，包括狄仁杰在内，基本也能明白武后内心的两只翅膀指的是谁。狄仁杰的解释其实是存在问题的，除了二武就在现场这一因素外，李旦当时仍为皇嗣，虽完全被武后控制，但毕竟还是名义上的储君。武后的两个儿子之中，只有李显被贬在外，跟"两翅俱折"的隐喻并不合拍。但是，狄仁杰作为"李唐老臣"，刻意回避二武，支持二李，其实是在表达自己的政治立场。众宰相之所以不愿意表态，也与他们并不想支持二武的政治立场有关。狄仁杰的解释与众人的沉默，让在场的武承嗣、武三思二人非常尴尬，脸一下子红到了脖子根。武承嗣、武三思等武氏子侄得不到朝臣的支持，是有原因的。

自从贺兰敏之被放弃之后，武承嗣就成为武后重点培养的

第八章 鹦鹉的翅膀：武周晚年返政李唐

接班人。在武后称帝之后，很快就有张嘉福组织王庆之等人请求立武承嗣为太子。没有得到武后同意，王庆之便一直死缠烂打。武后不堪其扰，交给凤阁侍郎李昭德处理此事。李昭德不管三七二十一，把王庆之拉出去一顿暴打，边打边对围观的朝臣喊道："这个家伙狼子野心，竟然要把我们的皇嗣废掉，立武承嗣为太子！"打完之后，令人将其杖杀。李昭德后来找到机会，劝说武后要谨慎选择储君。在他看来皇嗣是武后之子，只有把皇位传给自己的儿子，才能保证王朝代代相传。如果把自己的侄子立为太子，只能保证后代王朝在名义上姓武。万一武承嗣继承皇位，武家宗庙中供奉的只能是其父武元爽及其母亲的牌位，无论如何也不会有姑姑武后的一席之地。如此一来，武后将不能享受后代的祭祀。不仅如此，武后受先夫高宗所托，辅佐李唐后人，若武后把天下传给武承嗣，最后也会导致高宗无法进入皇家宗庙，落得无人祭祀的下场。李昭德的这一分析让武后深以为然，所以暂时放下了立武承嗣为太子的想法。武承嗣当时既是亲王，又被武后任命为宰相，是武周政坛炙手可热的人物。李昭德在私下提醒武后，要警惕武承嗣权势过重，避免他发动政变夺取天子之位。武后不以为然地说："武承嗣是我的亲侄子，是我信得过的心腹之臣。"李昭德却认为即便是亲生儿子也可能弑父夺权，

255

武周霸业：唯一的女皇

何况侄子与姑姑之间呢！武后于是罢免武承嗣的宰相之位，并任命李昭德为相。武承嗣由此对李昭德非常不满，不断谗毁报复李昭德，幸赖武后放言"吾任昭德，始得安眠"，才让李昭德免受攻击。李昭德的态度表明，武周朝堂之上存在一批不支持武承嗣的朝臣。他们之所以不支持武承嗣，应该与武承嗣的出身与其在武周革命前后扮演的角色有关。武承嗣的父亲武元爽，乃武士彠与相里氏所生。文水武氏是寒门小姓，武后当年谋取后宫之主时，这种出身便已带来不少阻碍，多亏母亲杨氏出身弘农高门，才勉强堵住了"反武派"之口。武承嗣就没有那么幸运了，他的祖母相里氏同为庶族小姓，无法帮助武承嗣抬升门第。武元爽因得罪杨氏被配流振州，武承嗣随父流放岭南。咸亨四年（673），25岁的武承嗣凭借武后的关系，从岭南被召回，方才授官起家。武承嗣在朝中毫无根基，其发迹完全因为他是武后的侄子。他必须无条件地支持武后，并在关键时刻为武后效力。为此，他在武后革唐建周的过程中，表现得非常积极，是武后登基称帝最忠心的支持者之一。不仅如此，他还建议武后大开杀戒，诛除那些不支持武后的李唐诸王以及公卿百官。如此一来，武承嗣在朝臣之中的口碑可想而知。武后虽然听从李昭德之言，将武承嗣撤出宰相班子，但开始刻意培养武承嗣在朝中的威望。就在罢相后不

第八章 鹦鹉的翅膀：武周晚年返政李唐

久，武承嗣就在明堂大飨中出任亚献，取代了本应由皇嗣承担的角色，之后武承嗣又被武后委以监修国史之任。天册万岁二年（696），武后封禅神岳，武承嗣又出任封神岳大使。出任亚献是抬升武承嗣在国家礼典中的地位，监修国史是提高武承嗣的文化声望，封神岳大使则旨在让武承嗣在内外百官以及四方酋长面前公开露面，提升他在国家内外的影响力。即便有武后的力挺与培养，武承嗣仍未表现出足以继承天下的德望。圣历元年（698），一直谋求太子之位而不得的武承嗣开始生病，并于当年八月在位于神都行修里的府邸内薨逝。武承嗣去世后，武后非常悲痛，追赠其为太尉、并州牧，并亲自撰写一首悼亡诗纪念这位侄儿，诗曰"天文璧合，长怀千月之悲；睿藻珠连，仍及九泉之路"，为之辍朝的天数，达到史无前例的 7 日之多。武后让武承嗣陪葬顺陵，永远伴随在祖母身边，并让营缮大匠刘仁景、雍州司马苏珦监护其丧事，为他举行了隆重的葬礼。武承嗣的墓志铭由堂弟武三思撰写志文，著作郎崔融撰写铭文，雍州录事参军长孙琬书丹。该墓志现已出土，据说是盗掘而来，辗转流入中国农业博物馆收藏。该方墓志边长达 120 厘米，是目前所见的唐代王侯级别墓志中规制最大的。这些都说明武后对武承嗣非常重视。武三思的志文盛赞堂哥的能力、人品与道德，与我们在传统史书中看到的武承嗣形象差距较远。

　　武三思是武氏子侄中的二号人物，其父武元庆也是相里氏所生，是武承嗣的堂弟。比起武承嗣而言，武三思的优势在于他的文采。武三思读过不少书，也能写诗作文。《全唐诗》中收录了9首武三思的诗。《全唐文》中收录了3篇武三思的文章，其中包括《大周封祀坛碑》《大周无上孝明高皇后碑铭》两篇非常重要的碑文。《大周封祀坛碑》是为武后封禅神岳而写，记载了封禅典礼的庄严与隆重，歌颂了武后时期歌舞升平的太平景象。《大周无上孝明高皇后碑铭》是武后于长安二年（702）在顺陵为纪念母亲杨氏修立的一通巨碑。碑文分别由武三思和李旦负责撰写、书丹，详细记载了杨氏的世系与生平，高度赞扬了她的美德，是一篇4300多字的长文。这些诗文引经据典、辞藻华丽，史书中称他"略涉文史"，应该是一种保守且带有偏见的评价。武三思虽善于为文，却也有着与武承嗣类似的性格特征。他们身处武周革命之际，都长于诬引他人。武后有一次举行宴会，令与宴者各自背诵一句古书箴言。宰相周允元说的是"耻其君不如尧、舜"，表达希望武后的统治能够以尧、舜为榜样之意。没想到此言一出，就被武三思抓住把柄，说他涉嫌污蔑武后。多亏武后头脑清醒，否则周允元真是百口莫辩。他们还会趋炎附势，

第八章　鹦鹉的翅膀：武周晚年返政李唐

对武后的男宠薛怀义、张易之、张昌宗等人，卑躬屈膝，卖力讨好。薛怀义外出骑马，武三思与武承嗣都会抢着给他牵马执辔。他们以亲王的身份，尊称张易之为"五郎"、张昌宗为"六郎"。武三思还利用自己的文采，为张昌宗量身作诗，称赞他是仙人王子晋再世。武三思在武周政坛的活跃程度仅次于武承嗣，曾在明堂大飨中充任终献，也曾在契丹叛乱后，出任榆关道安抚大使，与姚璹一起防备契丹。武承嗣在世时，作为堂弟的武三思是不可能有机会被立为太子的。圣历元年（698），武承嗣去世后，武后一度产生了立武三思为太子的想法，但因遭到狄仁杰等人的反对而作罢。

武承嗣、武三思以外，武氏子侄中比较活跃的还有武懿宗。武懿宗乃武士彟兄长武士逸的孙子，也是武后的侄子。武懿宗在武周朝先后担任洛州长史、左金吾卫大将军等职。武懿宗样貌短丑，性格胆怯。他曾被委任为神兵道行军大总管率军征讨契丹，但因惧怕契丹兵锋，从赵州往南逃至相州。后来张元一在酒会之上作打油诗一首，嘲讽武懿宗临阵脱逃："长弓短度箭，蜀马临阶骗。去贼七百里，隈墙独自战。甲杖总抛却，骑猪正南窜。"武懿宗身材矮小佝偻，所以张元一嘲笑他就连矮小的蜀马都要借助台阶才能跨上去。张元一还嘲笑武懿宗懦弱胆小，遇贼

武周霸业：唯一的女皇

南逃，抛甲弃杖，屁滚尿流。被嘲讽的武懿宗不服气，说这首诗是张元一早就想好的，不是临兴而写，不算什么本事。主持酒会的武后便命武懿宗临时出一个韵脚，让张元一现场作诗。武懿宗请以"菶"字为韵。"菶"是草木茂盛的意思，虽然《诗经》中已有"菶菶萋萋，雝雝喈喈"之句，但这个字仍然比较冷僻。武懿宗特意选择这样一个韵脚，当是觉得张元一肯定对不上来，就会当众出丑，自己也会挣回一些脸面。没想到张元一听到后，草稿都不用打，应声即成："裹头极草草，掠鬓不菶菶。未见桃花面皮，漫作杏子眼孔。"嘲笑武懿宗的裹头乱七八糟，鬓角杂乱如草，不仅看不到他的桃花脸面，而且只看到他发怒瞪圆的双眼。武后笑得前仰后合，武懿宗却恨不得找个地缝钻进去。武懿宗的样貌短丑，很难在气势上压倒其他朝臣。天官侍郎吉顼身材高大，走路昂首挺胸，喜欢目视远方，平时就给人一种"目中无人"的感觉，人送外号"望柳骆驼"。吉顼不仅长得高，而且很能讲，善于辩论。有一次他与武懿宗在武后面前争论，身材矮小的武懿宗仰头看着吉顼，根本插不上话。武后觉得吉顼仗着身材优势，故意凌辱武懿宗，非常不高兴。张元一对武懿宗的嘲谑是把他的样貌与胆怯联系在一起的。武懿宗的胆怯不仅体现在战场上。圣历元年（698），武后处斩接受默啜伪官的阎知微，命百官

第八章 鹦鹉的翅膀：武周晚年返政李唐

用弓箭射之。武懿宗看到阎知微身上插满了箭，腿都吓软了。他在距离阎知微七步远的地方，连发三箭，竟然一箭未中。武懿宗虽然胆小，但有时候却又莽撞敢言。有一次，武后在宫内举行酒宴，众人把酒赏歌，非常欢乐。武懿宗突然站起来说："臣急告君，子急告父！"武后被这句没头没脑的话，吓了一大跳，还以为他掌握了有人要谋反的关键情报，马上把他召过来问话。没想到武懿宗根本不是要告发谁，而是因为前段时间武后出台了一个政策，收回了享有实封的封主从封户直接征收封物的权力，改由朝廷统一征收，再按照标准发放给封主。这样的做法是为了防止封主征收封物之时，妄加索取，肆意加征，剥削封户，自然就会影响封主的灰色收入。武懿宗觉得自己收到的封物减少了，所以非常生气，可能借着酒胆，把心中不满发泄出来。如果只是抱怨几句，发发牢骚也就罢了，没想到他竟然用臣告君、子告父这样的话来危言耸听。武后了解完情况后，大怒，抬头仰望屋梁许久，待怒气稍解后才说："我们正在高兴地举行宴会，你却为了三两百户的封物，口出妄言，差点把我吓死，根本没有资格再做亲王。"命人把他拖下去。武氏诸王都来求情，说武懿宗生性愚钝，不是故意惹武后生气，才把武后劝住。

武懿宗虽然样貌短丑，性格胆怯，却为人狠戾，残酷好杀。

武周霸业：唯一的女皇

武周革命以来，武懿宗受武后之命，审理制狱，喜好诬陷，且广为牵引，害人无数，时人认为，其严酷程度，仅次于周兴、来俊臣等酷吏头子。契丹叛平后，武懿宗受命安抚河北。战乱期间，百姓有为了保命，被迫陷伪投降契丹者，武懿宗不加区分，把他们全部当作反贼杀掉。契丹有一个名为何阿小的将领，在反叛期间，残忍凶狠，嗜好杀人。由于武懿宗被封河内王，所以河北百姓中间广为流传这样一句话：唯此两何，杀人最多。武懿宗后又奏请，河北百姓只要曾经投降契丹者，全部族诛。真实情况是，河北百姓手无寸铁，素不习战，为求自保，投降契丹，并非真有反叛之心。武懿宗这种不分青红皂白扩大杀戮面的做法，引发了朝臣的反对。左拾遗王求礼认为武懿宗手握数十万重兵，望风而逃，导致契丹强势南侵，现在竟然要归罪于草野百姓，是为不忠，应该先斩武懿宗以谢河北。武懿宗心生惭愧，无言以对。

武后为了培养武家接班人，一直努力提升武家诸王的形象，培养他们的气质，提升他们的素养，积累他们的人脉。武后除了让他们在国家重要政治、军事、礼仪活动中，担当重要的角色外，还注重通过日常生活中的细节，渗透武氏诸王的影响。天授二年（691），武后在一次宴会上赐给群臣一种高头巾子，并称这种巾子为"武家诸王样"。从名字上推断，这种巾子应该是武家

第八章　鹦鹉的翅膀：武周晚年返政李唐

诸王经常佩戴的头饰之一。从武德以来，头戴巾子就是唐代文官名流的一种风尚。当时最为流行的一种巾子样式为"平头小样"。这种样式的巾子戴好后，差不多与头顶齐平，所以称为平头小样。武后为何突然要把这些高头巾子称为"武家诸王样"呢？有学者认为，这种变化很有可能与武氏诸王身材普遍矮小有关。武氏家族后人身材普遍不高大，尤其是男性诸王，反倒是武懿宗的妹妹静乐县主身高超过武氏兄弟。即便如此，静乐县主也是短丑之貌，时人戏称她为"大歌（哥）"。武后曾经与静乐县主并马而行，张元一为此作诗一首："马带桃花锦，裙衔绿草罗。定知帏帽底，仪容似大哥。"以此调侃静乐县主的身高问题。身高不够，巾子来凑。武家诸王只能把头顶的巾子竖起来，以此弥补身高上的不足。于是，"高头巾子"就产生了。这种巾子可能吸收了西域胡人所戴高尖胡帽的影响，戴上去之后树立在头顶，能够起到"人为拔高"的视觉效果。武后为了让武氏子侄能够引领时代潮流，影响时人审美，于是想用这种高头巾子取代平头巾子，让群臣"从头做起"，支持拥戴武家诸王。武后通过头饰变革将武氏子侄塑造为时尚盟主的实践，是否引发了流行风尚的转变，我们不得而知，但她由此打造他们亲贵、清流形象的努力，似乎并不成功。这一点从张元一对武懿宗的嘲谑即可窥见一斑。武氏子侄中最具有代表性的武承嗣、武三思、武懿宗都得不到朝臣赏识与支持，其他人更可想而知。

二、房陵召李显

武后在与契丹的交战中，已经体会到他们对李家宗室的认可与支持。契丹在围困幽州之时，曾喊出"还我庐陵、相王来"的口号。要求李显、李旦回归是契丹的战争策略，也可以看成是契丹未忘唐德的反映，若考虑到当时在河北战场上挂帅出征、争立功业的都是武氏诸王，这样的口号还能反映出契丹深知武周政权的软肋所在。武后最初并未理会契丹喊出的战斗口号，毕竟替武周政权在河北拼命的还是武氏诸王，若在此时决定扶立李显、李旦等人，实在让武氏诸王寒心。所以，在契丹被平之初，武后内心应该还是倾向于支持武氏子侄，这从她选择武延秀，而不是李显或者李旦的儿子，充当与突厥和亲的角色，即可看出。

圣历元年（698），武承嗣去世，武三思成为武氏子侄中最有可能争取太子之位的人。武后也一度想立武三思为太子。宰相狄仁杰力陈以为不可。他的理由与李昭德当年反对武承嗣的理由，

第八章 鹦鹉的翅膀：武周晚年返政李唐

如出一辙，都是从姑侄之亲不如母子之亲，高宗、武后能否祔庙的角度进行劝说。武后不耐烦地反驳狄仁杰：这是我的家事，你不要插手。这种思路与李勣当年支持高宗立武后时的说法，也是如出一辙。家事之说虽在当初坚定了高宗立武后的决心，却无法说服此时的狄仁杰。狄仁杰坚持认为天子以四海为家，天下事都应是天子家事。君臣本为一体，何况自己身为宰相，怎么能说不关自己的事呢？君为元首、臣为股肱这样的君臣一体观，就是武后在《臣轨》中一直强调的内容。狄仁杰此时把武后圣训搬出来，搞得武后哑口无言。宰相王方庆、王及善等人都同意并支持狄仁杰的意见，武后才稍微有所醒悟。

能够清醒地看透当时形势的，不只有狄仁杰等宰相们，时任右肃政台中丞吉顼也是其中之一。吉顼其人进士出身，初任明堂县尉，因告发箕州刺史刘思礼与洛州录事参军綦连耀妄言图谶，广为罗织，以成大狱，并以此功进入右肃政台工作。吉顼与张易之、张昌宗兄弟二人关系亲密，知道二张毫无德行功业，全凭武后宠幸得势。眼看武后步入晚年，二张势必不可长久。吉顼便私下劝二张想办法立大功于天下，否则前途堪忧。二张听后，惧怕不已，于是一把鼻涕一把泪地请求吉顼支招。吉顼给他们分析了当时的政治形势：武后已经年迈，必须思考储君人选，但武氏诸

武周霸业：唯一的女皇

王全都得不到朝臣支持；天下之人仍然怀念李唐，全都希望召回庐陵王李显。所以，他建议二张找准机会，向武后建议复立庐陵王。若庐陵王得立，则二张具有拥立之功，此乃长保富贵之计。二张深以为然，便经常在武后面前提起庐陵王，并建议把庐陵王召回神都。武后得知这是吉顼出的主意，就把他召来问话。吉顼趁机把其中的利弊得失，详细奏陈。在众人劝说之下，武后开始改变主意，决定把李显征召回朝。

圣历元年（698）三月，武后以庐陵王李显身体有疾为由，命职方员外郎徐彦伯前往房陵，把李显以及王妃韦氏、诸子全都接到神都，治疗疾病。此时的李显，已经在房州待了14年。这14年中，李显虽然远离神都，但他深知遥远的距离并不能给他带来更多的安全，自己虽身在房州，但命运却掌握在洛阳朝堂。因此，李显每次听说朝廷派遣使臣前来，都会胆战心惊，害怕到想要自我了结。遇到这种情况，韦妃总会劝夫君看开一些，毕竟祸福相依，人生无常，谁都不免一死，没有必要如此惧怕。在房州的日子里，多亏韦妃陪伴左右，常加宽慰，否则李显可能早就自杀而亡了。相依为命的流放生涯，增进了夫妻二人的感情。李显曾立下誓言，若有朝一日再见天日，一定要让韦妃做尽想做之事，绝对不会加以限制。前往房州的路上，韦妃已有身孕，还未

第八章 鹦鹉的翅膀：武周晚年返政李唐

到房州之时，便已生产。李显把自己的衣服脱下来，披裹在刚出生的女儿身上，由此取名裹儿。裹儿的出生与长大，也让李显寂如死灰般的生活，平添一丝乐趣。裹儿生性聪敏，容貌殊丽，深受李显夫妇宠爱。尤其是李显，自己出身皇室，还曾君临天下，但裹儿却从出生之日起，便与他一起过着朝不保夕的生活，他内心觉得亏欠这位小女儿太多。不知不觉之间，裹儿竟然已经长成一位14岁的少女了，真是时光易逝，让人唏嘘不已。不过，一切的等待都是值得的。随着徐彦伯的到来，李显一家终于可以回到洛阳，回到日思夜盼的皇宫之中了。

为了确保李显的安全，徐彦伯让李显穿上内人服装，乔装打扮后，一路入洛。由于保密工作做得好，只有武后以及参与召回之人知道此事，外朝大臣莫知其情。待李显回宫后，武后再次把狄仁杰召入内殿，讨论储君之事。武后先试探性地要求狄仁杰改变之前的想法，并继续提出要立武三思为太子。狄仁杰从容应对，认为如今的天子之位是从太宗皇帝那里传下来的。太宗皇帝传给了高宗皇帝，高宗皇帝驾崩后，理应由高宗冢嫡继承。武后受高宗顾托，掌管天下，如今的传承之人，自应首先考虑庐陵王。李唐先祖栉风沐雨，身陷锋镝，打下江山，岂是为了把政权传给武三思？武后明白了狄仁杰内心的坚定，大声喊道："你不是我的大臣，你是李唐社稷的大臣！"于是掀起垂帘，让李显与狄仁杰相见。狄仁杰没想到李显已经回宫，这让他又惊又喜，不觉老泪纵横，久不能起。狄仁杰认为武后迎回李显之事，外人皆不知情，坊间都以为庐陵王仍在房陵。自己若非亲眼所见，肯定也不会相信李显已在神都。若武后突然宣布此事，肯定会让臣民心生疑惑，难辨是非。武后认为狄仁杰的想法非常有道理，但又觉得让李显再回房陵也毫无必要，于是决定让李显住到洛阳龙门之南的石像驿，然后准备法驾，命百官前往迎接，回到神都宫中。

　　李显的回归意味着武氏诸王彻底失去了争夺储君的可能。武承嗣此时已经病重，心有不甘但也无能为力。这份不甘之中，既有自己没能当上太子的落寞，也有武氏子侄再无机会的遗憾。武承嗣薨后，唯一需要解决的就是皇嗣李旦的问题。李旦是唐高宗的小儿子，李显被废后，被武后立为傀儡皇帝。武后登基称帝后，便给他安了一个皇嗣的名义，作为名义上的储君，被幽禁在东宫。李旦不仅毫无皇太子的威风，而且像他远在房州的兄长一样，过着提心吊胆的生活。垂拱三年（687），李旦还是皇帝之时，宰相刘祎之私下对自己的同事贾大隐议论朝政，认为武后既然已经废昏立明，为何还要临朝称制？不如把权力彻底交给

第八章　鹦鹉的翅膀：武周晚年返政李唐

皇帝，也让天下之人安心。没想到贾大隐竟然偷偷把刘祎之的话上奏武后。武后认为刘祎之是她一手提拔上来的，竟然会背叛自己，因而非常生气。于是，武后命人诬陷刘祎之收受贿赂，又与别人的小妾私通，将他治罪，赐死于家。李旦得知此事后，认为此事因他而起，就上疏为刘祎之求情。刘祎之的亲友都来祝贺他，认为有了皇帝的帮助，肯定可以免除罪责。殊不知刘祎之却认为皇帝此举不仅毫无用处，而且只能帮倒忙，加速自己的死亡。刘祎之的考虑是正确的。他希望武后让出权力，把李旦推向前台，李旦是受益者。如果此时李旦站出来为他说话，相当于坐实了两人有利益交换，从而让武后确信李旦与朝臣联合起来对付自己，效果可想而知。

李旦被降为皇嗣后，处境更加恶劣。首先，武后严厉禁止他与朝臣来往。长寿二年（693），尚方监裴匪躬、内常侍范云仙不小心犯了忌讳，私下去拜访了李旦，结果被腰斩于市。其次，武氏子侄一直在谋取太子之位，从唆使他人请求更换太子，到夺走大飨亚献之位，再到把皇嗣之子全部从亲王降为郡王，皇太孙李成器也被降为寿春王，就连名义上的再传储君之位，都没能保住，真是各种明争暗夺，频频上演。最后，针对皇嗣的告密行为屡有发生。长寿年间，曾经有人告发皇嗣意图谋反，武后命来俊臣提审皇嗣身边之人。很多人受不了来俊臣的严刑拷打，只能承认皇嗣谋反。太常乐工安金藏却坚称皇嗣不反，并表示若来俊臣不相信他说的话，他可以把心脏挖出来给他看。说罢，就拔出随身佩刀，剖开胸膛。一时间五脏六腑涌出，血流满地。武后听说后，派人把安金藏接到宫中，命御医把五脏六腑塞回，又用桑皮线把伤口缝合，撒上药物止血疗伤。手术做完后，过了一个晚上，安金藏才苏醒过来。武后亲自前来探视，并表示自己无法证明亲生儿子的清白，才害得安金藏落到今天这个地步，遂下令停止推查此案。李旦侥幸躲过一劫。

经历了如此多的风波之后，李旦已经明白自己并不能博取母后的欢心，也不是她心目中首选的皇位继承人。周唐革命的残酷无情，渐杀渐少的李氏宗亲，如履薄冰的东宫生活，都让李旦对最高权位的争夺失去兴趣，唯求能够保全性命，便是最大的幸运了。当他看到李显从房陵回到神都后，不仅没有感到危机，反而如释重负。既然当初可以把皇位让给自己的母后，现在也可以把皇位候选权让给自己的兄长。李旦于是顺势而为，一再申请取消皇嗣称号，并且称疾不朝，坚持要求让自己的兄长接管东宫。圣历元年（698）九月，庐陵王李显被立为太子，开始了他这一生中的第二次储君生涯，李旦则被封为相王。由

第八章　鹦鹉的翅膀：武周晚年返政李唐

于李旦为太子时，一直被软禁在东宫，而且只能在宫内朝拜武后，不能与外朝接触，宰相王及善认为新太子如果仍被限制在宫内活动，不仅不利于树立威信，而且难免让人产生疑虑，产生各种猜测，所以他请求让新太子跨出深宫，与群臣一起在外朝参加朝谒，以宽慰人心。

李显被立为太子后，接到的第一个任务就是出任河北道元帅，征讨突厥。这一任命刚刚公布，洛阳城内就涌出大量百姓，前来应募为兵，以至于北邙山头人满为患，无处落脚。不仅是在洛阳，在其他地方也有类似情况发生。比如在相州，时任相州刺史吉顼到任后募人为兵，无人响应。听说李显被立为太子并出任元帅后，每天前来应募之人竟然达到千人之多。回朝后，吉顼把这种前后对比写成一封奏状，汇报给武后。武后没想到复立李显的决定，能够得到天下百姓如此拥护。欣慰之余，她让吉顼在朝堂之上，把状中内容诵读一遍，让满朝文武得知太子的号召力。在这之前，武后曾经命武三思出面募集兵士，这种差距也让武家诸王惭愧不已。当然，作为刚刚被任命的太子，李显并没有随军出征。前线征战事宜由狄仁杰以副元帅的身份进行指挥，吉顼则出任河北道行军监军使，随军出讨默啜。

271

三、融合武李情

李显被立为太子,说明武后决意返政李唐,但并不意味着她彻底放弃武氏子侄。由于武周革命以来,武氏子侄在构陷、残害李唐宗亲过程中,扮演着比较重要的角色,这让武、李两家不可避免地产生矛盾与隔阂。不仅如此,武后临朝以来,李显被外放,李旦被幽禁,对朝廷的贡献较少,反倒是武氏子侄活跃在朝堂内外,为武周冲锋陷阵。武后最终把储君位子还给李家,武氏子侄也会心生不满。如此一来,如何减少、弥合双方的矛盾,就成为武后晚年需要解决的一大问题。

圣历三年(700),吉顼因事被贬安固县尉,临行前,得到武后召见。吉顼一直关心并参与武后晚年的立储问题,所以希望在出贬之前,针对这一事情再次提出自己的建议。他问武后:如果把水和土合在一起,混成泥,水和土还会有争议吗?武后回答:没有争议。吉顼又问:如果把一半泥塑成佛像,另一半泥塑成天尊,双方有争议吗?武后回答:有争议。吉顼再说:如今朝堂之上太子已立,李氏宗室地位确立,但本应为外戚的武氏诸王却仍为亲王,双方角色定位不清,势必导致日后相争,两败俱伤。武

第八章　鹦鹉的翅膀：武周晚年返政李唐

后表示自己也已经考虑到这一问题，但木已成舟，自己也无可奈何！在李显复立的背景下，武后的无可奈何，其实就是不想剥夺武氏子侄的亲王身份。这是武后最后的坚守与倔强，毕竟她是武周政权的开创者，是武家的代表。虽然表示无可奈何，但武后还是通过实际行动调和武、李两家的矛盾。这些行动主要体现在以下几个方面。

第一，武后把李显改名武显。通过姓名的调整，表达某种政治倾向，是中国古代帝王常用的手段，尤其把皇室之姓赐给非皇室成员，意味着将非皇室成员纳入皇家属籍，这是一种莫大的肯定与荣耀。比如李敬业的祖父李勣，原名徐世勣，因功被赐姓李，又为了避李世民之讳，改称李勣。同样的道理，如果非皇室成员做出谋逆、叛乱等行为，之前的赐姓就会被收回，以示惩戒。李敬业就因为起兵反武，而被改回本姓，称为徐敬业。在更改姓名表达好恶方面，武后是行家里手。除了李敬业被改回徐敬业之外，武后的堂兄武惟良、武怀运被改姓"蝮"；李贞、李冲父子发动叛乱后，也被削夺属籍，改姓"虺"；契丹李尽忠改名李尽灭、孙万荣改名孙万斩；突厥默啜改名斩啜等。这些都是改恶名、恶姓者。武后也会把武姓赐予对她效忠之人。比如李敬业的叔叔李思文。李思文官至润州刺史，反对李敬业起兵并告发

273

其阴谋。李敬业恨他与武后为党,就把他改称武思文。叛乱平定后,武后为表彰他的忠心,正式赐他武姓。武思文是第一个被赐武姓的大臣。要知道,这个时候武后还没有登基称帝,武思文也是瞅准了武后大权在握,所以主动请求改姓。武后称帝之初,继续使用这一手段,把降为皇嗣的李旦改姓武。这种做法是史无前例的创新之举。李旦本身就是皇室成员,又是武后之子,既不需要通过赐姓来建立与皇室的属籍关联,也不需要通过赐姓建立与武后的拟血缘关系。问题在于,武后是武姓皇帝,但作为储君的皇嗣却姓李,两者并不匹配。于是,武后本着自我作古的精神,让儿子改随母姓,以适应周唐政权已经改易的时代背景。李显的改姓在延续了这一思路之外,还暗含着武后更深的考虑。李显改姓武,意味着与武后、武氏子侄同属武姓,双方构成一个"大家庭",这个"大家庭"的户主是武后。所谓家和万事兴,以武显、武旦为代表的原李家宗室,与以武三思、武懿宗等人为代表的武家宗室,彼此之间应该以家人之礼相待,相亲相爱。这个"大家庭"如果放大到国家层面,就成为一个"大宗室"。这个"大宗室"中的所有男性成员,都可以是国家的亲王。按照武后的设想,在她去世之后,这种"大家庭""大宗室"的最高权力结构继续保持。这种结构得以保持的前提就是继任的皇帝需要姓武,

第八章　鹦鹉的翅膀：武周晚年返政李唐

否则武氏家族的成员，将失去与这个"大家庭""大宗室"联系的纽带，从而被踢出宗室行列。

第二，武后积极促成武、李联姻。婚姻关系的缔结，是促进两姓融合、缓和两姓矛盾最直接、最有效的手段，政治联姻也是中国权贵阶层婚姻中常见的现象。武后凭借自己既是李显、李旦等人之母，又是武承嗣、武三思等人之姑的双重身份，凝聚武、李两家的。在此之前，武后已经成功地把太平公主嫁给了自己的侄子武攸暨。太平公主是武后与高宗的小女儿，长得方额广颐，而且颇有权术。武后认为所有的子女中，只有太平公主最像自己，对她犹加宠爱。当初吐蕃求和亲，相中太平公主。武后不忍心太平公主远嫁，就为她建了一座太平观，让她做女道士，以此回绝吐蕃的要求。开耀元年（681），武后为太平公主选择了出身河东薛氏的薛绍为驸马，并为两人在万年县的县衙中，举办了轰动京城的豪华婚礼。婚礼照明用的火烤焦了沿途的树木，更为夸张的是，为了超大规格的婚车能够通过，只能把县衙的院墙拆除。两人婚后生活安静幸福，然而好景不长，薛绍卷入了李冲等人的谋反案件之中，于垂拱四年（688）被捕，饿死狱中。太平公主寡居后，武后便开始在武氏子侄中为她选取第二任丈夫。最初选中的是武承嗣，但因为武承嗣其时身体有病，两人未能成婚。后来选中的便是武攸暨，武攸暨是武后伯父武士让的孙子，当时任职右卫中郎将。武攸暨当时已经结婚，武后便暗中让人杀掉他的妻子，让他娶了太平公主。这是武、李两家的第一次联姻。武后之所以一定要为太平公主选择一个姓武的丈夫，就是为了要让武、李两家你中有我，我中有你。李显被召回后，武后继续推动武、李两家的联姻。她先是把李显的女儿永泰郡主李仙蕙嫁给武承嗣的儿子武延基，又把安乐郡主李裹儿嫁给了武三思的儿子武崇训。武崇训与安乐郡主的婚礼，成为洛阳城内的一件大事。安乐郡主随李显住在东宫。武崇训的迎亲队伍从东宫南面正门重光门内迎娶安乐郡主后，浩浩荡荡地从宫城出发，一路到达位于天津桥南的武家宅第。武三思好文，喜附庸风雅，让宰臣李峤、苏味道，词人沈佺期、宋之问、徐彦伯、张说、阎朝隐、崔融、崔湜、郑愔等人作《花烛行》之诗，纪念武崇训与安乐郡主的大婚。除此之外，武后还把李显之女新都郡主嫁给武承业之子武延晖。如此一来，武、李两家结成了关系紧密的婚姻集团。尤其是李显之女与武氏后代的联姻，让武崇训、武延晖等人成为李显的女婿，这让他们在李显登基之后，成功地留在了权力核心圈内。诚如武后所愿，这个婚姻集团在她去世后，保障了武三思、武延秀等人在政坛上的影响力，直到玄宗即位之后，才逐渐退出

第八章　鹦鹉的翅膀：武周晚年返政李唐

历史舞台。

　　第三，武后合理安排武、李两家的权力关系。在武则天晚年的政治构想中，李显任储君，以后继承大宝；武氏子侄则要担任朝中要职，既呈辅佐李家之势，又延续武家的政治影响与家族地位。李显回归以后，武氏子侄中，武三思作为武承嗣之后武家最具影响力的人物，虽然几次出任宰相，但每次任职时间都不长。武三思以外，武攸宁也曾短暂出任过宰相，再无其他人有任相经历。这说明武后已经不在意于让武氏子侄们以宰相的身份参与朝政，这应该是吸收当年李昭德针对武承嗣提的建议，尽量不让他们既为亲王，又为宰相，以免权力过重引发朝臣非议。除此以外，武家第三代中，多人身为驸马，也不适合出任宰职。虽然武氏子侄任相经历不丰富，但他们对朝政的影响力并未削弱。武三思是诸武的精神领袖，虽然在武周晚年主要担任太子宾客之类的闲散之职，但他仍是武后非常信任的武氏子侄。长安二年（702），武后甚至一度打算起用武三思出任大谷道行军大总管，征讨突厥，后因事未能成行。武后晚年，厌居深宫，武三思投其所好，建议修筑离宫以供游赏消暑。圣历三年（700）三月，武三思奏请建立的第一座离宫——三阳宫建成。三阳宫在洛阳告成县之石淙，距离洛阳城160里。四月，武后带领包括李显、李旦、

武周霸业：唯一的女皇

武三思、狄仁杰、姚元崇、张昌宗、张易之等人在内的宗亲及文武官员，前往三阳宫避暑。在三阳宫期间，武后服用道士胡超炼制的长生之药，疾病有所好转，遂大赦天下，改元久视。武后还在石淙河岸大宴群臣，御制《石淙》诗曰：

> 三山十洞光玄箓，玉峤金峦镇紫微。
> 均露均霜标胜壤，交风交雨列皇畿。
> 万仞高岩藏日色，千寻幽涧浴云衣。
> 且驻欢筵赏仁智，雕鞍薄晚杂尘飞。

诗中赞赏了石淙河附近的山水景致，无疑对武三思费尽心思寻找的离宫之所非常满意。李显等16位随从之臣也奉和应制作诗。心情大好的武后命人将其刻在石淙河岸的石壁之上，至今犹存。武后此次在三阳宫滞留时间很长，直至七月才返回神都，就连李楷固等人的献俘之礼都是在三阳宫含枢殿完成的。次年五月，武后再次到三阳宫避暑。三阳宫离洛阳较远，往返花费时间较长，耗费亦广。武后第一次在三阳宫避暑时，由于待的时间过久，还遭到右补阙张说的批评。武三思再次出面为武后解决这些后顾之忧，他建议在距离洛阳寿安县西南40里的

第八章 鹦鹉的翅膀：武周晚年返政李唐

万安山上再修一座兴泰宫。时任左拾遗卢藏用认为再造离宫，劳民伤财，建议不能动工，但不为武后理睬。为了向朝臣表明不再临幸三阳宫，武后决定拆毁三阳宫，并把拆下来的木材用于修建兴泰宫。长安四年（704）正月，兴泰宫正式动工，三个月后完工。两座离宫的修建表明，武三思已成为武后最为倚重的武氏子侄。

武氏的其他子侄，主要转向武职，在军事领域与军队控制方面发挥影响。武后在平定契丹时，已开始注重对武氏子侄军事能力的培养。武三思、武懿宗、武攸宜都曾率军征讨，并在攻克幽州、冀州的过程中，立下一定功劳。时人张说有《为河内郡王武懿宗平冀州贼契丹等露布》等文章流传至今。武攸宜还担任过右羽林卫大将军、左武卫大将军等职，在北门禁军与南衙卫队中都有一定影响。司属卿武重规则在圣历元年被任命为天兵中道大总管，讨伐突厥默啜。这些都是武氏子侄在军事领域发展的表现。在与武氏子侄有关的军权分配事宜中，最为重要的当数武懿宗与武攸归对神都屯兵的掌控。圣历元年（698）十月，就在李显被立为太子之后的次月，武后下制，明确把神都屯兵的军队控制权，分由河内王武懿宗与九江王武攸归统领。此举意图很明显，就是让武氏子侄能够掌控神都的警卫与安全。

武周霸业：唯一的女皇

第四，武后命武、李二氏立誓于明堂。圣历二年（699），武后命太子李显、相王李旦、太平公主、武攸暨等武、李二氏成员，共立誓文，约定彼此之间和睦相处、不相互攻击。为了加强誓约对武、李成员的约束，武后让他们全部到明堂集中，举行祭告天地大礼，让他们向天地神明保证，一定遵守誓约。武后还把誓约内容铭之于铁券，藏于史馆，以示誓约永不朽坏，流传后世，可以约束世世代代的武、李后人。誓约既已立好，武、李两家后人就应该摒弃前嫌，减少摩擦。久视二年（701）九月，李显长子邵王李重润前往妹妹永泰郡主家聊天，恰巧驸马武延基也在。他们在聊天时，话题不觉转到了武后的男宠张易之兄弟身上。结果由于意见分歧，双方大吵一架。事情很快传到武后耳中，惹得武后大怒。首先，他们不应该背后议论武后与张易之兄弟的关系；其次，在武后看来，他们不至于为这种事情，闹得如此不可开交，肯定是双方把武、李两家那些陈芝麻烂谷子的往日恩怨再度提起，才彻底激怒对方。如此一来，李重润、李仙蕙、武延基便违背了之前的誓约。这种冲突往小处讲会让李重润与妹夫的关系紧张，往大处讲则可能会影响武后的政治规划。为了及时刹住这种风气，武后延续了年轻时强硬的政治作风，逼令自己的孙女与孙女婿自杀。

第八章　鹦鹉的翅膀：武周晚年返政李唐

武后通过自己的努力，试图化解武、李两家的矛盾冲突。武、李两家的和平相处成为武后的政治愿望之一。除了上述具体的各项措施以外，武后还希望通过一些带有寓意的政治表演，来达到这一目的。史书中记载，武后有一次把一只猫与一只鹦鹉放在一起展示，命御史彭先觉监护，在文武百官以及天下朝集使中间传看。还没等传阅完毕，饥饿的猫儿就把鹦鹉咬死后吃掉了。在这个故事中，鹦鹉代表的是武后或者武氏子侄，但让人疑惑的是，猫本就具有捕食鸟类的习性，武后为何要把它与鹦鹉放在一起呢？猫与虎类似，唐人为了避李虎之讳，会用"武"来代替虎，所以猫会与"武"联系起来。不仅如此，在古代"猫""狸"相同，"狸"又与"离""李"谐音，所以猫又会与"李"联系起来。猫由此具有了"武""李"二氏的双重象征意义。武后把猫与鹦鹉放在一起展示，应该是为了向百官传达调和武、李的政治意图。让武后没想到的是，这两只动物的配合度不够，没能完成该有的表演，结果让武后非常尴尬。由于鹦鹉代表的是武家，所以有人认为这对武周而言，是不祥之兆。妄加揣测的预言自然不可相信。历史发展的事实表明，武显即位后不久就恢复了李姓，但武三思等人也继续在政坛上呼风唤雨。武后的良苦用心，虽然没能完全实现，但也得到了一些回报。

四、西返长安城

李显被立为太子之后，远在关中的长安城，成为武后传递返政李唐信号的理想场所。武后虽然远离长安，但对这座曾经生活过、打拼过的城市，对这座李唐王朝的都城，她一直关注着、经营着、控制着。

大足元年（701）十月，武后从洛阳启程西入关中，到达长安后做的第一件事，就是大赦天下，改元长安。武后一生用过很多年号，从她登基称帝算起，共有天授、如意、长寿、延载、证圣、天册万岁、万岁登封、万岁通天、神功、圣历、久视、大足、长安和神龙14个年号，而她在位一共15年的时间，年号改易之频繁，在中国古代帝王中是少见的。有些年号甚至只用过几个月时间，比如如意这一年号，就只行用5个月左右的时间；再比如延载二年九月改元天册万岁，次年腊月改元万岁登封，至三月又曾改元万岁通天。武周年号的更换，大都带有武后明确的寓意，或者对某些特殊节点的纪念。比如长寿，就是因为她在69岁那一年齿落更生。一般人到老年，牙齿脱落绝无再生之理，但武后却能再生新牙，不得不说是一个生理奇迹，

第八章　鹦鹉的翅膀：武周晚年返政李唐

为此她特意改元长寿，寄托自己对长寿的渴望。比如万岁登封，是为了纪念封禅嵩山；万岁通天，则是为了纪念通天宫的落成。长安这一年号则兼具以上两种意图。首先，"长安"字面意思为长久平安，寓意武周政权平稳行远，安定长存；其次，长安又是长安城的名字，是她阔别19年后重新踏入的李唐都城，这一具有特殊意义的时间节点与行幸空间，在武后的统治生涯中，值得永远被铭记。

在离开长安的19年里，武后无时无刻不关注着长安的动向。为她提供长安情报的就是她安排在长安的留守们。高宗去世后，武后不欲西返，第一个站出来为她留守西京的是李唐老臣刘仁轨。刘仁轨在武后临朝之初，力保长安稳定，为武后掌权提供了重要支持。刘仁轨之后，苏良嗣、魏玄同、裴居道等人在武后临朝期间，镇守长安。这三人都是武后提拔的宰相，其中裴居道还是太子李弘的岳父，都是武后的支持者。他们的努力，让武后成功度过了充满压力的临朝称制时期。不过，长安的百姓也能嗅出革命的气息，他们对武后把朝廷扣留在洛阳，大为不满，要求武后西返长安。此时正值武周革命前夕，为了稳住长安百姓，武后派出了豆卢钦望前往长安担任留守，化解舆情，安抚百姓。豆卢钦望此时担任左千牛卫将军，主要职责之一就是朝会之时，安排皇帝

283

贴身带刀侍卫的人选，是负责宫殿侍卫的重要武职。由此可知，豆卢钦望是武后非常信任的心腹之臣。豆卢钦望还是武则天的表侄，又是李旦之妃豆卢氏的伯父，属于李唐皇室的外戚。由他前往长安，能起到更好地安抚关中百姓的效果。天授革命以后，武氏子侄成为替武后留守长安的主力军，最主要的两个人物是建安王武攸宜和会稽王武攸望。两人不辱使命，留守长安期间，不仅挫败长安周围的反叛活动，而且成功借助雍州万年县霸陵乡境内涌出庆山、醴泉一事，宣扬武后享有天命，为武后统治大造舆论。

大足元年武后西返之前，在长安留守的是建安王武攸宜。武攸宜于万岁通天元年以清边道行军大总管的身份出讨契丹，后在幽州战场击败孙万荣主力。虽然默啜的偷袭至关重要，但武攸宜毕竟是前线作战的指挥将领。契丹平后，武攸宜回到神都，成为安定武周的功臣。圣历二年（699），就在武、李二氏于明堂立誓后不久，武攸宜西入关中，代替武攸望留守长安，至长安元年武后到来时，他在长安已经待了两年。我们不能确定武后在圣历二年就有了西返长安的想法，但也不能排除武攸宜是带着武后的某些意图，先行到长安进行车驾西返的准备工作。按照唐代的规定，车驾回京之时，留守百官需要出城迎接，留守宫内人员需要在宫殿门外迎接。由于从龙朔年间开始，长安城的政治中心已经

第八章　鹦鹉的翅膀：武周晚年返政李唐

从太极宫转移至大明宫。大明宫投入使用后，先被改名蓬莱宫，后又改名含元宫。武攸宜应该在含元宫外列仗迎接武后车驾。武后踏入含元宫后，熟悉的宫殿楼阁映入眼帘，环顾四周，庭院中长满的都是当年宫殿落成时栽种的桐柏。睹物思人，看到这些，她怎么可能不想起自己的夫君，怎么可能不想起李唐的创业先祖？武后下令把含元宫改回原来的名字——大明宫，这是当年太宗文皇帝兴建这座宫殿时所使用的名字。

长安年号的更改，大明宫名字的恢复，都在向长安百姓传递着返政李唐的政治信号。武后在长安还进行了其他政治活动。长安二年（702）八月，武后下敕规定，从今以后，所有告发"扬州及豫、博余党"的案件，一律不问，内外百司均不得受理。扬州余党，指参与李敬业叛乱之人；豫、博余党，指参与李贞、李冲叛乱之人。这两个叛乱是武后临朝之时，公开反叛的两股最大势力，也是她当初遇到的最大挑战。所有牵扯其中之人，哪怕位高权重如裴炎、手握重兵如程务挺、关系亲密如薛绍，武后全部格杀勿论。时至今日，武后对此已经淡然超脱，选择与之和解，意味着与支持李唐反对武周之人和解，从此以后，朝臣再也不必担心因为反对武后当皇帝而受到诛杀了。同年十一月，武后继续与以往和解。监察御史魏靖上疏请求武后，重新审理来俊臣推治的大狱，为蒙受冤屈之人主持正义。武后表示同意，命监察御史苏颋复查来俊臣等酷吏审理的重大案件，昭雪赦免大量负冤之人。

在政治环境相对放松的条件下，越来越多的大臣，开始敢于表达自己的政治见解。大足元年（701），武邑人苏安恒投匦上疏，给武后提出三大建议：第一，禅位东宫，自己颐养天年；第二，解除诸武亲王身份；第三，封李氏孙辈为王。这三条建议如果放在武周革命之初，肯定是杀头之罪，但此时武后不仅没有罪责苏安恒，反而亲自召见，并赐食慰谕。长安二年（702），苏安恒再次冒死上疏，批评武后贪恋宝位，不及时传位，并提醒武后，天下乃李唐天下，建议她尽快归还，否则将无颜面对李家列祖列宗，无颜面对自己去世的丈夫。苏安恒这次上疏，语气比第一次更激烈，用词比第一次更直接，但武后仍然没有表示任何罪责之意。

长安二年的魏元忠案，也能反映出大臣敢于仗义执言的政治风气。魏元忠因为人正直、处事公允而得罪张昌宗、张易之兄弟。二张在武后面前诬陷魏元忠，说他与司礼丞高戬因武后年老势衰，共谋依附太子。武后怒，将魏元忠与高戬收治下狱，但允许他们当廷申辩。张昌宗私下收买凤阁舍人张说，令他在廷辩之

第八章 鹦鹉的翅膀：武周晚年返政李唐

时，证明魏元忠图谋不轨。凤阁舍人宋璟、殿中侍御史张廷珪、左史刘知幾听闻后，都出面力劝张说不能趋炎附势，诬陷忠良，以免留下恶名，拖累子孙。宋璟甚至表态，若张说因此得罪二张，他将据理力争，哪怕与他同死，也在所不惜。张说权衡利弊之后，选择仗义执言，当廷力辩魏元忠之冤，并声称自己遭到二张胁迫。二张看到张说竟敢临场变卦，气急败坏，马上反称他与魏元忠同反。武后将张说与魏元忠一起收治下狱。隔日再审，张说不改其言。武后再命以治狱严酷著称的武懿宗审问，张说仍然坚持自己的立场。在张说的感召下，宰相朱敬则也上疏为他们鸣冤。苏安恒也再次发声，批评武后信任奸诈险佞之小人，远斥贤良忠正之大臣。二张看到苏安恒的奏疏后，气到跳脚，并派出刺客，试图暗杀他。幸赖朱敬则等人保护，苏安恒方才得免。在众人努力下，魏元忠终免一死，被贬高要尉，张说也被流放岭南。待中宗即位后，才把两人召回朝中。

魏元忠临行前，亲朋故交一行八人在郊外为他饯行。张易之竟然虚构了一个叫柴明的人，写了一封告密状，揭发他们与魏元忠结党营私，共同谋反。武后命监察御史马怀素审理此案。马怀素接到任务后，不知如何入手，因为他根本找不到柴明这个人。武后派人催促结案，早已私下打听到实情的马怀素，故意不处

287

理，还要求请柴明对质。武后无法找到柴明，但仍命马怀素按状文审查。面对武后的一再逼催，马怀素只好把实情上报，并坚持认为这八个人只为送行，别无其他。武后最终接受了马怀素的意见，放免八人。这些宽大的处理结果，在武后革命之初，完全是不可想象的。

武后还在长安举行了南郊亲祭大礼。南郊祭天是唐王朝最为重要的国家礼仪，由皇帝亲自主持者称为亲祭，由大臣代为主持者称为有司摄事。南郊祭祀的地点在圜丘，位于长安城南门明德门外东950米处。长安城外的圜丘由素土夯筑而成，是一个四层圆台式建筑，圆台的面径由下到上依次为52.8米、40.5米、28.4米、20.2米，每层圆台高2米。各层圆台都有12级上台的阶道，称为十二陛，象征十二时辰。南郊祭天的祭祀对象是昊天上帝，同时以帝室祖宗配享。按照武后天授二年在明堂举行的祭天仪式可知，武周祭祀昊天上帝，以武氏祖宗配享的同时，又以唐初三帝——高祖李渊、太宗李世民、高宗李治配享。史料中并没有明确记载武后在长安举行祭天大礼时，配享神位如何安排，但大概率是延续天授二年的做法，由武氏祖宗与李唐三帝共同组成。这样的配享组合在天授二年，是为了表明武后权力来源的合法性，但在此时却转而成为武后返政李唐的政治预演。除了李唐三帝可

第八章　鹦鹉的翅膀：武周晚年返政李唐

以配享昊天上帝以外，武后还把亚献、终献的位子还给了李唐宗室，分别由太子李显与相王李旦承担。祭天大礼举行之时，武后的车驾与仪仗队从大明宫出发，通过南门丹凤门进入长安城的外郭城，然后取道朱雀门大街，一路直通明德门外，出门后右拐达到圜丘。圜丘周围已经在三天前，被有关部门布置成一个祭祀广场。按照礼典规定，圜丘周围需要按照文武、品级、方位安排中央百官、外州朝集使、四方番客的位次。武后举行南郊大礼时，来自全国各地、羁縻府州的朝集使及蛮夷酋帅们已经在规定时间内到达长安。除了朝集使外，来自日本的遣唐使团也参加了这一典礼。日本派出的这批遣唐使团由粟田真人率领，在长安二年（702）十月到达长安，并参加了此次南郊祭祀大礼。文武百官、内外臣僚、四方酋帅、日本使者，全部作为典礼的参加者，见证着武后与李显、李旦完成这一具有象征意义的历史时刻，这无疑让武周返政的政治信号可以快速传播到帝国各个角落。南郊祭天的队伍还会经过长安的外郭城，长安百姓上次看到这样规模的朝廷典礼，还是高宗总章元年的事情。当时李勣东平高丽，高宗举行亲祭大礼，以平高丽之功祭告上天，至今已经过去32年了。盼望车驾西返的长安百姓终于迎来了武后，更为关键的是她还带来了李显、李旦等李唐宗室。这样的典礼属于一种"集体记忆"，能够再度唤醒长安百姓对高宗的怀念，对大唐的怀念。

武后还更改了东宫宫殿与宫门的名字。李显被召回后，武后为他配备了相应的东宫僚佐。德高望重、博览群书的前宰相王方庆被任命为太子左庶子，兼侍皇太子读书。作为太子东宫宫僚，王方庆需要经常与太子讨论政事，或进行文书往来。他发挥自己读书多的优势，指出皇太子地位尊贵，不宜直呼其名。晋尚书仆射山涛给东宫的表章，只称呼"皇太子"而不称其名字。山涛乃中朝名士，详于典故，他这么做，应该是有依据的。山涛的身份还只是朝臣，东宫的宫臣就更应该如此了。高宗在世时，李弘为太子后，把弘教门改为崇教门；李贤为太子后，把崇贤馆改为崇文馆，都是出于避太子名讳而做出的正确决定。现在皇太子已立，但是东宫的宫殿以及宫门中，有很多犯太子名讳的。东宫宫僚们虽然可以在奏事时不提皇太子名讳，但很难不提这些宫殿以及宫门的名字。所以，王方庆建议把这些殿、门的名字一并改易，以示对太子的尊崇。如此一来，东宫的显德殿就改成了嘉德殿，显德门就改成了嘉德门。宫殿与宫门名称的变化，宣告着太子地位的尊贵，也宣示着武后对太子地位的重视与认可。

完成了上述一系列的活动后，武后在长安三年十月启程返回

第八章　鹦鹉的翅膀：武周晚年返政李唐

神都，前后待在长安共两年时间。这两年的时间里，武后异常忙碌。她费尽心思安排了一系列政治、礼仪活动，向长安百姓宣告李唐即将回归，对于李显地位的稳固与储君形象的传播，起到了重要的促进作用。

长安四年（704）正月，返回神都不到三个月的武后，又以吐蕃和亲为由，提出再返长安。这回轮到洛阳官民坐不住了。洛阳县尉杨齐哲认为武后两次西返间隔太短，车驾巡幸，耗费甚广。他还指出洛阳乃天下之中，江南漕运直达神都，府库充实。长安地处关中，府库空虚，必须依靠从洛阳转输，沿途所需经费以及物资消耗亦多。若武后前往长安，不仅空劳民役，而且国有横费。不仅如此，就像当年车驾东驻时，长安的老百姓不高兴一样，洛阳的老百姓也不希望武后再返长安。武后最终接受杨齐哲的建议，没有再往长安。但从杨齐哲的话中，我们已经看到洛阳对武后只有物质、感情层面的吸引力，政治吸引力几乎不见了。武后此时更希望回到长安，不仅可以再为李显铺路搭桥，而且自己也能落叶归根。武后的寻根之旅最终未能成行，杨齐哲的谏止只是一个层面的原因，武后此时的身体状况也是阻止她再度远行的重要原因。

尾 声

女皇的谢幕

　　武后登基称帝时 67 岁,在她生活的那个年代已经属于高龄女性,但她的身体状况一直保持得很好,69 岁时齿落更生,76 岁时还能生八字重眉。但毕竟岁月催人老,加上治国理政,劳心劳力,就在八字重眉出现的当年,武后开始生病抱恙,身体开始敲响警钟。为了恢复健康,武后开始服食丹药。不仅如此,她还亲自前往嵩山,拜谒升仙太子庙,后又命道士胡超举行投龙仪式,并有投龙金简一枚留世,上面刻有如下文字:

尾 声 女皇的谢幕

　　大周国主武曌好乐真道,长生神仙,谨诣中岳嵩高山门,投金简一通,乞三官九府除武曌罪名。太岁庚子七月甲申朔七日甲寅,小使臣胡超稽首再拜谨奏。

这说明武后开始仰慕神仙,向往长生。不论是灵丹妙药的炼制服用,还是对道教神仙的祭祀崇拜,都没能扭转武后健康状况的恶化。西返长安之时,苏安恒直言武后年德已尊,不适合继续劳费心神,治理国家,应该退位让贤,调养身体。

既老且病的武后在长安四年回到洛阳后,又前往兴泰宫居住了三个月,但兴泰宫的避暑并没有让她的身体好转。这一年的冬天特别阴冷,从九月到十月,神都一直天气阴晦,接着又来了一场大雨雪,很多洛阳城的百姓以及牲畜,甚至被冻死。武后的状态也不容乐观。她卧病在床,长居长生院,身边只有张易之、张昌宗兄弟服侍,包括太子、相王、宰相等,全部不得入院相见。洛阳街头已经开始议论纷纷,飞书屡现,直指二张居中用事,意欲谋反,甚至有人把揭发他们的内容写成公开信,贴在道路两旁。

神龙元年(705)正月,武后病情已经恶化。宰相张柬之、崔玄暐与中台右丞敬晖、司刑少卿桓彦范、相王府司马袁恕己谋划发动宫廷兵变，诛除二张。张柬之非常清楚，兵变成功的关键在于取得北门禁军的支持。他一边拉拢右羽林卫大将军李多祚，一边把敬晖、桓彦范、右散骑侍郎李湛调任左羽林将军，再把自己信任的荆州长史杨元琰调任右羽林将军。为了让二张放松警惕，张柬之又把留守长安的武攸宜调回洛阳，出任右羽林大将军。大约与此同时，之前以宰相身份充灵武道大总管的姚元之（姚崇）回到洛阳，也加入其中。姚元之两度任相，还曾担任相王府长史，主掌过兵部，经验丰富，善于谋划，还曾受到二张排挤谗毁，所以他的加盟，让张柬之等人吃了一颗定心丸。兵变队伍组建基本完成后，张柬之还需要把谋划告知太子。当时太子居于东宫，朝谒拜见武后，都走宫城北门玄武门。桓彦范、敬晖利用守卫北门之机，密陈其策，得到太子允许。至此，兵变集团基本组建完毕。此外，张柬之还取得了相王李旦、太平公主、驸马都尉王同皎、洛州长史薛季昶等人的支持。

神龙元年（705）正月二十二日，张柬之等人发动兵变。兵变队伍兵分三路：一支由张柬之、崔玄暐、桓彦范率领，直取玄武门，这是主力部队；一支由李多祚、李湛、王同皎率领，前往东宫迎接太子，再到玄武门与主力部队会合；一支是由相王李旦以及他的府僚袁恕己率领的南衙卫队，负责坐镇皇城，既是机动

尾　声　女皇的谢幕

部队,又是接应部队。洛州长史薛季昶很有可能配合李旦,警卫神都,以备非常。张柬之等人的安排细致合理,可见谋划之周密,准备之细致。即便如此,兵变仍遇到小插曲。李多祚等人到达东宫后,李显竟然临阵畏缩,打退堂鼓,后在王同皎、李湛等人的劝说下才出门上马,前往玄武门。兵变队伍斩关而入,直驱武后所在的迎仙宫,斩二张于集仙殿庑下,来到武后寝居的长生殿。毫不知情的武后被吓得一骨碌从床上爬起,忙问乱者为谁。张柬之等人汇报,二张意欲谋反,我等奉太子之令诛杀二张。武后见到李显进来,内心仍然惊讶,但稍微安定下来。因为她最近几年所做的一切,都是在为李显继承天下做准备,他应该不至于逼宫上位,如此一来,政变针对的应该就是二张。考虑及此,武后便说:"二张已诛,太子可以回东宫了。"没想到桓彦范应声喊道:"太子安得更归!请陛下传位太子!"武后这才意识到事态的严重性,原来二张只是幌子,自己才是他们的最终目标。武后凝思一会儿,抬起头忽然发现李湛、崔玄暐也在兵变队伍中。李湛的父亲不是别人,正是当年为武后摇旗呐喊的李义府。崔玄暐则是武后一手提拔起来的宰相。武后顿时有了一种众叛亲离、孤家寡人之感,于是心灰意冷,返卧病榻,不再说话。随着宫内兵变的成功,李旦的南衙军队也发兵逮捕韦承庆、房融等二张党羽，兵变基本完成。

二十三日，武后下制令太子监国。二十四日下制传位。二十五日，李显正式即位，是为中宗。中宗即位后，把武后移居上阳宫，并给她一个"则天大圣皇帝"的尊号。中宗即位后不久，就重新改回李姓，恢复李唐国号，神都复为东都，贡举人停习《臣轨》，再习《老子》……一切都走在回归永淳的路上，似乎与武后的政治期待渐行渐远，但中宗并没有彻底摆脱武后晚年的政治安排。神龙政变之时，武三思等武氏诸王未受影响，并在中宗即位后与韦皇后等人勾结合势，延续着武氏子侄的政治影响力。不过，这些都与武后无关了，她被幽禁在上阳宫内，身边不再有哄她开心的二张，也不再有争来吵去的群臣，除去每隔10天前来探望的中宗与百官外，就只有左羽林将军李湛平日里的监护看管。身心俱疲的武后不再梳洗打扮，仪容憔悴，顽强地与病魔抗争。神龙元年（705）十一月二十六日，82岁的武后驾崩，遗制要求去除帝号，称"则天大圣皇后"，还要求祔宗庙、归乾陵。这两个要求是前后关联的，只有回归皇后身份，才能进入李家宗庙，才能与先夫合葬。也就是说，一代女皇临终之时，亲自否定了自己的皇帝身份，表示自己还是李唐的皇后，是高宗的妻子。虽然在针对武后能否与高宗合葬的问题上，还引发过一些朝

尾声 女皇的谢幕

臣的讨论,但中宗最终决定遵从母后遗愿。

神龙二年(706)五月,武后的灵柩合葬乾陵,武后得偿所愿,与夫皇相伴,长眠地宫。国子司业崔融撰写哀册文,纪念武后的一生,寄托世人的哀思。哀册文对武后进行了高度的褒扬:

轶帝皇之高风兮,钦文母之余懿。时来存乎立极,数往归乎配地。何通变之有恒兮,而始终之无愧。惟圣慈之可法,播徽音于后嗣。呜呼哀哉!

崔融深受武后拔擢之恩,撰写此文时,哀思过度,用心精苦,竟然发病而亡。其实,崔融是受中宗之命撰写哀册文,文句用词虽能体现崔融文才,但具体内容当是中宗授意。哀册文中把武后发动的周唐革命,定性为迫不得已的权宜之计,并肯定了她在晚年做出的复子明辟之举。这体现出中宗夹杂在武后之子、武周太子、李唐中兴之主三种身份之间,对武后的复杂感情。哀册文伴随武后灵柩一并入陵,试图对武后的一生进行总结,却未能为武后盖棺论定。女皇虽已谢幕,但关于她的讨论远未结束,就像乾陵前的无字碑一样,虽然不着一字,却刺激着众人浮想联翩,各表高见,这就是一代女皇的魅力吧!

后 记

　　2022年10月24日，河南大学的耿元骊教授发来微信，询问是否有兴趣进行"唐朝往事"系列的写作。在此之前，我对耿教授主编的"宋朝往事"系列有所关注，感觉该系列作品在主题选取、内容编排、装帧设计等方面，都很新颖，很有冲击力。面对"唐朝往事"的机会，我自然不会错过，爽快地答应下来，并很快选定了"武周霸业：唯一的女皇"这一主题。

　　武则天不仅是学界关注的热点之一，也是文学、戏剧、影视等社会各个领域的宠儿。在拟定写作大纲时，我们基本确立了这

后　记

样的写作思路：不要写成武则天一生的奋斗史，不要写成宫闱秘史，要写成武则天及其时代的历史。在这样的思路下，我决定放弃对武则天出生疑案的介绍，直接从她的少女时代写起，介绍她从皇后到天后的进阶，再到称帝建周，然后转入对武周统治的诸面向，最后以返政李唐作为结尾。这样的结构安排，能否实现最初的设想，就要请读者朋友们评判了。

我之所以选择"武周霸业"这个主题，很大程度上是因为我自认为在平时的学习工作中，对武则天还算有些"研究"，应该能够保质保量地按时完成。没想到，一下笔就发现不对劲了。"唐朝往事"系列是一套面向社会大众的通俗历史读物，不是充满文言史料、脚注文献的学术论著。这种风格的作品，语言组织、写作思路与我平时习惯的那一套，完全不一样，经常让我有一种"茶壶里煮饺子——有嘴倒不出"的感觉。除了写作习惯的挑战之外，拖拉也成为本书写作过程中的一大绊脚石。这都引发了我深深的忧虑——书稿的进度太慢了。好在有耿教授日复一日的"催更"，好在有"唐朝往事"群组公告的鞭策提醒，才让本书如期展现在读者朋友面前。

如果算上我在2021年出版的《武则天与长安关系新探》，《武周霸业：唯一的女皇》是我写的第二本与武则天有关的专著了。

299

在撰写第一本专著时，我就产生过这样的想法：若有机会，一定要撰写一本与武则天有关的通俗读物。感谢耿教授和"唐朝往事"的邀约，让我的这一想法得以实现。

书稿写作过程中，正值电影《长安三万里》热映，引发了大家对大唐长安的神往。每个人心目中都有一个长安。我也在想，常住洛阳的武则天，心中的长安是个什么样子？洛阳与长安，一个是武周的神都，一个是李唐的都城，都如此重要，都如此辉煌。武则天在两个城市中，都留下了自己奋斗的足迹。武则天心目中的"双城记"，或许是我接下来要思考的问题。

李永

2023 年 7 月 27 日凌晨于福州陋室